中青年法学文库

环境法新视野
（第三版）

吕忠梅　著

中国政法大学出版社
2019·北京

图书在版编目（ＣＩＰ）数据

环境法新视野/吕忠梅著. —3版. —北京：中国政法大学出版社，
2019.6(2021.1重印)

ISBN 978-7-5620-9064-9

Ⅰ. ①环…　Ⅱ. ①吕…　Ⅲ. ①环境保护法－研究　Ⅳ. ①D912.604

中国版本图书馆CIP数据核字(2019)第129569号

书　　名　环境法新视野（第三版）

出 版 者　中国政法大学出版社

地　　址　北京市海淀区西土城路 25 号

邮寄地址　北京 100088 信箱 8034 分箱　邮编 100088

网　　址　http://www.cuplpress.com (网络实名：中国政法大学出版社)

电　　话　010-58908285(总编室) 58908334(邮购部)

承　　印　固安华明印业有限公司

开　　本　880mm×1230mm　1/32

印　　张　10.75

字　　数　280 千字

版　　次　2019 年 6 月第 3 版

印　　次　2021 年 1 月第 2 次印刷

定　　价　39.00 元

中青年法学文库

总　　序

　　中华民族具有悠久的学术文化传统。在我们的古典文化中，经学、史学、文学等学术领域都曾有过极为灿烂的成就，成为全人类文化遗产的重要组成部分。但是，正如其他任何国家的文化传统一样，中国古典学术文化的发展并不均衡，也有其缺陷。最突出的是，虽然我们有着漫长的成文法传统，但以法律现象为研究对象的法学却迟迟得不到发育、成长。清末以降，随着社会结构的变化、外来文化的影响以及法律学校的设立，法学才作为一门学科确立其独立的地位。然而一个世纪以来，中国坎坷曲折的历史始终使法学难以走上坦途，经常在模仿域外法学与注释现行法律之间徘徊。到十年"文革"期间更索性彻底停滞。既先天不足，又后天失调，中国法学真可谓命运多舛、路途艰辛。

　　20 世纪 70 年代末开始，改革开放国策的确立、法律教育的恢复以及法律制度的渐次发展为我国法学发展提供了前所未有的良好环境。十多年来，我国的法学研究水准已经有了长足的提高，法律出版物的急剧增多也从一个侧面反映了这样的成绩。不过，至今没有一套由本国学者所撰写的理论法学丛书无疑是一个明显的缺憾。我们认为，法学以及法制的健康发展离不开深层次的理论探索。比起自然科学，法学与生活现实固然有更为紧密的联系，但这并不是说它仅仅是社会生活经验的反光镜，或只是国家实在法的回音壁。

法学应当有其超越的一面，它必须在价值层面以及理论分析上给实在法以导引。在注重建设性的同时，它需要有一种批判的性格。就中国特定的学术背景而言，它还要在外来学说与固有传统之间寻找合理的平衡，追求适度的超越，从而不仅为中国的法制现代化建设提供蓝图，而且对世界范围内重大法律课题作出创造性回应。这是当代中国法学家的使命，而为这种使命的完成创造条件乃是法律出版者的职责。

"中青年法学文库"正是这样一套以法学理论新著为发表范围的丛书。我们希望此文库能够成为高层次理论成果得以稳定而持续成长的一方园地，成为较为集中地展示中国法学界具有原创力学术作品的窗口。我们知道，要使这样的构想化为现实，除了出版社方面的努力外，更重要的是海内外法学界的鼎力相助和严谨扎实的工作。"庙廊之才，非一木之枝。"清泉潺潺，端赖源头活水。区区微衷，尚请贤明鉴之。

中国政法大学出版社

温故知新再启程

（第三版自序）

2018 年，正值中国改革开放四十年，法学界及其它各学科都不乏回顾与展望的大作。环境法学领域，也有一些相关文章。曾有几家刊物约稿，希望我也写点回顾性的文章，几次动笔，但总是写着写着就偏离了"庆祝"之意，反复再三，终未成稿。

9 月份，接到学生发来的微信，说《环境法新视野》是入选"法学著作影响力 TOP100"唯一的环境法著作，不明觉厉。上网查看，才知道这是由"数说司法"微信公众号发布的信息。发布者说明，这是根据中国知网《中国图书引证统计分析数据库》进行的统计分析，其中最重要的指标"总被引频次"展示的是每一本图书被中国知网（CNKI）收录的期刊论文、博硕士学位论文和会议论文引用的情况，不包括 CNKI 未收录的图书以及其他文献。根据这个统计，TOP100 中被引图书排名前三的是民商法（42 本）、刑法学（20 本）、法律理论（11 本），行政法、经济法和诉讼法各 5 本左右，宪法 0 本。其中，《环境法新视野》"以 3114 次引用量位居法学版单第 88 位、环境法版单第一"。

无独有偶，11 月看到了法律出版社《思想的印迹——纪念改革开放 40 周年优秀法学文集》丛书，其中收入改革开放四十年来中国法学各学科引证率最高、最具代表性的法学论文 78 篇。代表《环境法新视野》核心观点的"论公民环境权"一文，被纳入该书

第 2 卷"经济法"学科之首。《中国法律评论》以"四十年来，那些留下印迹的思想"为题发布称"这些论文如同中国法学发展史上思想的印迹，循着这些印迹，我们能够回望四十年来中国法学研究的必经之路，也为中国法学研习者未来的研究提供了坚实的思想资源"。

我深知，这些以统计数据为基础的排名，并不能说明太多；但借此机会重温了自己 20 年前的著作。读自己的书，感觉很亲切："环境法的人性假设——环境权基石范畴——环境法律关系构造——环境法制度体系"，走过的环境法之路清晰可见。读自己的书，感触很复杂：当年提出的"在中国并不缺少环境法，而是缺少能够作为中国可持续发展的基础的合理的环境法"，如今依然；"无意构筑一个精美的理论框架，只是希望为中国环境法的革命进行一些有意义的探索"愿望仍在。面对中国首创生态文明概念、把生态环境保护提升到治国理政新高度的新时代，环境法学者最需要做的，还是建立中国环境法的理性基础。

如果要问新时代对环境法学提出的最大挑战是什么，我以为是从"外来输入型"到"内生成长型"的转变——环境法学必须从研究外国问题转向研究中国问题，而实现转变的前提是环境法基础理论必须建立在中国的生态文明发展道路、生态文明建设理论、生态文明体系的逻辑之上。它要求我们环境法学者从主要研究国外的环境法理论、环境法制度转向研究中国的环境法实践、中国的生态文明发展道路，这对环境法学者既是挑战，也是机遇。

过去，我们环境法理论习惯于"中国环境问题很严重——外国有相关法律——中国也要立法"的简单逻辑，这是典型的"对策研究"逻辑，与法学理论研究相去甚远。我们在研究基础上，比较注重环境科学、环境管理学，对法理学、法哲学重视不够；在研究路径上，比较注重社会法学，对法教义学重视不够；在方法论上，比较注重还原主义，对整体主义重视不够。当时代呼唤建立自己的环境法理论时，我们必须清醒地认识到：中国的环境法理论既要立足于中国的政治发展道路，但又不是简单地照搬政治话语、政策语言，而是要用法律的语言、学术话语体系来表达这些政治道路、政治逻辑、政治立场。在我看来，新时代的环境法学发展最重要的任务是从事理分析转向到法理分析，构建法理分析的逻辑框架和理论体系。

第一，环境法基础理论有一些需要回答的基本问题，比如环境法的价值核心、环境法的方法论、环境法的概念体系、环境法的规范体系、环境法的解释体系，等等，都需要用法学的基本思维加以诠释。但现有的环境法理论对这些问题的诠释要么简单照搬传统法学的概念，要么是用生态学、环境科学、环境管理学代替，以至于环境法学者在法学圈内很难平等交流。有人认为环境法是新兴学科，不需要运用法言法语进行研究，其实是缺乏学术底蕴与自信的表现。我们既要看到，环境法与已有法律学科相比，的确存在着主体、客体、空间、时间和影响因素的不同，但这些不同恰恰是建立环境法基础理论、解释中国环境法现象的契机，而不是脱离法律话语系统的理由。我们也必须记住，环境法是古老的法律之树上发出的新枝，我们需要从法律根源、法律血统、法律机理方面去说明它。有人说，环境法从来不是一块纯粹的法律蛋糕，具有跨学科、跨领域的特性，但环境法仍然是一块"法律蛋糕"，只是中间有些"夹心"而已。

第二，环境法作为现代才出现的法律现象，是传统法律调整"失灵"的结果，这意味着环境法的产生具有"革命性"，是对传统法律制度的超越，需要寻求新的理论支撑。但是，环境法对传统法学理论的"革命"并不是"改朝换代"，而是对传统法学理论的创新发展。因此，可以与传统法学理论在相同的语境下进行讨论，比如环境法也研究调整对象问题，但却要扩展至讨论后代人、动物、自然要素；环境法也研究法律关系，但却要将"人——人"的关系拓展至"人——自然——人"的关系；环境法也研究法律原则，但却更加重视风险预防、公众参与等现代社会系统性、整体性发展问题；环境法也研究法的价值，但却主要关注生态安全、环境正义、可持续发展秩序，等等。环境法有很多特殊的规则，这些规则来自于对传统法律制度的"突破"，但有些突破实际上是对原有法律制度所规定的权利加以限制，比如对所有权行使的环境保护义务；有些突破是扩大保护或者救济，比如无过错责任、危险犯，这都涉及如何处理环境法与传统法律制度的关系问题。

第三，环境权作为环境法的权利基础，表征的是环境法将"人——人"关系转变为"人——环境——人"关系的"新法理"。目的是建立人在良好环境中生存的法理依据，解决的是环境法产生的权利基础与权威性问题，这是环境法被信仰和被遵守的前提。目前，学者们对环境权的研究，至少可以分为三个层面：一是作为学科基石的权利，这是价值层面的；二是法定的基本权利，这是宪法和基本法层面的；三是具体的权利义务，这是制度规范层面的。这些研究都十分必要，但必须清醒地看到，不同的"环境权"具有完全不同的内涵与外延，需要解决的理论问题也完全不同。如果我们清楚不同研究之间的差别，就可以减少许多"关公战秦琼"式的热闹，让环境法研究真正回归理性，也会使环境法与法学内部兄弟学科的理解与交流更加顺畅。我的研究始终是基石概念层面的，这个意义上的环境权理论，目的是建立一种新型的法律关系，承认自然环境的主体性；目标是确定环境权在法律体系中的位置，实现"旧法理"和"新法理"的沟通；途径是在宪法和相关法律中加以明确的规定，使其能够得到最全面和最充分的保护。

第四，环境法学研究缺乏方法论的自觉，是建立环境法基础理论必须补齐的短板。过去的研究，自觉不自觉地运用了还原论，对整体论运用不够。其实，环境法作为以生态系统为研究对象的"领域性学科"，应该超越传统法学意义上的"只见树木不见森林"的还原论和"只见森林不见树木"的整体论，做到"既见树木又见森林"。既需要整体论，从系统、连续、宏观的角度来构建环境法理论与环境法制度；同时，也需要克服整体论可能出现的诸如权利泛化、制度运行缺乏机制等问题，运用还原论加以弥补。

用法律思维、法学方法、法言法语研究环境法，建立中国的环境法学理论，是一代又一代环境法人的历史责任。如果说，20年前提出了需要进行探索的基本命题；那么，现在有了一些相对清晰的轮廓。环境法理论体系至少应包括三个层次、两条主线：第一层次是环境法哲学和法理学；第二层次是环境法学研究范式和环境法律规范体系；第三层次是环境法解释和环境法制度。两条主线：一条是学理线，目的在于展现环境法的法律理性与科学理性，建立"当下"的环境法理论，提升环境法学的解释能力；另一条是实践线，目的在于形成裁判规则和执行规则，指引环境司法和环境执法，保障环境法的一体施行。

雅斯贝斯断言："在轴心时代产生了直至今天仍是人们思考范围的基本范畴，创立了人类仍赖以存活的世界宗教之源端，无论在何种意义上，人类都已迈出了走向普遍性的步伐。"在亿万年生命演进历程中，人类形成了对大自然固定不变的生理需求，这就是人类生存必需的生态环境。人类从诞生之日起，就是一个相互依存、协同活动的社会性共生群体，这也是人类生存必需的社会环境。在这个星球上，人类已经没有天敌，自身的和谐是这个群体存在的前提。环境法需要解决的根本问题，是通过建立人与自然和谐相处的规则达至人类自身和谐，实现人的生物性生存方式与社会性生存方式的"互融互通"。

环境法理论，必然是人类文明终极价值观的折射。20 年不足以回答，一个人也不可能完成。因此，有必要将这些环境法的基础性问题继续保存，留给更多的人、用更长的时间去寻找答案并不断发现新的路径。希望《环境法新视野》能够成为一个"温故知新"的站台，不断见证环境法人奔向未来的远方！

吕忠梅

2019 年 2 月 11 日于星火西路八号院

革命的环境法与环境法的革命

（代序）

我以为，用革命性来概括环境法的特点是再恰当不过的。它像一头不怕虎的初生牛犊，带有勃勃生气，向传统的法律制度和法学理论提出了挑战，过去人们所津津乐道的那些构成传统法学理论的完美概念、权利—义务范畴以及法典的抽象性、逻辑性和可演绎性正在受到可持续发展标准的重新审核。一方面，公共性私权与个体性公权竞相涌现、政策与法律的界限日益模糊、公法与私法日渐交融，法律的道德化与道德的法律化已不是偶然的和个别的现象；另一方面，一些新的术语的出现也使人感到应接不暇：可持续发展、环境影响评价、排污权交易、公众参与、严格责任、公平责任、以天计罚、双罚及多罚等。难怪国外一些学者在惊呼"环境法是最不讲道理的法律"的同时，也不得不承认环境法是 20 世纪带动法学理论发展的最有生命力的法律部门。

事实上，革命的环境法也带来了传统部门法的变革，从大陆法系国家对"不可称量物"的保护和"近邻妨害"概念的出现，到英美法系侵权法领域市场份额责任的确立；从亚马逊河流域开发与保护条约的签订，到太空垃圾的控制性立法；从日本的四大公害病判决到美国的环境纠纷调解程序；从法体系到法制度、从国际法到国内法、从实体法到程序法，无一不在发生着有利于环境保护的变化。

如果说环境法的革命性是对世界各国环境法的理性认识，那么，用"我们需要一场变革"来概括中国环境法理论与实践的现状是合适的。

中国的环境立法始于 1973 年，几乎与世界发达国家同步，早于许多发展中国家，在 1992 年联合国环境与发展大会上，很多国家都还在承诺积极开展环境立法的时候，我们已经十分自豪地向世界宣布："中国已经形成了具有特色的环境法体系"。的确，中国自进入 20 世纪 80 年代以来，环境立法真正走上了"快车道"，没有哪一个领域能够像环境法一样，几乎是年年有法律，甚至是一年有几部法律通过。但是，具有讽刺意味的是：就在中国环境立法发展最为迅速的年代里，淮河形成了全流域污染、珠江流域尤其是珠江三角洲的污染问题也日益突出，一再有报道说某些严重污染的城市或地区已经没有青年符合征兵的身体条件，中国的某一城市已成为全世界空气污染最严重的城市；生态环境保护方面，长江源头的冰川正在缩小、长江流域早已是连年水患、黄河严重断流、水土在流失、草原在退化、森林在消失……我们不无遗憾地看到：在中国，一方面是环境立法的空前繁荣，各类法律、法规大爆炸；另一方面则是每一部法律都未能得到真正的实施，使老百姓感到中国的法律"无用""无能"。

中国环境法的发展，一直受到非理性思路的重大影响，"摸着石头过河""成熟一个制定一个"同样是环境立法的主要指导思想。在这种思路下，既缺乏立法内在体系化的思考和设计，也缺乏立法的基础性分析和实证性研究，更缺乏厚实的理论基础。其结果是必然的：一是中国环境立法变动性大，往往容易就一时一事作出规定，缺乏对某一社会现象全面的完整的规定；二是立法的合理性差，各部门分别从有利于自己的角度推出于己有利的法律、法规，缺乏对法律运作规律和基础理论的深入研究。这两种现象与中国环境法发展中立法缺乏深层次的理论研究，"重实践，轻研究"以及法学家的作用未能受到应有的重视密不可分。在中国并不缺少环境法，而是缺少能够作为中国可持续发展的基础的合理的环境法。在此意义上，我以为：环境法的革命首先是理论的革命，没有理论基础的环境法不可能是理性的环境法。

理论革命的道路并不平坦，它所牵动的并非只是理论本身！

两年前，在我开始构思一本环境法著作的时候，并没有目前这种思想和认识。只是希望构筑一个完美的环境法理论体系，为中国的环境立法作诠释。最初，我提交给出版社的大纲也正是这样的一个自以为荣的体系。整个构思的重点在于从"全新角度"认识中国环境法，建立环境法的理论。按照这一思路，到1998年暑假前，我已经完成了20万字的写作，对于年底交稿充满信心。

然而，1998年七八两个月的一场特大洪水，对我而言，真的不堪回首。至今想来仍难以释怀：首先是对洪水的震惊，其次是对自己思想的怀疑。后者所造成的痛苦远远超过了前者。还记得1998年的最大洪峰到达武汉时，我正在海南出差，几乎所有人见面的第一句话一定是问"武汉的水怎么样了"，接到朋友从四面八方打来的电话也是"你们家怎么样，房子淹了没有？"我则每天必打一个电话回家问水位，时刻关注水情。在洪水肆虐的两个月中，打开电视迎面而来的是军民抗洪的场面，从飞机的舷窗望下去我的家乡周围是一片汪洋，武汉犹如一个孤岛。到处是抗洪的口号标语，时时可以听到抗洪的歌声，"战胜洪魔"成了中华民族的力量源泉。然而，"洪魔"一词却引起了我的如潮思绪：曾几何时，作为母亲河的长江变成了妖魔鬼怪，作为生命之源的水变成了人类生命的灾难？曾几何时，人们便将自然作为了征服的对象，虽然"我们一定要夺取抗洪斗争的胜利"的呼声震天动地，但在长江一次又一次的洪峰到来时，人们除了加固堤防、扒口泄洪以让洪峰通过以外，面对自然的力量，我们的胜利何在？保住了武汉就是胜利，那么，淹没在水中的几十万亩农田、几百个村庄是什么，上千亿的经济损失是什么，也是胜利？水患不是短期可以解决的，几十年来，我们哪一年不防洪不抗洪，今年抗过了，明年后年呢？为什么会出现这种状况？

长江汛期依然，为什么到 1998 年并非历史最高水位和最大流量的洪水却造成了有史以来的持续时间最长、影响范围最大、干流支流同时泛滥的全流域水患？这其中到底有多少是天灾，多少是人祸？环境保护是写进了宪法的，并有多部法律、法规在规范资源开发利用与保护，环境法制度在水土保持、维持生态平衡方面到底在如何发挥作用？它们应该为缓解人类与自然严重对立的状态做什么？

诸多的问题困扰着我，迫使我反思自己过去的许多研究，特别是正在写作的著作。我开始怀疑自己的写作目的、怀疑自己的思维模式，甚至怀疑自己的能力。在这种状态下，根本无法完成原稿，几乎近半年时间完全未能动笔。唯一能做的是将已完成的 20 万字化为灰烬。

现在的这部书稿，是"蜕变"过程的反映。首先是自我反思、自我批判、走出自我的结果；其次是对环境法的现状与未来重新评价与定位的产物。也许，读者会感受到一种强烈的批评氛围，字里行间难免有火药味。但真的是"爱之深""恨之切"，更何况，就在 1999 年，我在写作本书的时候，长江又经历了一次不亚于 1998 年的大水灾。作为环境法研究者，对此绝不可能无动于衷。

在这本书中，我已无意构筑一个精美的理论框架，只是希望为中国环境法的革命进行一些有意义的探索。正如我前面所言，中国环境法的革命既建立在环境法的革命性基础上，也建立在对中国环境法现状的理性认识之上。我通过对环境法革命性的认识所提出的中国环境法革命的诸多设想，与其说是想建立一个环境法的理论，不如说是提供一个引起大家批评的"靶子"。如果该书或其中的一些观点能被"群起而攻之"，我将十分欣慰和满足。环境法学界没有争论的局面太久了，我渴望争鸣与思想的碰撞。

本书的结尾，我收入了 3 篇最近发表在报纸上的小文章。首先表明对现实的高度关注，更重要的是将理论运用于实践的一种探索。

感谢中国政法大学出版社给了我这次自我革命的机会，也感谢本书中引用的参考书籍、论文的作者。没有他们的思想，就没有我的观点。

吕忠梅

1999 年 12 月 10 日于武汉

目　录

导　言

　　环境法是关于人类在自然环境中如何生存的法律规范体系，它所建立的基础当然是对人类的生存状态的判断，而这个问题又必须是由人类自身根据其对环境的价值判断来得出结论的，不同的价值判断以及不同的认识方法和角度将对此作出完全不同的回答。我以为，环境法应该建立在人类与自然生态平衡、可持续发展、尊重自然和与环境和谐共存的基础之上。

　　人类是怎样的一种存在？并且应该是怎样的一种存在呢？当我们考虑这个问题的时候，不难发现，人类生活在两个世界里：一个是由土地、空气、水和动植物组成的自然世界，这个世界在人类出现以前几十亿年就已经存在了，人类后来也成了其中的一个组成部分；另一个是人类为自己用双手建立起来的社会结构和物质文明的世界。在这后一个世界里，人类用自己制造的工具和机器、自己的科学发明以及自己的设想，来创造一个符合人类理想和意愿的环境。[1] 这两个世界，我们通常将其称为有生命的"生物圈"和人类自己发明的"技术圈"。[2] 人类实际上是生活在这两个"圈"的互相联系与影响之中，自人类出现以来，其生存的社会形式和技

---

〔1〕　参见［美］芭芭拉·沃德、勒内·杜博斯著，《国外公害丛书》编委会译校：《只有一个地球》，吉林人民出版社 1997 年版，第 4 页。

〔2〕　参见［美］芭芭拉·沃德、勒内·杜博斯著，《国外公害丛书》编委会译校：《只有一个地球》，吉林人民出版社 1997 年版，第 5 页。

术方面都曾经不断进行过革新，但是人类社会却始终建立在与自然界对立的基础之上。环境污染、人口爆炸、能源危机、生态破坏、耕地退化、资源枯竭、气候变化等问题正在危及人类的生存，而这些危机正是人类自己制造的。解决危机的钥匙就在人类手上，这需要深刻反思人类的过去，形成对人类自身生存状态的理性认识。

第一节　地球飞船

一、"生物圈二号"的启示[1]

20世纪80年代后期，在美国亚利桑那州的沙漠高原上，建成了一座占地约0.9公顷、耗资约3 000万美元的一个密封实验室——"生物圈二号"，以实验建立自给自足、由人类操纵的生活基地的可能性。8名志愿者将在这个实验室生活两年。在这里，除阳光外，一切生活物资都由他们自己生产。其中，设计了一个由小型海洋、雨林、沙漠和沼泽构成的复杂的生态系统，在这个人工世界里，一切将反复循环：人类排泄出来的二氧化碳将被植物所吸收，植物释放出的氧气，供人体呼吸之用；人体排泄的废物当做农作物生长的肥料，或作为饲料繁殖水藻等水生植物；水生植物用来喂养鱼类；鱼类供人食用……这种前所未有的大规模设计，目的在于保持各种生命循环的平衡，避免生态平衡的破坏。

在这个密封的实验室中生活，必须建立极限观念、适度观念和循环观念。如果人口繁殖到12人，人均占用面积将由0.112公顷降低到0.075公顷，人口的食物就会出现危机；假设发展工业将其中的氧气烧掉1/3，其中的生物就会因空气中的氧含量过低而憋死；如果里面空气中的二氧化碳含量增加1/4，那么，其产生的温室效

―――――――――――

[1]　参见赵营波：《大协调学》，浙江教育出版社1990年版，第1~3页。

应就会使气温升高而令人难以忍受；如果过度发展畜牧业或者把所有土地都开垦为耕地，或者把建筑面积扩大一倍，都会带来整体性灾难。

在这个密封的实验室中生活，还要建立新的价值体系。要让里面的每一个人都时刻记着这个价值约 3 000 万美元的实验室，如果为了生产价值约 1 000 美元的消费品而造成污染，使之付出约 2 000 美元的代价，又从产值中抽出 200 美元来修补环境，使之恢复 0.5% 或者暂时恢复 50%，实在是一种荒唐的生产和自欺欺人的狭隘的不可能根治的环境保护工作。

因此，这里人们的思维，在空间上必须至少能覆盖这个占地约 0.9 公顷的环境中的每个局部和整体的相互关系，在时间上必须顾及目前的活动与长久生存利益的影响。人们必须在大时空上研究怎样使人类的各种活动同自然界的各种物质运动协调起来。这就是人类的生态观。

将"生物圈二号"扩大 567.78 亿倍，就是我们生存的地球。整个地球是一只宇宙飞船，它以与"生物圈二号"系统一样的方式在运转。地球上的生物生存的几十亿年内，各种构成生命物质的化学元素已经并继续在从非生物环境经过生物又回到非生物环境中去。现在组成我们身体的化学元素，过去曾组成过当时的鱼类、树木甚至恐龙等；这些元素将来还会组成未来的无数的动物和植物。因此，地球上的一切物质在本质上都是公有的，任何个人都不可能把某一块物质永远占为己有。这种物质，如果受到只图近利者的破坏，就会对地球上正常的自然秩序造成混乱，而混乱的危害必然反弹给制造混乱者，使之最终受到大自然的报复。

然而，人类在过去的时代，却并未意识到地球是一只"宇宙飞船"，反而更像一个年少无知的牧童，他在大草原上放牧，将地球看成一个无限大的牧场，根本用不着担心草会被羊群吃光。这儿吃光了，可以再把羊群赶到别处去放牧，草原大着呢！直到今天，人类一直奉行着这种牧童思想，仿佛大自然提供的一切资源都是取之不尽、用之不竭的。地球上还有超出他们居住区域以外的地方，有许多边疆可以去开发，这儿污染了，还有别处。人类像一群暴徒瓜分着地球，把一个美丽的地球弄得破烂不堪。各国人都以为把"东西"拿回家才是收获，殊不知许多自然界的东西须放在原处对人类的生存才最有益。"假如我们把生命在地球上已经存活了的30亿年缩短为一天（即24小时）的话，那么'人'在这里经过的时间似乎不到半分钟。我们知道人类同其他生物共享地球这个行星才是过去24小时的几秒钟。然而在这几秒钟内，人类已经直接地滥用了数百物种，使之濒临灭绝的境地，如此激烈地改变了地球的环境，以致数千个物种濒临危机。这样就打乱了或者严重破坏了自然界错综复杂的平衡，使大多数物种都受到严重影响。"〔1〕

　　人类是同一条船上的乘客，必须共同来维护整体利益和公共秩序，如果哪个人在他自己占据的区域内把船底凿个洞，那么，全船人员包括他自己在内，都会因他的疯狂行为而葬身海底。亚马逊热带雨林、撒哈拉沙漠、两极冰山、亚洲的人口、美国的大气污染、日本的海洋污染、欧洲的水体污染、中东石油的开采、中国煤炭的挖掘、俄罗斯河流的改道、臭氧层的维护或破坏，都影响着各国的气候、生态环境和经济的发展。全球气候、全球环境、全球经济、全球人口、全球政治都是紧密地联系在一起的。地球上的任何国家，都不能超出或逃脱这种联系，因此，必须从整体上树立生态意识和生态观念。

　　二、生态平衡

　　"整个地球是一个大的封闭系统，它由许许多多细小的生产环节相互关联所组成；每一个小环节的产物或废物的输出也是另一个小环节的原料输入。人类也是这个庞大系统中的一个小环节。在此

---

〔1〕　〔美〕A.W. 哈尼著，龙静宜等译：《植物与生命》，科学出版社1984年版，第1页。

系统中，人们用之于斯，取之于斯。"[1]

将我们目前生活的地球看做"生物圈二号"的扩大体，可以设想：要在这个容易看到各种极限的密封循环的世界里舒适地长久生活，必须自觉地把人体自身新陈代谢的物质循环同生态系统的物质循环和谐地融为一体；必须使生态系统的物质循环同环境中的水循环、氧循环、氮循环、微量元素循环等物质运动相互和谐地融为一体；必须使生态系统中各物种间的物质循环和能量流动处于相互协调的状态；必须自觉地把人类生活的废弃物排放量控制在环境容量和自然分解净化能力的负荷以内；人们对各种资源的开采量必须自觉地控制在资源更新周期和环境时序容量之内；人们对资源的消耗量、燃烧量、耗能量、产热量都必须自觉地控制在适度的范围以内；必须把空气中各种气体和水汽含量保持在维护适宜气候的要求之内。为此，就必须正确处理人类与自然的关系。

在我看来，人类与自然界的关系，首先表现在人类生态上。人在生物圈中生存，是生物中的一种，和生物圈共存。人和生物圈中其他生命的同一性，决定了人与其他生物一样，必然受到生态平衡运动的限制。

（一）人类生存环境的不可替代性

人类对大自然有着各种幻想，并将种种幻想编成了无数美丽动人的神话和童话，以表达人们对自然的期望。但是，仔细想来，如果自然界真的实现了这些愿望，就将带来不堪收拾的后果。假如陆地是由黄金构成的，人类就会饿死；假如谷米、面粉铺满大地，河流中流动的不是水而是奶汁，人们不用劳动就可以掬手取食，那么，超过人类繁殖速度亿万倍的各种微生物和小动物就会充满整个世界，使人类无立锥之地。万幸的是，大自然只是为人类提供了可

─────────

[1]　［美］V. F. 韦斯科夫著，张志三等译：《人类认识的自然界》，科学出版社1975年版，转引自赵营波：《大协调学》，浙江教育出版社1990年版，第109页。

以种植庄稼的土壤，人类必须通过劳动才可以不断获得新鲜食物，还有一个清洁的立身环境。

大自然经过艰辛而漫长的运动演化，为人类提供了精密调节的生存环境。比如说，要问为什么电磁力与引力强度之比，只能是眼下这个数值（$e^2/Gm_pm_e \approx 10^{39}$），以及各种粒子的质量恰好是如此这般而不是别的数值，答案就是：否则就没有你我这样的人类存在![1] 我们生活的这个星球，与太阳保持着恰当的距离，使得它既不像水星那么热，也不像火星那么冷；大气层维护着热平衡的周期性适当波动的温和气候；均匀分布着多种有益于植物生长元素的土壤，同时把绝大部分危害生命的元素运动到一定区域的地层深处；进行着物质和能量循环的生物圈为人类提供食物。供人类饮用和灌溉的河流；供人类呼吸的含氧适当的空气；以及河流、海洋、陆地、两极冰山等构成适宜人类生存的环境所不可缺少的一切，都不需要人类劳动，就可以无偿地得到。大自然还为人类提供了可经劳动加工成生活资料的各种自然资源。

生命的出现绝非平凡，只有地球上导致出现人类的那一系列偶然事件的 8^{-10} 次机会。[2]

可是，许多人并不知道人类是怎样从大自然中产生的，不懂得自己的生存环境是各种物质循环运动在相互精密调节中构成的，也没有意识到人类生存的环境不可替代，不知道离开了现存的地球环境，人类将失去生存的基本条件。不珍惜大自然为人类生存创造的物质条件，把大自然无偿供给的财富，当做可以无限滥用的，甚至为了取得最近的、最直接的个人或团体利益而破坏巨大的自然财富。就像一个刚刚冒出乳牙的顽皮孩童咬伤母亲的乳房，最终将受

─────────────

〔1〕 参见华新民："人择原理及其提出的问题"，载《自然杂志》1981 年第 1 期，第 13 页。

〔2〕 参见 ［苏］И. С. 什克洛夫斯基著，延军译：《宇宙·生命·智慧》，科学普及出版社 1984 年版，第 309 页。

到饥饿的惩罚一样，生活在大自然怀抱中的人类，由于违背自然规律也受到一次又一次的惩罚，以至于将人类推到了毁灭自己生存环境的临界线，人类已没有再犯错误的余地。"在巴黎大街上设有日鲍公司的自动器，过路的顾客放进去几分钱，就可以呼吸到三分钟的'郊外空气'。在东京街头，这类自动器向顾客供应几口使人兴奋的氧气。据称，还有人在筹划制造'空气罐头'，试图把阿尔卑斯山或海滨的空气压缩密封在罐头里出售。"[1] 如果全人类都依靠罐头空气来满足基本生存的需要，那么这个世界的末日也就不用预言了。

（二）人类与自然的息息相关性

人类早期对于自然现象的观察富有成效，但是对它们的生态意义却是不清楚的，我们早就学过"螳螂捕蝉"的寓言，今天看来它十分能说明生态系统的食物链关系，但在我做学生的时候，老师绝对不作这样的解释。

正如螳螂捕蝉，黄雀在后一样，生态系统是由食物链构成的一个物质循环、能量流动和信息传递的开放性系统。在这个系统中，每一个生物种群都与很多其他的种群发生着联系。这些联系的多样性每每使人眼花缭乱，它们生存的错综复杂的细则又使人感到奇妙。一个动物，如一只鹿，可能是依靠植物得到食物的，而植物又是从土壤细菌那里获得营养的，反过来这些细菌又是靠生活在土壤上的动物所排泄出来的有机粪便生存的，同时，鹿又是山狮的食物。昆虫可能以植物的汁液为生，或者从植物的花那里收集花粉为食；另外一些昆虫则吸吮动物的血液，细菌可能靠动物和植物的内部组织生存；真菌腐蚀着死亡的植物和动物的机体。所有这些，都多次重复着，种群之间彼此建立起复杂而严格的关系，从而形成了地球上的巨大的生命之网。

---

[1]　中国科学技术情报研究所编：《国外公害概况》，人民出版社1975年版，第25页。

在生态系统中，任何一种事物都与别的事物相关，通过生物的生殖、哺乳、养育、共生、竞争等关系相互补偿，并且呈现出一种循环性，这种规律是人们经历了相当长的时间后才认识到的。过去，曾有过向没有猫的澳洲引进猫以为可以消灭鼠害而最终造成"猫害"的故事；也有美国人向巴拿马引进丽体鱼以供观赏而使得巴拿马渔民生活无着的笑话。通过多年的观察和研究，地球家政学——生态学得到发展，人类才认识了生态系统的相关性和循环规律，如淡水系统中的循环为：鱼——有机排泄物——可致腐烂的细菌——无机物——藻类——鱼。再如，在加拿大的动物捕猎史上，兔子和山猫的种群是以几十年为一转折的。当兔子很多时，山猫的繁殖也很快，山猫种群的增大越来越多地影响到兔子的种群，使它减少下来；当兔子变得稀少时，也就没有足够的食物维持大量的山猫了；当山猫开始死去时，兔子所受的威胁也就较少些，于是数量开始增加。如此循环往复。这些变化成为简单循环的组成部分，在这种循环中，山猫种群无疑是与兔子种群有关，而兔子种群反过来与山猫种群有关。[1]

实际上，生物圈是由控制着地球的三个巨大系统——空气、水和土壤所形成的环境循环。在每个系统中都生活着千百万不同种群的生物，每个种群都有适用于它的特殊环境生态位，而且每一个种群，在它整个生命的过程中，都影响着它的中介环境的物理和化学性质。

人类——这一生命形式的复杂物质运动，是地球生态系统中的组成部分，也有自己的生存环境；也要通过食物链参与环境的物质循环、能量流动和信息传递，人类与自然的息息相关性，也就是通过这种食物链表现出来的。"人生活在巨大的自然体系中，同时，

---

[1] 参见 [美] 巴里·康芒纳著，侯文蕙译：《封闭的循环——自然、人和技术》，吉林人民出版社1997年版，第25~26页。

也是这个巨大的自然体系中最主要的部分，虽然人的食物主要来源于仅仅大约 100 种植物和动物，但是有几千个物种，包括微生物，相互作用提供了主要食物来源所需要的环境。据估计，在美国至少有 15 万个动植物借吸收、转移日光来维持生命。另外，其中有某些作为有分解能力的物质，分解废物和死的有机体，而制造出像碳、氮和其他能够为植物有效地再利用的要素并经过食物系统的食物链而供给动物。"[1]

人类与自然的息息相关性的表现很多，我在此仅列举几例：

人类本身就是自然界的一个部分，包括我们的血、肉和头脑都是属于自然界的，是存在于自然界的。我们从小就知道，人体血液中各种微量元素的含量，与地球储存这些元素的多少呈直接相关性，地球中储存多的，在人体中的含量就高，反之亦然。人类的一些不正常状态，是由于生态环境的特殊性所造成的。各种地方病的产生，都是某一特定地点的生态不平衡的结果。如一部分人因为某些地方水体中含氟量过低而牙质疏松，不得不使用含氟牙膏来补充人体的氟元素含量；另一部分人却因为他们生活的区域水体中含氟量过高所造成的氟斑牙无限烦恼。

人类的物质循环与能量流动是依赖于自然环境的，如果一个正常成年人每天消耗的能量为 3 000 千卡，而这种能量是通过人——牛肉——玉米的食物链满足的，那么用这种食物链养活一个人需要 6 000 万平方厘米的玉米地。可见，人口的食物链也必须服从 "生态金字塔" 定律，人口及其全部食物构成，不得超过食物链的供应能力和其所需的耕牧地面积。同样，一个人每天呼吸所需要的氧气，必须依赖三棵树木去供应。

人类在还没有弄清楚生物圈的复杂的整体性联系的时候，已经

─────────────

[1]　[美] P. 亨德莱主编，上海生物化学所等译：《生物学与人类的未来》，科学出版社 1977 年版，第 425 页。

开始了对森林的大规模砍伐；在人类还没有认识到大气循环机制及气候的各种成因时，已经开始了对矿物性燃料的大量开采和燃烧；还不知道地球化学环境的组成和动态平衡规律时，已经生产出了大量的人造化合物叠加到自然界的物质运动之上。据估计，人类活动所散发出的各种物质，已超过了自然释放量的数十倍到数百倍。另外，数百万吨农药，近 10 万种化学品，也在大规模地改变着地球化学成分的组成和性质。各种公害事件和公害疾病因此而产生。"现在每个人从胎儿未出生直到死亡，都必定要和危险的化学药品接触，这个现象在世界历史上还是第一次出现的。合成杀虫剂使用才不到 20 年，就已经传遍动物界及非动物界，比比皆是。我们从大部分重要水系甚至地层下肉眼难见的地下水潜流中都已测到了这些药物。早在数十年前施用过化学药物的土壤里仍有余毒残存。它们普遍地侵入鱼类、鸟类、爬虫类以及家禽和野生动物的躯体内，并潜存下来。"[1]

（三）自然对人类发展的有限性

中央电视台《动物世界》的片头是一只高速奔跑的猎豹正在捕捉羚羊，在猎豹的强壮与剽悍面前，羚羊毫无逃脱之力。我相信，大凡看过这个节目的人，都不会忘记这个镜头，也会由此而对动物进化的适者生存原理产生强烈的感性认识。但是，这个镜头也仅仅是表现了动物生存状态的一个方面。

印度猎豹可以以超出 100 公里的时速奔跑，该物种获得如此快速奔跑的能力，大约经过了 1 000 万年以上漫长岁月的进化。鸟类进化到能飞，也经过了几百万年、几千万年的时间。鲸的祖先原是陆生哺乳动物，鲸能在几百米的深水中潜游，也需要几百万年、几千万年的进化过程。各生物物种在长期进化的过程中，始终受到生

---

[1] [美] 蕾切尔·卡逊著，吕瑞兰、李长生译：《寂静的春天》，吉林人民出版社1997 年版，第 12 页。

态规律的制约，表现出生存环境的有限性。像印度猎豹这样的生物，假如是采取集群地捕捉食物的方式，或者善于长跑，那么，它们很快就会杀尽食光可食的动物，随着它们在短期内繁殖数量的猛增，接踵而来的便是本种属的灭绝。幸好猎豹是单个进行捕食活动的，并且只是短跑健将，虽然它可以追上羚羊，但只是奔跑快还不足以百发百中地捕食。假如有能像猎豹那样快速奔跑，而又是集群地捕杀的动物出现在地球上，那么，在长期的进化过程中，这一种属的动物早就灭绝了。在大自然中，只有保持一定的平衡，这样一个种属才能长久地生存。因而，生物物种的进化直接影响着物种的生存方式。在自然进化的过程中，有些物种在接受了大自然长时间的优遇后，因其能力的退化不能适应突然失去优裕待遇的挑战而面临灭绝，如熊猫；也有些物种因为食物链的突然断裂而灭绝，如恐龙。[1]

在生物圈中，种群不可能长期连续地呈几何级数增长。当种群在一个有限的空间中增长时，随着种群密度的上升，对有限空间资源和其他生活必需条件的种内竞争也将增加。这必然要影响到种群的出生率和存活率，从而降低种群的增长率，一直到停止增长，甚至于种群下降。实际上，各种生物的繁殖和活动，各种物体的运动，都在自然界的调控之中。如果没有调控，一个细菌在 4 天半时间可以繁殖 1 036 个细菌，按照这样的速度繁殖下去，完全可以填满所有的海洋。只是由于它们繁殖到一定密度时，就得不到必需的养分而不得不停止繁殖，这样，地球才不会被它们弄得很糟糕。生物圈中的任何一个物种的爆炸性增长，必然会给自己造成爆炸性的灭亡。

自然界的有限性是通过影响生物生存的方式表现出来的，一般

---

[1]　参见 [日] 稻田献一：“关于人文、社会科学的振兴”，载《学术月报》1982 年第 12 期。

而言，动物的需求除食物外，主要是生存的基本条件。鸟儿从自然里索取一些枯枝败叶搭窝、狐狸寻找一个安睡的树洞、老虎霸占一个山洞……然而，任何物种索取自然财富的数量，都会受到生态规律和各种自然规律的调节。假如鸟儿把世界 2/3 的树木都做成了窝，那么，天空中将不再有它们自由飞翔的矫姿；假如狐狸把森林 1/3 的大树都逐一挖出树洞，那么，地球上不再有它们美丽的足迹；假如虎豹霸占了森林的每一平方米，那么，组成它们身体的物质，将一定会被新的形式彻底重新组合。大自然就是以它的特殊"语言"——生态平衡与失衡的种种现象，说明着它的有限性。

人类在长期进化的过程中，失去了许多动物所应具有的生存本领。除人类以外的有足动物都必须一离开母体就能站立并且奔跑，以逃脱沦为"他人"腹中物的命运，要有灵敏的视觉和听觉、并且还要有抵御自然界各种恶劣条件的能力、有尽快独立摄取食物的能力，等等。但是，人类的婴儿至少要经过七八个月才能独立站立，要一年左右的时间才学会行走；至于独立地为自己获取食物则需要十几年甚至几十年的时间；人的体力极为有限，其平均力气为 100 瓦左右，即使是奥运会冠军，也不过时速 36 公里。如果人类没有其他生存本领，恐怕在完全的自然环境中根本无立锥之地。幸好在人类的长期进化过程中，形成了智力，人类可以依靠独特的理性才能、依靠智力探索知识，可以用微小的体力掌握超过自身体力千万倍的能力。人发明的汽车，可以轻而易举地达到 100 公里时速，并且比猎豹更富有持久力；人类可以乘坐飞机在天上飞，也可以操纵潜艇比鲸更加持久地在水中潜航；可以使用气相色谱仪，查出狗不能分辨的微量物质。其他动物需要进化几百万年、几千万年才能获得的一种或两种优越能力，人类用所掌握的知识在 300 年左右就已获得了，而且获得的几乎是其他生物的所有的能力，甚至是凌驾于其他生物的能力。现在的每个人都拥有比他们的任何前人多得多的机械动力，从 1900 年至今，人均活动能力又增加了 30 倍以上……

人类的智慧是人类进步的源泉，但若使用不当，则极有可能成为毁灭人类的力量。假若人类以为可以随心所欲地向大自然索取而不知满足，可以滥无边际地开采自然财富，可以把构成自己生存环境的基本物质，也拿来作为"生活资料"，或者为增加个人的"生活财富"而破坏了人类的整体生存环境。那么，自然界的有限性将使人类受到惩罚。人类会由最富裕的物种落到彻底贫穷的地位——濒临消亡，在追求最大富裕的道路上，实现最彻底的贫穷。

大自然的有限性决定了人类发展的有限性。人类生存的地球，是浩渺太空中的一只小小的"飞船"，人口的无限繁殖、经济的无限增长，必将最终耗尽"飞船"内的有限资源，人类生产与生活所排出的废物会造成"船舱"被污染；如果我们把"飞船"的"舱盖"毁掉用来生产首饰或其他装饰品，其毁灭性后果不言自明。地球这只飞船要能维持全体"宇航员"的长期生活，首先必须使每一个生活在其中的成员懂得地球的各种极限，为此：

——人类需要适宜的生存环境。必须控制人类活动对自然造成的严重污染，将人类的经济发展置于自然界的有限性考虑之中。

——人类的食物链需要生物圈保持良好的生态平衡。任何一个物种的增长或灭绝，都直接或间接地影响着人类的生态寿命。当我们在砍伐或捕杀某一物种时，必须懂得其在生态网络中可能造成的连锁反应和对人类直接或间接的影响。

——人类对自然资源的经济性开采必须遵循自然界物质运动的基本规律和整体联系，使开采量和开采方式不至于影响资源的再生能力，有害的物质形态不至于叠加在构成人类生存环境的物质循环上。

——人类对能源的开采和使用必须符合自然界能量的储存和流动规律。

——人口的增长必须控制在生物圈的生态平衡以内。

生物圈，"是生命为自己在地球表面上所建造起来的家园"。[1]任何希望在地球上生存的生物都必须适应这个生物圈，否则就得毁灭。

第二节　环境问题

1962 年，托马斯·库恩撰写了一部名为《科学革命的结构》的著作。他在书中指出，科学进步并不是一个逐步演变的进程，而是一个个平静的间歇和知识上的激烈革命相互交替的过程。在这些革命中，"一种世界观概念被另一种取代"。库恩还创造出了"模式转变"一词，用来形容这种世界观的迅速变化。目前，人类的环境政策正在进行模式转变，即改变那种认为环境保护必然要与经济增长冲突的传统观念，这一转变的最明显的表现就是可持续发展。而可持续发展的提出，是人类环境价值观发生深刻变化的结果。环境问题的严重存在以及对人类生存和发展的威胁表明：我们必须在保护环境和发展经济这两个针锋相对的需要之间进行选择，权衡利弊已不可避免。关键在于权衡的标准是什么？环境在人类的生存与发展中到底处于什么地位？换言之，我们如何来认识环境的价值。

一、第三类问题

人类文明发展到今天，让我们足以感到自豪的东西有很多，我

---

[1] Barry Commoner, *The Closing Circle: Nature, Man and Technology*, New York: Bantam Books, 1974. 原文为 "Environment is a house for livingthings on the earth." 英文的 "house" 一词具有十分丰富的含义，并且非常贴切地表达了生态系统的结构和功能特性，但在中文里很难找到一个如此传神达意的词汇，侯文蕙的中译本使用了"家园"（参见 [美] 巴里·康芒纳著，侯文蕙译：《封闭的循环——自然、人和技术》，吉林人民出版社 1997 年版，第 7 页），此处采用该表达，但仍意犹未尽。

们可以比任何时候都更快地将信息和物资送到全球；我们可以用较少的财力和物力的投资生产出更多的粮食和商品。科学技术为我们提供了更深刻和更好的认识自然系统的潜力。世界上婴儿的死亡率在下降，人均寿命在提高，人们的文化水平在提高，全球粮食增长的速度超过了人口增长的速度。

但是，产生这些进展的过程同时也带来了使地球和人类难以长期忍受的趋势。全球范围内不断出现和平危机、经济危机、生存危机和环境危机。其中严重危害人类的是由环境问题引发的环境危机。早在 60 年代，国际上已将环境问题列为世界第三大问题。

环境问题是指因自然变化或人类活动而引起的环境破坏和环境质量变化，以及由此给人类的生存和发展带来的不利影响。环境问题的表现形式是多样的，危害也各不相同，学者们对其进行了分类。

根据环境问题产生的原因不同，可以将环境问题分为第一环境问题和第二环境问题。第一环境问题是因自然界自身变化而造成的环境污染和环境破坏，产生这类环境问题的原因如火山爆发、地震、洪水、冰川运动等，人们通常将其称为自然灾害。这类环境问题是人类无法控制的，其危害后果也难以为人们所估量，但这类环境问题发生的数量和影响的范围都是有限的。第二环境问题是因人类的生产和生活活动违背自然规律，不恰当地开发利用环境所造成的环境污染和环境破坏。这类环境问题主要是由人类活动引起的，由于人类活动的量大面广，对环境的影响无时不在，无处不在，因而这类环境问题发生的数量、影响范围大。事实上，第一环境问题与第二环境问题的分类也是相对的，1998 年，中国发生的长江全流域特大洪水，表面看来似乎是由于天气、气候、地理条件等自然界变化引起的，但深入考察就不难发现，多年来的森林破坏、围湖造田、人水争地才是真正的原因。这场灾难与其说是天灾，还不如说是人祸。

　　根据环境问题造成的危害后果不同，可以将环境问题分为环境污染和自然环境破坏。它是对第二环境问题所进行的再分类。环境污染是指人类活动所引起的环境质量下降而有害于人类及其他生物的正常生存和发展的现象。环境污染产生的主要原因是人类对资源的不合理利用，使有用的资源变为废物进入环境而造成危害。自然环境破坏是人类不合理地开发利用自然环境，过量地向环境索取物质和能量，使得自然环境的恢复和增殖能力受到破坏的现象。自然环境破坏的主要原因是人类超出环境生态平衡的限度开发和使用资源。严格地说，环境污染和自然环境破坏都是人类不合理开发利用环境的结果，过量地掠夺自然环境造成自然环境破坏，未将过量索取的物质和能量加以充分利用而使其成为废物进入环境又会造成环境污染，因而，环境污染和自然环境破坏是不能截然分开的。两者也互为因果，严重的环境污染可以导致生物死亡，从而破坏生态平衡，使自然环境遭到破坏；自然环境的破坏则降低了环境的自净能力，加剧污染的程度。

二、环境问题的发展

　　环境问题自人类出现以来就开始存在，它经历了漫长的发展阶段，从人类发展史上看，环境问题大致可以分为三个阶段：

　　（一）原始人类时期

　　此时人类与环境的关系主要表现为人类对环境的适应。人类的生存方式为穴居树栖，以野生动植物为食，使用的工具主要是石器。人类的劳动主要是原始采集和捕猎活动，生产能力极为有限，对环境的干预和影响极弱，主要还靠自然的恩赐度日。这一阶段，基本上还不存在我们今天所说的环境问题。但这一时期也开始了环境问题的萌芽，如在人类聚居区周围过量采捕野生动植物等。总的来看，在原始人类时期，人口的数量、生产力水平、社会发展都极为有限，人类对环境的影响尚未超出自然环境的调节能力，未对环境造成危害后果。

（二）农牧业社会时期

　　人类进入农牧业社会以后至 18 世纪 60 年代产业革命以前，人类对于自然环境的认识已经有了极大的进步，铁的使用使人类对自然环境的改造能力大大增强，生活方式也发生了巨大的变化，人类已经结庐而居。为从环境中获得更多的生活资料，人类开始开垦荒地、放牧牲畜并向环境排放人类的代谢产物及农业、牧业废物。随着农牧业经济的发展、人口的增加、城市的出现和发展，逐步出现了环境问题：一是人类为获取丰富的食物而在人类居住区周围大量开垦土地，破坏天然植被，导致森林被严重破坏、草原退化、水土流失严重的局面，最终形成沙漠或土壤肥力极低的荒地，使局部地区的自然环境遭到严重破坏，有些至今也未恢复。如古代两河流域、古希腊、阿尔卑斯山南坡、古巴以及我国的黄河流域等。这些环境问题在当时发生的区域并不是很多，范围也不是很大，在人口不多的情况下，也不会构成对人类的威胁；但这些破坏的后果却是难以逆转的，影响久远，充分反映出环境问题产生容易解决难的特性。二是在这一时期城市开始出现，环境污染问题已经开始萌芽，有些甚至发展到一定程度。城市作为特殊的生态系统，其功能结构不合理，环境自净能力极为有限，在一些早期形成的城市中，因人口拥挤、生活废弃物增多也使城市生活环境恶化，出现了较为集中的环境污染，主要是水污染、固体废弃物污染和噪声污染。如我国的长安城在 10 世纪左右因水污染严重而被迫迁向西南，美国的洛杉矶在 16 世纪中期被称为"烟湾"，而罗马城则有"死人也能被吵活"的说法。这时污染虽已出现，但总的来看影响的范围不大，当时的人口、城市数量都有限，人类可以通过迁徙解决污染问题，因而并未引起人们的重视。

（三）工业革命时期

　　工业革命时期包括自 18 世纪 60 年代蒸汽机的发明开始至 20 世纪 60 年代这段时间。这一时期，科学技术迅猛发展，从机器劳动代替人工劳动开始，生产力水平迅速提高，工业出现并且部门越来越多，人类对于自然环境的开发能力达到了空前的程度。这一时期人类对自然资源进行了掠夺式的开发利用，大规模的垦殖、采矿以及森林采伐使得局部地区的自然环境受到严重破坏；同时，人类将环境作为天然垃圾场，毫无顾忌地向自然界排放废弃物，造成了严重的城市和工业区的环境污染，而且环境污染发展的迅速超过了自然环境破坏的速度。化学工业尤其是有机合成化学工业生产了大量的化学品，人工制取的化学品的种类与日俱增，而其中不少是有毒、有害及生物难以降解的化学品。这些化学品进入环境，在环境中扩散、迁移、累积和转化，对人体健康造成了严重的威胁。此时环境污染已十分严重，各种污染物质或通过食物链进入人体，或在特定气候条件下造成危害，最终损害人体健康，威胁人类的生存和发展，近几十年来，成千上万的人被环境污染夺去了生命。在 20 世纪 30 年代至 60 年代，发生了马斯河谷事件、多诺拉烟雾事件、伦敦烟雾事件、水俣病事件、四日市哮喘事件、米糠油事件、痛痛病事件、洛杉矶光化学烟雾事件等严重的公害事件。[1] 莱茵河、泰晤士河变成了鱼虾绝迹的臭水沟；爱尔兰海上成千上万只海鸟因多氯联苯中毒而死亡；南极大陆上的企鹅体内也检出 DDT；在格陵兰冰盖层中，铅和汞的含量在不断上升。许多有害物质进入人体及生物体内，还会产生潜在的和远期的危害。

三、现代环境问题

二十世纪五六十年代严重的环境污染和破坏问题出现以后，引起了人们对环境问题的警觉，许多污染严重的国家还开始了对环境污染的治理，并取得了一定的成效。局部地区的环境质量得到改善，但从世界范围来看，环境污染与生态破坏问题并未解决，而且

---

[1] 我国学者将上述环境污染事件合称为"八大公害事件"，后由于 80 年代又发生了一系列新的严重公害事件，为示区别，又将这些事件称为"旧八大公害事件"。

仍在不断恶化，局部地区的问题打破了区域和国家的疆界演变成为全球性的问题；暂时性的问题相互贯通、相互影响演变成长远问题；潜在性的问题进一步恶化、蔓延演变成为公开性问题。从70年代末80年代初开始，全球性的环境危机开始出现，更为严重的环境污染和更大范围的生态破坏事件频繁发生，出现了明显不同于过去环境问题特征的现代环境问题。

当今，人们所严重关切的现代环境问题主要是酸雨、臭氧层破坏、全球性气候变化、生物多样性锐减、有毒化学品的污染及越境转移、土壤退化的加速、淡水资源的枯竭与污染、污染导致的海洋生态危机、森林面积急剧减少、突发性环境污染事故及大规模生态破坏。其中最严重的问题有：

(一) 酸雨

酸雨通常是指 PH 值小于 5.6 的雨雪或其他方式形成的大气降水。酸雨的最大危害是酸沉降，即大气中的酸性物质降落到地面，引起水体、土地等环境因素的酸化，危害人类及其生态环境。酸雨素有"空中死神"之称，是远距离大气污染的结果。酸雨对人类环境的危害是多方面的，它可使土壤、湖泊、河流酸化，影响水生生物的正常生长，也妨害植物的生长；它腐蚀建筑材料、金属结构、油漆等，古建筑、雕塑也会受到损坏；它污染湖泊、河流及地下水，使作为水源的水中金属溶出，直接影响饮用者的健康。据科学家估计，欧洲各国森林、湖泊和农作物受酸雨危害的损失每年超过13 亿美元，瑞典和挪威南部以及美国东北部许多湖泊已成为无鱼的死湖；瑞典 1.8 万多个大中型湖泊已经酸化，其中的 4 000 个湖泊酸化严重。[1] 酸雨的产生主要是矿物燃烧和冶炼过程中的硫和氮的氧化物进入大气层，在空气中与水汽化合生成硫酸和硝酸，随

──────────

〔1〕 参见中国大百科全书总编辑委员会、中国大百科全书编辑部编：《中国大百科全书·环境科学》，中国大百科全书出版社 1983 年版，第 372~373 页。

大气降水降落到地面。目前，世界上有三大酸雨中心，它们是斯堪的纳维亚地区、欧洲大陆和北美。此外，印度局部、日本列岛以及我国的长江以南地区酸雨也较严重。

（二）臭氧层破坏

臭氧层是指距离地球表面 10 公里至 50 公里的大气层中由臭氧构成的气层。臭氧层的主要功能在于吸收来自宇宙的紫外线，使地球上的万物免受紫外线辐射的危害，所以，臭氧层被称为地球的保护伞。但如今，臭氧层已被人类严重破坏，20 世纪开始人类大量使用高度稳定的合成化合物，如空调、冰箱、工业溶剂、航空航天用制冷剂、喷雾剂、清洗剂中含氯氟烃化合物挥发出来，通过复杂的物理和化学过程与臭氧发生化学反应而将其分解。1984 年，科学家们首先在南极上空发现臭氧层空洞，即南极上空的臭氧层已经没有了，后来在北极上空也发现了臭氧层空洞。臭氧层破坏的直接后果是使太阳辐射的紫外线长驱直入，从而使人类遭受紫外线的危害。科学家们证实：大气中臭氧每减少 1%，照射到地面上的紫外线就增加 2%，皮肤癌的发病率则增加约 4%。此外，臭氧层的变化还会损害人的免疫系统，使人患白内障和呼吸道疾病的可能性增大；同时也损害海洋生物、阻止植物生长。最近的环境科学研究成果还表明：臭氧层破坏也是影响全球气候变化的一个重要因素。

（三）温室效应及全球气候变化

地球表面的温度及气候由太阳辐射决定，从长期来看，地球从太阳吸收的能量必须与地球和大气层向外释放的辐射能相平衡。这种释放能量的一部分由辐射性的大气层气体（温室气体）吸收并再反射回地球，进而减少向外层空间的能量净排放。为了维持全球的能量平衡，大气层和地球表面将变得热起来，甚至外放的能量等于进入的能量，这就是温室效应。自然界中主要的温室气体是二氧化碳、水蒸气、甲烷、一氧化氮和臭氧。人类活动大量排放的二氧化碳造成的温室效应使地球变暖，自工业革命以来，矿物燃料使用量大幅度增加，而森林遭受严重破坏使地球正在失去二氧化碳的储备库，大气中温室气体的浓度迅速增加。温室效应的危害在于它可能使全球气温升高。据科学家们计算，二氧化碳浓度增加 1 倍，将会使全球平均温度增加 $1.5℃～7℃$，高纬度地区增加 $4℃～10℃$，这样迅速升高的温度将会引起地球上的冰川融化，导致全球海平面上升，使许多沿海城市遭受灭顶之灾。此外，温室效应也可能引起全球气候变化。

全球气候变化是一个十分复杂的问题，科学家们经过大量观测，认为温室效应是引起全球气候变化的一个重要原因。他们认为，引起气候变化的主要温室气体有二氧化碳、氯氟烃、甲烷及氧化亚氮，而二氧化碳是造成温室效应的主要元凶。科学家们还得出结论：过去一百年来地球表面温度已上升了 $0.3℃～0.6℃$。[1]

关于全球气候变化的成因及后果，目前在科学家们中间还存在分歧，但多数人认为，全球气候变暖将给人类造成极为严重的社会经济问题，所以必须及早采取切实的预防和控制措施。

（四）突发性环境污染事故

人类进入 20 世纪 80 年代以后，每年都在发生大量污染事件，据英国核能安全局统计，全世界平均每年发生 200 多起严重的污染事故。其中影响范围大、危害严重、引起世界瞩目的有意大利塞维索化学污染事故、美国三里岛核电站泄漏事故、墨西哥液化气爆炸事故、印度博帕尔农药泄漏事故、前苏联切尔诺贝利核电站泄漏事故、瑞士巴塞尔赞多兹化学公司莱茵河污染事故等。[2] 这些污染事故的发生带有突发性，且污染范围大、危害严重，所造成的经济损失巨大，受害者不仅有污染源所在国居民，甚至影响到不少邻近

---

〔1〕　参见钟述孔：《21 世纪的挑战与机遇——全球环境与发展》，世界知识出版社 1992 年版，第 26 页。

〔2〕　参见曲格平：《中国的环境管理》，中国环境科学出版社 1989 年版，第 101~104 页。

国家。如切尔诺贝利核泄漏事故就使欧亚两大陆近半个地球均遭受到放射性尘埃的危害。更为严重的是，这些突发性污染事故的危害持续时间长，危及子孙后代的健康，如博帕尔事件的受害者所生育的子女就有先天性双目失明者。这些严重的危害后果都是以前的污染事件所不能比的。

（五）大规模的生态破坏

生态破坏在全世界范围内均有发生，但后果严重者当推持续了多年的非洲大灾荒。非洲大灾荒的产生固然具有自然因素如气候、地理条件的影响，但专家们普遍认为，这场灾荒是非洲大面积森林破坏、农业和人口政策失误、滥伐、滥耕、滥牧的结果。严重大灾荒从20世纪60年代末期初显端倪，到70年代末、80年代初急剧恶化，有36个国家遭受灾害，数以百万计的人被饿死，这些都是历史上罕见的。非洲大灾荒实际上是人为因素和自然因素的相互作用形成的恶性循环，即人口激增，加剧了毁林、毁牧和水土流失；生态破坏的结果则导致生物生产量的减少，生活更加贫困，生存条件更得不到保障。

世界环境问题的新发展既是老的环境问题，又以新形式出现，同时也在产生全新的环境问题。现代环境问题大致可分为全球性环境污染、严重的环境污染事故和大规模生态破坏三类。有的学者将前述六件突发性污染事故加上全球大气污染和非洲大灾荒合称为"新八大公害事件"，以示与过去"八大公害事件"的区别。比较新旧公害事件，两者确有显著的不同：过去的公害事件大都是指污染对人体健康的危害，污染源也主要来自工业生产；新的公害事件既包括对人体健康的影响，又包括生态环境的破坏，污染源则除了工业生产以外，还包括社会生活、交通运输、开发活动乃至政府决策等多方面的人类活动。旧的公害事件大都局限在一个比较小的范围之内，危害规模不大，危害的时间也较短暂；而新的公害事件则是危害范围大，持续时间长，并且后果严重。旧的公害事件大多为单个环境要素受到影响而产生的危害后果，且污染物累积的时间有限；而新的公害事件则表现为长期环境污染的综合效应，是对环境更深、更广的危害。旧的八大公害事件从 1930 年马斯河谷事件至 1968 年米糠油事件，前后经历了 38 年时间；而新的八大公害事件则发生在 70 年代中期到 80 年代初的不到 10 年时间内，公害发生的频率在加快。旧的公害事件都发生在发达国家；而新的公害事件却扩展到了发展中国家，发展中国家现在面临的环境问题，是比发达国家的环境污染问题更大、更难解决的问题。可以说，在现代，环境问题及其危害已经超越国界而成为各国无法回避的共同问题，解决这些问题需要各国的共同行动。否则，将造成难以挽回的严重后果。

第三节　人类环境观

人类环境观或称人类环境价值观是一种环境意义意识，是人们对自然界的看法、观点、观念的总和。[1] 环境问题的产生虽然是多种因素综合作用的结果，人类对环境的基本认识和态度却不能不说是其中的一个重要的因素。可以说，环境问题的产生与发展是与人类环境观紧密相连的。

人类的环境观随着生产力的发展和科学技术的进步而不断变化、发展，迄今为止，大致经历了三个历史阶段和三种观念形态。

第一阶段是人类畏惧自然、崇拜自然的阶段。在古代，由于生产力水平低下，科学技术不发达，人类对自然的认识还处于蒙昧阶段。人们虽然在战胜自然方面取得了一些胜利，但基本上还不能摆

---

[1] 参见杨朝飞："人类环境价值观的思考与选择"，载国家环境保护局宣传司等编：《环境理论与实践》，中国环境科学出版社 1993 年版，第 240 页。

脱自然的完全控制和威胁，于是，人们便形成了对自然力的畏惧心理和盲目崇拜的观念。这种崇拜主要表现在两个方面：一是对动物的崇拜；二是对天象的崇拜。在这个时期，人类在畏惧自然情绪的笼罩下，虽然也萌发过某些人与自然和睦相处的美好愿望，如"天、地、人合一"的思想，但在总的自然观上，是把人看做自然的奴隶，要求人对自然的绝对服从。

第二阶段是人类无视自然、主宰自然的阶段。在近代，随着生产力的不断发展和科学技术的进步，人们对自然的认识和态度也发生了转变，即由畏惧、崇拜自然转变为无视、主宰自然。社会生产力的提高是以生产工具的不断革新为前提的，人类主宰、征服自然观念的形成也是以先进生产工具的使用为物质条件的。如果说石器的使用是人类征服自然的第一枪，那么铁器的使用特别是蒸汽机的使用，则是人类征服自然的集中表现。据资料记载，蒸汽机的发明和使用，使美国在 100 年间，煤炭的产量增长了 10 倍，铁的产量增长了近 60 倍。所以，马克思指出："资产阶级在它的不到一百年的阶级统治中所创造的生产力，比过去一切时代创造的全部生产力还要多，还要大。"[1] 但是，也就在这个时期，人类一方面为战胜自然的辉煌胜利而感到自豪；另一方面又由于对自然的盲目征服，遭到自然的严重报复而感到震惊。第一次产业革命之后，特别是 20 世纪 20 年代以来，石油化学工业的大规模发展，带来了严重的工业污染，致使人类生存环境恶化，构成对人类命运的威胁。人类在这种自己为自己造成的恶果面前，被迫转变无视自然的观念。

第三阶段是重视自然，与自然和睦相处、协调发展的阶段。进入现代，由于生产力水平的进一步提高和新科技革命的兴起，各种科学理论的兴起与深化，为我们正确认识人类与自然的关系提供了

---

[1] 中共中央马克思恩格斯列宁斯大林著作编译局编译：《马克思恩格斯选集》第 1 卷，人民出版社 1966 年版，第 256 页。

科学的方法论和必要的技术手段，使人们抛弃了盲目崇拜自然和完全无视自然的陈旧观念，确立了重视自然、与自然协调发展的思想。这是人类环境价值观念的一次具有历史意义的转变。其标志是1972年人类环境会议所发出的《斯德哥尔摩宣言》。这个宣言第一次呼吁全人类要对自身的生存环境进行保护和改善，保护自然环境就是保护人类自己。同时，它还要求人们与自然进行有效的合作，把保护环境同和平与发展统一起来，作为人类的共同目标去实现。

事实上，人类对自然的认识经历了一个由肯定自然（或崇拜自然），到否定自然（即无视自然），再到新的肯定自然（即重视自然）的否定之否定过程，是人类环境观由不科学到科学的发展过程。但是，人类不同的环境价值观，却对于社会与经济的发展造成了巨大的影响，环境问题的产生与人类环境观紧密相连。

考察人类环境观的历史可以发现：世界上出现了两种不同的环境价值观，即支持人类经济和社会发展的无视自然的环境价值观和重视自然的环境观。由于这两种环境观分别代表了人类社会发展的不同时期对环境价值的认识以及人类社会发展的不同要求，我将其称之为传统的环境观和现代的环境观。

传统的环境观是一种功利主义的价值观，它以人类中心主义为价值取向，以人统治自然为指导思想，这种思想表现在社会经济发展的所有领域。它以反自然为主要特征，构筑了人类社会的发展模式，在传统的环境观下，自然资源是无限的，取之不尽用之不竭，因而可以不受限制和无偿地使用；自然界消化废物的能力是无限的，可以随意把废弃物排向环境。于是，传统的生产模式是把自然作为资源仓库，向它索取越来越多的东西，同时把自然界作为天然垃圾场，向它排放越来越多的废弃物。在这种功利主义的环境价值观下，只要是对集团或个人有利的，便可以为所欲为，可以无限制地作用于自然和改变自然，拼命地向自然索取，不断加剧人与自然的冲突和对立，直至出现全球性的生态危机。

可以说，世界环境问题的出现，是传统环境观按照它的价值取向发展所必然产生的，是它的不可避免的直接后果。在这样的人类中心主义范围内，环境问题不可能获得解决而只会加剧发展。

现代环境观则是建立在对自然环境与人类关系的科学认识基础之上的，它认为地球资源和环境容量都是有限的。从这一基本观点出发，它的价值取向是人与自然的和谐发展。在这种尊重自然和自然规律的思想下，要求人类转变环境观念，转换社会经济发展模式，由人类中心主义转向人与自然和谐发展，由以牺牲环境为代价的社会经济发展模式转换到人与自然和谐发展，经济增长与环境保护协调发展，经济建设与环境建设同步发展的社会经济发展模式，保证人和社会发展的持续性。

在现代环境观下，人类必须在研究地球资源再生能力和环境自净能力的基础上，使人类与自然协调发展；人类对自己赖以生存、发展的自然条件，必须在遵循自然规律的前提下，行使利用这些条件的权利，承担保护这些条件的义务；人类在利用这些自然条件的时候，必须以长辈的责任感为子孙后代留下一份宝贵的环境遗产。这种环境观，不仅是人类社会经济发展模式转换的基础，也是环境法产生的基础。

人类与环境的关系，是当今国际社会最为关注的话题之一，人类与自然关系的协调发展应成为当代人的共识，"如何使自然界与包括国民经济的人类社会相协调呢？以这种方式提出问题意味着把自然和人类社会看成两个分离的部分，但事实并非如此。人类生存于自然界之中，并靠大自然维持生命。这个说法不是比喻，而是事实。我们是生活在生态系统中的呼吸空气的动物。当然我们在生态圈内按国家和地区划分界线，但是它仍属于一个整体"，"因此，当我们乐观地宣布经济发展和环境保护可以同时并举时，我们必须加上这样一个条件，即必须将生态圈的保护放在首位。经济发展必须放在第二位，必须有严格的生态标准作指导。这些基本思想还远远未被人们普遍接受"[1]。

第四节　环境保护

面对全球性的环境问题，人们提出了种种观点。归纳起来，主要有三种：一种是悲观论者，他们认为人口增长和科学技术的发展必然造成公害，"人类正在走向地狱之门"，环境问题发展到最后"势必毁灭人类"，因此，必须放弃发展，实现人口和经济的"原点发展"，甚至"回到自然去"，如著名的罗马俱乐部发表的《增长的极限》一书就提出了"零增长""零排放"的理论。另一种是盲目乐观论者，他们认为人类在不讲环境保护的情况下已生存了几百万年，今后也仍会生存下去，"车到山前必有路"，大可不必为一点环境问题惊慌失措、杞人忧天。如美国未来研究所发表的《世界经济发展——令人兴奋的 1978 年至 2000 年》一文就认为资源能源不会产生枯竭性的危机，人类总会有办法对付未来出现的一切问题。再一种是积极乐观论者，他们认为人类既是环境的产物，又是环境的塑造者，现代科学技术的发展，给予了人类认识和改造环境的能力，人类只要对这一能力善加运用，是可以取得环境与经济的协调发展的，关键在于人类必须正确地认识客观规律，认识环境问题产生的根源，摆正人类在自然界中的地位，同自然协调发展。

我赞成第三种观点，既反对忽视人类主观能动性的以停滞发展求得环境问题消极解决的悲观论点，也反对忽视人类面临的严重环境问题而任其发展的盲目乐观论点，对环境问题采取审慎的态度。环境问题是人类社会发展过程中产生的问题，它就可以在发展的过

---

[1]　1986 年 5 月 26 日至 27 日，斯坦利·罗（萨斯喀彻温环境学会）在世界环境与发展委员会公众听证会上的发言。

程中加以解决。但自然规律的作用与人类认识水平之间的距离是存在的，环境问题不可能有一劳永逸的解决方法，人类只有在不断提高自己对自然规律认识水平的情况下，随着经济和社会的发展不断采取适当的防治措施，以求环境、经济与社会发展三者的协调。正是基于这一认识，我们看到，在过去，老的环境问题解决了，新的环境问题又会出现，人类面临的环境问题依然严峻。而环境问题的解决，又与人类的认识水平、科学技术发展水平、社会经济发展水平等多种因素息息相关。这就需要我们既看到环境问题的严重性，又从经济和社会发展的角度谋求环境问题的解决，认识和运用客观规律，采用各种科学技术研究成果，弄清环境与经济发展、社会发展的关系，将环境的考虑贯穿到社会生产的每一个阶段和步骤，采取适当方针和政策措施管理环境，进行环境保护。

环境保护是指为保证自然资源的合理开发利用、防止环境污染和生态环境破坏，以协调社会经济发展与环境的关系、保障人类生存和发展为目的而采取的行政、经济、法律、科学技术以及宣传教育等诸多措施和行动的总称。环境保护是人类针对环境问题而提出的积极对策。

环境保护作为一个较为明确和科学的概念是在 1972 年联合国人类环境会议上提出来的。环境问题出现之初至二十世纪五六十年代污染严重时期，在西方发达国家产生了反污染运动，当时人们认为环境保护只是大气——水污染的控制、废物的处置之类的事情，并认为这只是局部地区的问题。1962 年美国出版了 R. 卡逊写的《寂静的春天》一书，该书描述的农药污染造成的生态危机，震动了欧美各国。科学家们发现：在短暂的几十年时间内，工业的迅速发展将人类带进一个被毒化了的环境，而环境污染造成的损害是全面的、长期的、严重的。1972 年发表的《人类环境宣言》在分析了当代的环境问题并全面阐述了人口、资源、环境和发展的关系后，提出了全球环境保护战略。人类环境会议明确指出：环境问题不是局部问题，而是全球问题，不仅是技术问题，更主要的是社会经济问题。换言之，环境保护是一项事关全局的工作，是社会经济工作的重要组成部分。从此，环境保护有了较为明确的含义，"环境保护"这一术语也被广泛地采用，环境保护工作也越来越受到各国的重视。

随着现代社会的发展，人类对物质的需要量不断增长，导致对自然资源的开发和利用不断扩大，排放到环境的废物也日益增加；于是，人类发展和自然环境之间的相互影响日益加强。这样，环境保护的任务就是保护人类发展和生态平衡。世界各国针对本国的环境问题，采取了一系列重大的环境保护措施，如建立环境保护管理机构，加强环境保护的科学研究，制定法律、法规等。综观世界各国的环境保护工作，内容各不相同，但归纳起来，主要包括两个方面：一是保护和改善环境质量，保护人体健康，防止人类在环境的不良影响下产生变异和退化；二是合理利用自然资源，减少或消除有害物质进入环境，同时也保护自然资源的恢复和扩大再生产，以利于人类生命活动。

近几十年来，经过努力，各国的环境保护工作都取得了不同程度的进展，环境质量有所改善，但从整体上看，各国消除污染改善环境的程度距人类所需要的环境目标还相差很远。例如，一些污染的机理还不清楚，解决某些具体环境问题时往往与总体环境质量产生矛盾，自然环境在人为影响下对人类社会的反作用还难以作出可靠的预测等。这些都表明，人类环境保护是一个十分复杂的问题，尚需我们做出不懈的努力。

环境保护是人类调整自身与自然关系的一项具有深远意义的战略转变，人类从自然的惩罚中开始冷静地反思过去，懂得了保护环境的必要性和重要性，并逐步收敛了对待自然那种"人定胜天"的傲慢态度，采取对策限制破坏、治理污染，使环境保护在局部地区、在某些方面和领域中取得了一定进展。

20 世纪 70 年代至 80 年代，发达国家不断增加环境保护投资。据统计，1974 年美国环境保护投资占国民经济生产总值的 1.5%，到 1980 年达 2.1%。日本 1972 年达 1.8%，1975 年达 2.1%。在高投入的同时，制定各种严格的法律法规，建立专门的管理机构，大力开展环境科学研究，积极开展低污染和无污染的工艺技术，较好地解决了国内的污染问题。与此同时，各发展中国家也逐步开始重视环境保护问题，如韩国、泰国等国家都颁布了环境保护基本法，设立了环境机构，并为环境保护制定了各种政策措施。在这一时期，人类的环境保护取得了一些积极的成效，主要是人们对于环境保护的认识发生了较大的飞跃，环境意识开始成为一种全球意识；许多国家建立了环境保护机构，颁布了有关法规、标准，开始探索适合本国的环境保护道路。环境科研、监测得到了迅速发展，基本上掌握、摸清了人类面临的问题，对环境状况有了清楚的认识，同时在治理污染、改善生态方面也找到了一些措施、对策和技术，为彻底解决环境问题做了很多物质、思想和对策上的准备。但在这一时期所采取的环境保护对策又都还存在着不足，主要是环境质量恶化的趋势没有控制住，特别是在解决全球性环境问题上没有取得明显进展，也没有控制住事态的发展。在管理和治理的问题上，各国都走了一些弯路，浪费了一些投资，错过了一些时机，使制约人类生存与发展的环境问题，变得越来越具有爆炸性和危险性。

进入 80 年代中期以来，面对世界环境问题的新变化，环境保护进入了一个新的阶段，环境问题成为全球共同关注的首要热点问题，环境保护成为国际会议的一个重要论题。全球性会议、区域性会议、双边和多边会议、专题性会议、国际组织会议轮番召开，表明人类对环境保护的认识达到空前高度。在发达国家，环境保护已粉墨登场，进入了政治舞台，诸多国家的首脑在多种会议上以各种形式积极发表主张环境保护的言论；德国、美国、英国、比利时等国成立的绿党以保护环境、反对核战争、维护和平为纲领，在越来越多的国家得到了公众的支持，有的国家的绿党经过大选进入了议会，直接参与立法和决策。发展中国家也充分意识到环境与发展的密切联系，日益重视在发展中进行环境保护的问题，如委内瑞拉、巴西、智利、玻利维亚、印度尼西亚等国都在近年来推出了环境保护的计划、法令、政策和管理措施。当代人类环境保护意识的空前提高，集中反映在 1992 年联合国环境与发展大会及其通过的重要文件之中。这次被称为"世界巅峰会议"的空前盛会，通过并签署了 5 个重要的环境保护文件。此次会议提出了建立全球新的伙伴关系原则、可持续发展原则。环境保护与经济发展密不可分的道理已成为人类环境保护的指导原则。

在当代，环境保护在国际经济交往中的分量正在加重，环境保护越来越成为与国际贸易、信贷、经济援助等项活动密切相关的一项具有举足轻重影响的制约因素。环境科学技术日益受到重视，以环境道德为核心的新的文化观念正在迅速传播。正如世界环境发展委员会所指出的：法律、行政和经济手段并不能解决所有问题，在环境保护领域，必须形成一种与现代工业科技社会相适应的新的环境伦理观，这种新的可持续发展的伦理道德的核心是尊重自然，真正把人类看做是自然的一部分，把人类从对自然的胜利所产生的飘飘然中解脱出来，它要求当代人之间、当代人和后代人之间机会平等，它最重要的认识是"只有一个地球"和"明天与今天一样重要"。[1]

经过近 30 年的发展，环境保护已真正成为人类的共识，成为国际社会普遍关注的一个热点。环境保护是一项社会性强、科学技术性强、涉及范围广泛的工作，它需要多个领域、多种手段和多种措施的协同配合。过去在总结西方发达国家环境保护的成功经验

---

[1]　参见世界环境与发展委员会著，王之佳、柯金良等译：《我们共同的未来》，吉林人民出版社 1997 年版，第 5 页。

时，人们将其归纳为"法律+科学"。今天，我们更为深刻地认识到，法律和科学都必须建立在可持续发展观念的基础上，在人的深层意识上调整人与自然、人与人之间的关系，承认人类是自然界的普通成员，承认自然界变化发展的客观规律，承认生态环境和自然资源是当代人和后代人的共同财富，承认人类在环境问题上的权利与义务的统一。从而建立起一种既符合人类持续发展的主观需要，又符合生态环境自然客观规律要求的、现代化的、人与自然的新型关系——平等、和睦、协调、统一、相互尊重。

第一章　挑战传统

——环境法的兴起

西方法律传统正像西方文明一样，在 20 世纪正经历着前所未有的危机，但这一点并不是科学能证明的，而最终是由直觉感知的。可以这么说，我只能证明我感到我们正处在法律价值和法律思想前所未有的危机之中，我们整个的法律传统都受到挑战——不仅包括过去数百年的所谓自由的概念，而且也包括源于 11 世纪和 12 世纪的西方法制的结构。

[美] 哈罗德·J. 伯尔曼

《法律与革命——西方法律传统的形成》[1]

第一节　什么是环境法

一、环境法缘起

环境法的观念被正式引入法律制度，始于五六十年代的美国。

---

[1] [美] 哈罗德·J. 伯尔曼著，贺卫方等译：《法律与革命——西方法律传统的形成》，中国大百科全书出版社 1993 年版，第 38~39 页。

20 世纪 50 年代以来，环境问题首先在各发达资本主义国家出现，大规模的环境污染尤其是各种由环境污染引起的公害病使得社会对日趋严重的环境问题产生恐慌，引发了社会的、法律的乃至政治的危机。各西方资本主义国家针对环境问题，为了稳定社会秩序，开始了有关环境保护的立法。在美国，这种立法时间早而且范围广泛，除联邦政府立法外，各州还有不少立法。开始时，人们注重的是对空气、水等单个环境因素的污染控制立法，如《清洁空气法》《清洁水法》等。其后，才逐步发展到对环境整体的立法，如《1969 年国家环境政策法》[1]《密歇根州环境保护法》等。特别值得一提的是《1969 年国家环境政策法》的产生。

1969 年，美国参议员杰克逊和众议员丁吉尔分别向参众两院提出了设立"国家环境质量委员会"的议案。其中，丁吉尔议案还提出应宣告一项国家环境政策。参议员杰克逊领导的参议院内政和岛屿事务委员会举行了关于杰克逊议案的公开听证会。在听证会后，杰克逊对原议案进行了修改。增加了关于国家环境政策的内容，还根据印第安纳大学教授林顿·戈得维尔在公开听证会上的建议，增加了一项要求联邦行政机关断定其行政行动的环境影响的内容。参议院和众议院分别于同年 7 月和 9 月通过杰克逊议案。

经众议院通过的杰克逊议案在提交两院协商委员会之前由众议院作了一些重要修改。这些修改是提案人杰克逊与参议院污染控制和环境立法委员会主席马斯基之间争论和妥协的结果。这些修改包括加重了行政机关说明和报告其行动的环境影响的法律义务。后者加强了对行政机关的影响环境的行为的外部监督。

经马斯基—杰克逊妥协方案修改后的杰克逊议案于 1969 年 12 月中旬经两院协商委员会通过。12 月底，尼克松总统签署发布。

---

[1] "National Environmental Policy Act of 1969" 在我国有几种不同的译法，在此，我将其译为《1969 年国家环境政策法》。

该法宣布它的立法目的是："宣布一项鼓励人同他的环境之间建设性的和愉快和谐关系的国家环境政策；推动为预防或消除对环境和生物圈的损害所做的努力并促进人类健康和福利；深化对国家至关重要的生态系统和自然资源的认识和建立国家环境质量委员会。"[1]

日本在五六十年代也开始建立了以控制公害为中心、包括以保全和创造良好的环境为内容的环境法体系，如《公害对策基本法》《自然环境保护法》等。1969 年，日本环境厅开始专门编纂有关环境的法律、法规、环境标准，总称为《环境六法》，以后每年修订一次。《环境六法》分为一般环境法、大气污染、噪声、振动、恶臭、水质污染、土壤污染、地面沉降、废弃物及海洋污染、被害救济及纠纷处理、费用负担及资助、自然保护、国土利用、关系法令等 14 类。[2] 现行的日本《环境基本法》第 1 条宣布其立法目的为："就环境保护问题明确规定基本观念及国家、地方公共团体、企事业者和国民的责任与义务的同时，规定环境保护对策中的基本事项，以全面且有计划地推进环境保护对策，为保护现在及将来国民的健康，保障文化生活做贡献。为人类福利事业做贡献。"[3]

前苏联和东欧社会主义国家也采用了环境法的概念。苏联解体以后，俄罗斯于 1992 年颁布了《俄罗斯联邦环境保护法》，并规定了继续适用原苏联有关环境保护立法的原则。

中国于 1979 年制定了《中华人民共和国环境保护法》（试行）（以下简称《环境保护法》（试行）），后又陆续制定了《中华人民共和国海洋环境保护法》、《中华人民共和国大气污染防治法》（以下简称《大气污染防治法》）、《中华人民共和国水污染防治法》

---

[1] 王曦：《美国环境法概论》，武汉大学出版社 1992 年版，第 213~215 页。
[2] 参见汪劲编著：《日本环境法概论》，武汉大学出版社 1994 年版，第 13~14 页。
[3] 《官报》（号外 200 号），明治二十五年三月三十一日，大藏省印刷局发行。

（以下简称《水污染防治法》）、《中华人民共和国环境噪声污染防治法》等多项专门的环境法律、法规和环境标准，1989 年在修订《环境保护法》（试行）后颁布了《中华人民共和国环境保护法》（以下简称《环境保护法》）。

各国的环境立法摆脱了传统的私法自治、契约自由的民法原则，确认国家有权对个人及企业在生产和生活中对环境有影响的活动进行干预，从而具有影响市场经济发展、对环境进行管理的职能。各国学者都很重视这种新的法律动向，把它称作环境法并作为专门研究的对象。

事实上，环境法现象不仅仅是与污染有关，它是关乎科学技术发展和经济发展、社会发展的问题，更是关乎人类价值观念的转换和发展模式转换的问题。在世界各国，环境法概念所描述的"行星家政管理法（planetary housekeeping）"[1] 的现象普遍存在，它成为了一个"由多种法规组成的发展的混合体"[2]。不过，这种现象在不同的国家和不同的时期表现形式有所不同。由于各国环境立法的差异和变化，以及研究者认识的角度不同，关于环境法的概念，至今仍是众说纷纭。正如美国当代著名环境法学家威廉·H. 罗杰斯所说："发现环境法的一个可操作的定义有点像寻找真理：你离它越近，它越变得使你难于理解。"[3]

二、环境法的历史背景

任何一种法律门类的出现，都是一定社会历史条件的产物。环境法也不能例外。对于它的概念的理解，不能脱离它的历史背景。美国环境法教授 R. W. 芬德利认为环境法是一个"由联邦和州之间

---

[1] William H. Rodgers, Jr., *Environmental Law*, US: West Publishing Co., 1977, p. 1.
[2] ［美］R. W. 芬德利、D. A. 法贝尔著，程正康等译：《美国环境法简论》，中国环境科学出版社 1986 年版，第 5 页。
[3] William H. Rodgers, Jr., *Environmental Law*, US: West Publishing Co., 1977, p. 1.

的关系和冲突、行政法、行政程序、民法、刑法以及国家关于科学、技术和能源的发展政策组成的复杂的混合体"，并将环境法分为三个层次。他认为，在最低层次上，环境法表现为对付诸如汽车设计、瓶罐处置和水坝建设等形形色色问题的法规、判决和条例，这个层次上的环境法变化迅速，以至于不可能进行有意义的分析。在最高层次上，环境法提出的是广泛的社会政策问题，对这些问题，经济学家和生态学家的分析可能比法学家的分析更有用，因为这些广泛存在的问题一般都与把环境政策纳入其演进很少考虑环境问题的社会制度的过程有关。在中间层次上，环境法是环境政策与社会制度一体化过程的产物，这种过程在程序上表现为环境政策必须通过强调行政自由裁量权、司法制约和尊重各级政府权威的法律体制得到贯彻，在实质上表现为环境机制必须适应我们社会的经济现实、传统财产权和国家能源政策。[1] 也就是说，环境法实际上是国家为了保护环境的需要、经济和社会发展的需要而同现行制度协调和统一的结果，其存在的前提是适应现行的政治、法律、经济体制和国家能源政策。[2] 那么，导致环境法出现的主要因素有哪些？工业革命以来传统法的演变的基本路径是什么？环境法的独特性又是什么？

（一）社会经济背景

工业革命以后的社会是一个人欲横流的社会，其法秩序以 19 世纪的民法为代表，以"个人人格的绝对尊严"为最高指导原则，以"私法自治"为根本原则。这种原则的一个理论根据，就是以亚当·斯密为代表的自由主义经济思想。贯穿在亚当·斯密《国富论》中的一个主题就是：一个国家最有效的增加财富的方法是规定

---

〔1〕 参见 Roger W. Findley, *Environmental Law: Cases and Materials*, US: West Publishing Co., 1985, p. XVII.

〔2〕 参见王曦:《美国环境法概论》, 武汉大学出版社 1992 年版, 第 62 页。

一个法律结构，使人能自由地在他们的经济活动中追求改善其经济条件的利益。这种私利推动个人"倾向于互通有无、物物交换、互相交易"，从而引导他们在市场上通过自愿的协作以满足他人的需要。"每一个人，在他不违反正义的法律时，都应听任其完全自由，让他采用自己的方法，追求自己的利益，以其劳动及资本与任何其他人或其他阶级相竞争。"[1]

市场经济作为社会化大生产条件下资源配置的有效方式，其优势毋庸置疑，"它像一架精巧的机器，通过一系列的价格和市场，无意识地协调着人们的经济活动；它也是一具传达信息的机器，把千百万个不同个人的知识和行动汇合在一起。虽然不具有统一的智力，它却解决着一种当今最大的计算机也无能为力，牵涉到上百万未知数和关系的问题"[2]"市场对于高产量的资本主义经济起着如此关键的作用，以至于在历史上，当市场机制陷于崩溃的时候，往往会发生政府危机。"[3] 市场经济的生命力在于竞争与效率，价值规律在这一机制中发挥着根本性的作用。竞争是经济主体实力的较量，效率是竞争的结果，也是资源合理配置与有效使用的最终衡量标准。通过竞争所达到的效率，是市场经济的理想王国。

但是，20世纪以来，自由主义的经济思想和市场经济的理想王国受到了现实的无情挑战。这种现实从环境保护的角度概括地说主要有以下几点：

1. 公地的悲剧。美国的环境保护主义者加雷特·哈丁于1968

〔1〕 [英] 亚当·斯密著，郭大力、王亚南译：《国民财富的性质和原因的研究》下卷，（简称《国富论》），商务印书馆1974年版，第252页。

〔2〕 [美] 保罗·A. 萨缪尔森、威廉·D. 诺德豪斯著，高鸿业等译：《经济学》第12版，中国发展出版社1992年版，第70页。

〔3〕 [美] 保罗·A. 萨缪尔森、威廉·D. 诺德豪斯著，高鸿业等译：《经济学》第12版，中国发展出版社1992年版，第70页。

年发表了一篇论文，题为《公地的悲剧》[1]。在论文中他描述了一个对所有牧民开放的牧场，在这个简单的模型中，草地公有而畜群私有。在每个人都力求使个人眼前利益最大化的情况下，公地悲剧的发生不可避免：一方面，牧民们站在个人利益的立场上，要求尽可能地增加自己的牲畜头数，他可以获得由此而带来的全部收入；另一方面，当草场的畜群承载能力已达到极限时，再增加牲畜会给草场带来某种损害。但是，这一损害是由全体牧人分担的。于是，作为理性动物的人类在眼前利益的驱使下，每个人都努力增加自己的牲畜，最终导致牧场的退化，直至毁灭。这种公共资源的享用者为从公共资源中获得最大限度的个人利益而竞相扩大利用资源的规模，导致全体享用者因耗尽该资源而同归于尽的道理，被认为是市场经济和自由主义思想所造成的严重后果。现代经济学中一个经常使用的概念"外部不经济性"被认为是"公地悲剧"的现代版。《公地的悲剧》表明，单个人的经济动机和公共利益之间的冲突的严重存在，是导致环境问题出现的深刻原因，也是自由主义经济思想所产生的消极后果，自由的市场经济体制无内在目标和固定方向，仅仅服从于供需力量的调节的缺陷的存在，使得某些人类共有的资源，如空气、水等，往往被少数人或集团用做换取个人或集团利益的牺牲品。这类问题的解决，要求国家政策和政府职能在社会经济生活中发挥越来越大的作用，政府应更加主动、有力地对社会经济活动予以干预、控制和调节，防止少数人或集团自私地利用环境和自然并把对环境和自然的损害后果转嫁给社会。

2. 过度增长癖。在自由主义的思想指导下，人类将经济效益的最大化和物质的享乐作为追求的目标和幸福的标准，消费是获得

---

[1] 该论文原文标题为"The Tragedy of Commons"，有学者将其直译为"共有的悲剧"，由于其论文内容为以一个公共的草地生态系统为模型来描述公私利益的冲突问题，所以笔者认为用"公地的悲剧"更为贴切。

幸福的必然手段，因此"消费决定生产"成为了基本信条。现代消费社会的各种特征为人们所瞩目，有人宣布一个消费时代的诞生，"在18世纪的英国不但率先开始了人类历史中划时代的工业革命，也持续进行着一场与之密切相关而且同样意义深远的消费革命"[1]。人也被定义为"一种欲望无止境、能够驱动经济不断实现新繁荣的消费动物"[2]。在这种观念下，人类所要求的是永无止境的消费，而满足永无止境的消费要求的方法就是永无止境地生产出能够保障人类幸福的各种消费品。一方面，消费促进了生产，另一方面生产又加剧了对于消费的无止境要求。无限的经济增长成为人类孜孜以求的发展模式，"在大多数工业社会中，有三个密切联系的增长量，即经济的、技术的和机构的增长量。经济的持续增长，实际上被所有的经济学家认可为一种教条"[3]。在这一教条下，"几乎人类的一切活动都是围绕一个共同的、甚至可以说是唯一的目标进行，这就是：追求更多的物质财富"[4]。事实上，物质财富的增长成为经济发展乃至整个社会发展的核心，经济增长是唯一目的，经济增长必然带来社会财富的增加和人类文明的进步。福利的观念一直在影响着全世界的发展，30年代以后凯恩斯经济学更是直接将国民生产总值作为国民经济体系的核心，成为评价经济福利的综合指标和衡量国民生活水平的象征。于是，"经济增长既是灵丹妙药，又是至高至善。这就是增长癖。当我们把为了使我们免受

---

[1] 参见尼尔·麦肯德里克、约翰·布鲁尔、J. H. 普拉姆：《一个消费社会的诞生》，印地安纳大学出版社1982年版，转引自黄梅："从比琳达的虚荣消费说开去"，载《读书》1997年第4期。

[2] 参见尼尔·麦肯德里克、约翰·布鲁尔、J. H. 普拉姆：《一个消费社会的诞生》，印地安纳大学出版社1982年版，转引自黄梅："从比琳达的虚荣消费说开去"，载《读书》1997年第4期。

[3] 刘思华主编：《可持续发展经济学》，湖北人民出版社1997年版，第3页。

[4] 刘思华主编：《可持续发展经济学》，湖北人民出版社1997年版，第3页。

经济增长所带来的意想不到的后果而需的费用也计算到 GNP 中去，并乐观地把它看做经济进一步增长的标志时，我们就患了过度增长癖"[1]。在经济增长成为国家和人民追求的唯一目标的情况下，其结果就是以牺牲自然资源和环境为代价来发展经济，由于经济发展的需要而使千百万人的生命健康受到损害，使人类失去生存的家园，也使经济发展本身受到环境资源"瓶颈"的制约。在当代，这种制约强烈地要求协调经济发展与环境资源保护的关系，改变人类单纯追求经济发展目标的生产方式，使人类的发展繁荣和消费都不破坏自然界的平衡力、支持力和再生力。生产方式和社会发展方式改变的表现为：一方面是人们保护环境、保护自然的权利义务的赋予和承担，另一方面是政府的环境保护行动。因此，立法权和行政权在遏制环境污染和环境破坏行为、维护环境保护秩序的过程中扮演着及其重要的角色。

3. 自然最知。20 世纪开始，西方各主要资本主义国家都经历了不同程度的环境危机或大规模公害事件的冲击。环境问题的种种表现终于使人们认识到：市场运行的盲目性和人类对自然的肆意掠夺所带来的环境问题不是市场机制自身所能克服的，因此需要由政府站在社会公共利益的立场上进行管理和协调，而这种管理和协调又必须遵循自然规律。人类生存于地球生态系统之中，是自然界的一个组成部分，包括人类在内的各种生物和自然物质所组成的生物圈，是一个"物物相关"[2] 的功能结构系统。过去人类在自身的发展过程中，并未意识到可能造成的生态系统的影响，一方面将大

---

[1]　[美] 大卫·雷·格里芬编，王成兵译：《后现代精神》，中央编译出版社 1998 年版，第 165 页。

[2]　"物物相关"为生态学的基本规律之一，系指生态系统中的每个物种或组成部分都与其他物种或组成部分发生联系和作用。根据这个原理，生态系统中的一个组成部分或子系统的变化或紊乱可能对整个生态系统造成巨大的、深远的或长期延迟发生的影响。人类活动所造成的环境污染和破坏就是例证之一。

量的埋藏于地球内部的矿物质开采出来，将其由储存能量转化为释放能量，破坏了自然生态系统物质循环和能量流动的规律；另一方面则制造了许多自然界原本没有且不能为其提供分解酶的人工合成物质，如许多化学杀虫剂、防腐剂、洗涤剂、合成纤维等，这些物质都是自然界不可降解或极难降解的物质，它们在自然中找不到归宿，破坏了生态系统"物有所归"的物质不灭规律，最终也将破坏生态系统的平衡。人类至今对于自己所造成的环境污染和自然破坏的原因并不是十分的清楚，无论是对自然环境的开发利用，还是各种人造物质对生态系统的影响，人类都知之甚少，只有自然界本身对这种影响知道得最清楚，此即所谓"自然最知"。自然界总是在以它的特殊方式告知我们这一原理。"人类的蹂躏，搅乱自然所确立的关系，破坏自然所建立的平衡……她以释放她的毁灭性能量的方式对侵入者复仇……当森林不复存在，贮藏在松软土壤中的巨量水分蒸发了……林木葱葱、空气湿润的山林变成干旱的石冈。……整个地球……变成一个光秃、贫瘠、寸草不生的山岭和泥泞的、瘴气弥漫的平原的集合体。"[1] 人类发明的"六六六"使粮食丰收、害虫灭亡，但它同时也循着食物链最终进入人体，使人类以自己的健康和生命为征服害虫而付出了沉重的代价。据此，人类必须反省自己对待自然的行为，无论是在开发利用自然环境时还是在向自然界引入新的物质时，都必须极其谨慎，重视与自然界的平衡、协调关系，避免对自然界的物质平衡和生态平衡造成摧毁性破坏，使人类在发展的过程中付出过大的代价。在当代，环境问题的解决和生态平衡的保护是国家和政府的一项基本职责已是不争的事实，政府在维护生态平衡和保护环境中的重要作用也得到了普遍的承认。一个明显的例证是，环境保护所依赖的严格的法治和转变人类社会发展模式所需要的基础设施，需要政府来提供。正如斯德哥尔摩宣言

---

[1] Steward L. Udall, *The Quiet Crisis*, New York: Avon Books, 1964, pp. 76~77.

所宣告的：各国政府对保护和改善现代人和后代人的环境具有庄严的责任。"各国政府应加强现有环境管理机构的能力和作用。"[1]

（二）法制背景[2]

1. 法律社会化。近代资本主义民法以私权为本位，私法自治为标榜，将私人权利当做法律秩序的基础，并在私法本位的观念下建立了整个法学基础理论，至今法理学的基本范畴仍然如此。这种法律理念过分地强调私人权利的不可侵犯和私人订立契约的绝对自由，不仅受到人们在理论上的批评，而且受到法制发展现实的挑战。在法理学上，20世纪初出现了根据社会连带主义思想强调权利的社会性和个人的社会义务的法律思想，现代的学者更是明确提出了更新传统法理学，打破建立在私法本位基础上的"权利义务法理学"，以权利和权力作为现代法理学核心范畴的观点。[3] 在立法方面，现代民法已经承认国家为公共利益目的而征用个人财产的权力，承认对所有权绝对性的限制，承认司法机关、行政机关可以基于保护环境的需要而对消费买卖、自然开发、租赁等合同中的某些条款加以干预，并将"社会利益"作为解决个人之间权利冲突时的准则。另一方面，国家还制定了包括环境保护法在内的大量的社会立法，直接站在社会利益的立场上，对一些过去按照私法原则调整的问题，依据新的法律政策加以规定。按照现代的法律观念，即使是个人的权利和个人之间的民事关系，也具有社会的性质并与社会的利益相关联。以美国侵权法中关于公妨害的规定为例，可以清楚地看到这种变化。传统的侵权法中，关于公妨害的起诉资格为：

---

[1] 世界环境与发展委员会著，王之佳、柯金良等译：《我们共同的未来》，吉林人民出版社1997年版，第417页。

[2] 参见王卫国："论经济法与现代经济法制"，1999年司法部部属院校经济法本科教学改革研讨会论文。

[3] 关于以权利和权力作为法理学核心范畴的具体思想详见童之伟："再论法理学的更新"，载《法学研究》1999年第2期。

"为在基于公妨害的个人诉讼中获得损害赔偿，公民必须受到与其他公众成员所受到的损害不同类型的损害"[1]，在发展后的侵权法中，这一资格被表述为："为提起禁止或取缔公妨害的诉讼，公民必须具有作为一般公民的代表或公民诉讼中的公民或集团诉讼中的集团的一个成员所具有的起诉权。"[2] 而这一条更被解释为："传统规则是如果一公众成员未遭受不同类型的损害则不能提起一项损害赔偿诉讼，他亦不具有提起强制令诉讼的起诉权。就损害赔偿诉讼而言，这项规则的理由是防止公众的许多成员提起大量诉讼和为微不足道的损害提起诉讼。然而对于禁止公妨害的诉讼而言，这些理由的可适用性大为降低，而且存在可能发生变化的迹象。允许公民诉讼的法律或授权个人代表公众的法律和有关集团诉讼和起诉权的广泛发展皆在此列。……本条的目的在于指出在关于损害赔偿的个人诉讼和代表公众或某个集团而提起的诉讼之间可能存在差别。本条这样措辞是为了避免束缚法院继续在起诉权问题上的发展，在一批为数有限的案例里已发现对传统规则的绝对表述产生了这种约束效果。"[3] 这一解释说明过去依"不同类型的损害"决定为取缔公妨害而起诉的个人起诉权的传统规则已经发生变化。实际上是从个人利益损害和公共利益损害的关系角度解决了诉讼的具体性、对抗性和对公共诉讼的公共控制问题，确认了个人代表公众提起禁止或取缔公妨害的诉讼的权利。这一新制度在美国的环境法实践中得到了广泛的应用。它十分清楚地表明，不存在完全由个人意志决定的法律秩序。

2. 法制系统化。近代关于公法、私法的划分，贯穿一个基本思想就是公法不能干预私法关系。此外，在它们各自的内部，还有

---

[1] 美国法律协会编：《侵权法重述》，第821c节第1条，1979年。

[2] 美国法律协会编：《侵权法重述》，第821c节第2条，1979年。

[3] 转引自王曦：《美国环境法概论》，武汉大学出版社1992年版，第124~125页。

各种部门法的划分，在民商分立的国家还有民法和商法的划分。在这些部门之间，从立法体系、审判制度到学科设置，都有严格的界限。这种公、私法对立和部门法分割的局面，不符合法制的科学性、系统性要求，也不能满足社会问题综合调整的需要。因此，现代立法的趋势，是在承认公、私法划分的相对合理性和各部门法相对独立性的同时，承认并强调公、私法之间和各部门法之间的相互渗透和相互配合的必要性。在这种渗透和配合的过程中，产生一些介乎公、私法之间和跨部门的综合性法律。这些法律不仅填补了由于公、私法对立和部门法分割造成的空白，也加强了公、私法之间和部门法之间的联系。环境法正是这样的一个跨部门立法的典型。在美国，"环境立法所强化的环境行政管理大大加强了行政机关在国家环境管理中的作用，改变了过去由于环境行政管理薄弱而不得不倚重司法控制的状况。司法控制方式的一些缺陷被强化了的环境行政管理所弥补。例如，法院由于其权力范围的局限而不可能充当环境管理的角色，而环境立法的一个重要作用就是创立国家环境管理体制，弥补国家行政管理的这一缺陷。又如，诉讼因其固有的个别性和偶然性而不能成为全面控制环境危机的主要手段，而环境立法所创立的环境行政管理对影响环境的活动予以全面的和经常的监督和管理，是控制环境危机的主要手段。再如，诉讼所取的对抗制不能充分保证环境这一社会公共利益得到诉讼双方的充分尊重，而环境立法授权环境行政管理机关代表社会保护环境，可以对环境利益提供更为全面和充分的保护"[1]。

　　3. 法律政策化。近代民法是在罗马法复兴的基础上发展而来的。它有两个基本信念：第一，法律现象是守恒的，它使人相信，可以通过一套逻辑严密的概念体系，一劳永逸地将各种法律现象有条不紊地纳入法律制度的调整范围；第二，法律的价值的单一性，

---

[1]　王曦：《美国环境法概论》，武汉大学出版社 1992 年版，第 176~177 页。

它使人相信，现行法律秩序所维持的价值体系是唯一的和至高无上的，因而不允许承认该体系外其他价值的合法性。现代社会生活的发展变迁，一方面打破了法律现象守恒的神话，把大量前所未有的生活现象和社会问题提到了法律面前。另一方面冲破了法律价值单一的桎梏，要求多元价值并存沟通，以求得不同利益诉求和不同价值取向之间的调和与兼容。这样就要求立法者和法官以一种重实际、讲实效的务实作风，针对当前的法律问题，根据有关的法律政策，制定适宜的规则或解决方案。可以说，现代法律的制度和规则，不是源于概念，而是源于政策。环境法就是这种趋势的典型代表，世界上第一部专门的环境法被命名为《1969 年国家环境政策法》[1] 绝非偶然和无意，它的立法目的和基本内容都充分说明了这一问题。

三、环境法的本质特征

（一）环境法是社会法

众所周知，人类文明发展的历史，是社会经济与法律交织相伴的历史。由于社会经济发展水平是法律发展的重要基础，因此，社会经济发展的不同阶段同各种法律的兴衰也大概一致，存在着一定的对应关系。

在自然经济阶段，人类文明水平不高，与之相对应的是法律上的"重刑轻民""严刑峻法"倍受推崇，刑事立法十分发达。在商品经济的初级阶段，即自由资本主义时期，人类文明进化到了高一级层次，人格平等、自由等得到普遍尊重，人本主义和人权思想盛行，与之相对应的是经济上的平等，要求加强民商立法，强调"意思自治"，从而使私法日渐发达；政治上的平等和三权分立，则要求加强行政立法，约束政府的权力，从而使公法又增添了新的内容。于是，以民法、商法、行政法和传统的刑法为主体的现代法律

---

〔1〕 此处指美国《1969 年国家环境政策法》。

体系初具规模。

在商品经济的高级阶段，人类文明达到了更高的水平，高度的社会化、现代化所带来的诸多问题使个人本位思想向社会本位思想转换。在经济方面，从自由放任开始转向注重国家的宏观调控，不仅注重个体利益，而且开始考虑公共利益；不仅注重效率，而且也力求公平；不仅注重单纯的经济发展，而且也积极探索发展与环境的协调。这已成为普遍的思潮和共识，反映在立法上，就是经济法和社会法的兴起和繁荣。

环境法正是在这样的经济发展阶段而产生和发展的一个新的社会法部门。人类与自然的关系自人类产生以来就存在了，而现实中人与自然的关系，一方面是在具体的发展中，以一定的社会形式，并借助这种社会形式进行和实现的；另一方面，这种关系又是在具体的自然环境中，通过人类劳动这一中介，以改变和利用自然的形式进行和实现的。因此，人与自然的关系同样反映在人类经济的发展过程中，反映在人类文明的历史进程中。过去，人类的发展虽然一直建立在"主宰自然"的观念基础上，但对自然的影响力有限，环境问题、人与自然的关系尚未引起人们的普遍重视。直到近代，生产力水平的迅速发展，人类对自然作用的能力和规模剧增，人类再生产影响整个自然界，人类因素引起全球变化；而且人类因素引起的全球变化和自然因素引起的全球变化已经可以互相比拟。这种变化的直接后果，一方面是人类活动变天然自然物为人工自然物，变天然生态系统为人工生态系统，建设各种人工设施，为人类社会提供丰富的现代化的物质生活和精神生活，为人类的生存、享受和发展创造了条件；另一方面，人类对自然过程的干预产生了不良变化，特别是全球性的环境污染和生态破坏，对人类的生存、享受和发展又构成严重的威胁。因而，研究人类因素引起环境变化的过程、规律性和机制，发展它对人有利的方面，防止、克服它对人不利的方面，成为全世界关注的重要课题。法律作为规范人们行为的基本准则，以其特有的规范性、强制性在协调人类与环境关系方面发挥作用，因而成为当代解决环境问题的重要手段，环境法由此而产生。

可见，环境法自产生之初，便以防止和克服人类活动所引起的不利环境影响为己任，其目的在于保护人类与环境的协调发展，而环境法作为一门法律，也必须与其他法律一样，赋予主体以各种权利和权力，以配置权利和权力的形式规范人们的行为，于是便产生了人们在优美和舒适的环境中生存和发展的新型人权——环境权，环境权的核心则是人们的生命健康权。环境权作为环境法的基础，决定了环境法律规范的性质。环境权是人们的基本人权，它要求保护环境，要求任何主体在发展经济和从事其他活动时防止环境污染和破坏。首先，环境权是任何个人生而应具有的权利，是公民的基本人权。其次，保护环境是主体的基本义务。要保护环境，就必须限制私法上的所有权，使所有权不利于环境的方面受到控制；要保护环境，就必须限制经济的盲目发展，使个体经济利益受到限制；要保护环境，还要规定广泛的义务，使国家和社会承担起管理环境的责任。最后，保护环境的最终目的是保证人与社会的持续发展。环境法的目标，在于使人类从过去以牺牲环境和资源为代价谋求社会发展的模式转换到人与自然和谐发展、经济增长与环境保护协调发展的模式。这样一个法律部门，所关注和规范的是社会公共利益和保障基本人权。对人类生存环境的研究和环境问题的解决，反映了全体社会成员的共同愿望和要求，代表人类的共同利益，因此，它不侧重于政治或经济领域。正是在这个层面上，我们说环境法是社会法，它侧重于社会领域的法律调整。

事实上，关于环境法的社会法属性的实证是很多的，在本书中对此也还将详细论及。我们必须清楚地认识到环境法这一属性的重要性。环境作为全人类的共同生存条件，并不能为某个人或某国所私有或独占，也不能以阶段、意识形态或国界来加以划分，环境保护符合整个社会乃至整个人类的利益。而环境法所调整的领域则更多地涉及经济发展、生产管理和科学技术方面的问题，它所反映的社会规律、经济规律和自然规律是共同的。可以说，任何国家环境法的发展和完善，都是对全人类做出的有益贡献。

（二）环境法是以社会利益为本位的法

法的本位，是指法的基本观念，或法的基本目的。在一国的法律体系中，由于不同部门法的立法目的、立法任务、作用的社会关系领域的不同，各部门法的本位是不相同的。例如，通常认为，民法是权利本位法，行政法是权力本位法。我们认为，环境法是社会本位法，亦即是以社会利益为"本位"的法。

所谓社会利益，是"公民对社会文明状态的一种愿望和需要"[1]。它包括丰富的内容，环境与生态是人类的经济和社会发展的基础，与社会经济发展的秩序密切相关，因而成了社会利益的重要组成部分。从本质上看，任何法律都有调节个人利益与社会利益的关系的作用，但是这种调节的前提却是不同的，也就是说，不同的法律是建立在对个人利益与社会利益相互关系的不同认识之上的。在自由资本主义时期，基于"看不见的手"的自由竞争理论，认为个人利益与社会利益是一致的，并且追求个人利益的结果是促进了社会利益。[2] 因此，要增进社会利益必须以充分实现个人利益为前提。在这种观念指导下，法律必须以保障个人利益为目标，以维护个人意志自由和权利的绝对化为任务；此外，为了维持公共秩序和国家安全，也必须要树立国家或政府的权威，赋予政府一定的公共权力，但这种权力必须限制在不侵犯公民个人的自由、权利

---

[1] 孙笑侠："论法律与社会利益——对市场经济中公平问题的另一种思考"，载《中国法学》1995 年第 4 期，第 54 页。

[2] 参见 [美] 保罗·A. 萨缪尔森、威廉·D. 诺德豪斯著，高鸿业等译：《经济学》，中国发展出版社 1992 年版，第 67 页。

的范围之内。这便是传统民商法契约自由、绝对所有权和过错责任原则，以及传统行政法依法行政、合理行政原则的经济学基础，也是民法的权利本位和行政法权力本位的前提。

然而，19世纪末以来，科学技术和社会分工的飞速发展，生产社会化和市场化的程度空前提高，打破了"看不见的手"万能的神话，个人的逐利行为能自动增进社会利益的迷梦也成了一枕黄粱。一方面，自由竞争导致的垄断反过来又限制自由竞争，引发市场"失灵"；此时的私人利益不仅不表现为社会利益，而且直接危害了社会利益。另一方面，由于经济的外部性使得私人不愿意投资或无力投资一些社会和经济发展所必需的部门和产业，在这里，私人利益倒要由社会利益来为之提供实现的外部条件。此外，随着社会分工的发展，个别劳动日益片面化，并且相互依赖的程度越来越高，个别劳动与社会劳动的矛盾越发尖锐，有效需求不足与私人的盲目逐利行为导致的生产无限扩大之间的矛盾造成生产相对过剩的经济危机，私人利益膨胀的结果是使社会资源巨大浪费和社会经济的衰退。环境问题的产生无一不与私人利益的盲目追逐和市场机制调节失灵直接相关。另外，科学技术的迅速发展和经济的竞争性也更增加了社会的风险性因素，带来了许多副效应，环境问题的新发展使我们看到了这种副效应对人类生存和发展的巨大威胁，它更要求自然资源的利用与生态平衡，环境污染的预防与治理等成为一种独立的利益形态，需要运用特殊的法律手段对之加以保护。以上种种问题的出现，促使人们对于个人利益与社会利益的关系进行重新认识，在个人利益不能促进社会利益的领域建立新的法律秩序，否则将给经济与社会的发展带来灭顶之灾。

在社会经济发展的严重问题面前，人们终于认识到，个人利益与社会利益并非完全一致，即既有矛盾的一面又有统一的一面。因为人是个体性与社会性的统一，组成经济社会的各个人都是相互依赖不可分离的，个体同整体之间的关系以整体为主，个人的利益随整体的利益而转移。萨缪尔森认为："我们所有人都从人们从来没有建造过的经济世界中取得利益。正如 L. T. 霍布豪斯所说：某些企业老板认为，他们由于'自我奋斗获得成功且创造了自己的企业'，而在事实上，是整个社会向他们提供了技术工人、机器、市场、安定和秩序……如果把这些因素统统去掉，那么，他们只不过是一个赤身裸体的野蛮人，靠采野果打野兽为生。"[1] 以此认识为基础，在处理个人利益与社会利益时，就必须从社会利益出发，对不利于社会利益的行为加以限制。此时的法律就应表现为以保护和促进社会公平和经济公平为目标，以限制个人利益为内容。于是，在 20 世纪以来，西方国家产生了大量的新法律，调整国家对市场经济进行调节所形成的社会关系和国家对社会非经济领域进行干预所形成的社会关系，由此所形成的法律关系却以社会利益为本位，既不同于以国家利益为本座的公法关系，也不同于以私人利益为本座的私法关系，而是社会法关系。同时，传统的民法、行政法也作了相应的变化，出现了所谓的"私法公法化"和"公法私法化"的运动，实际上是传统部门法适应社会利益独立性要求而进行的拓展。环境法就是在这样的观念基础之上所形成的国家调节社会经济领域的新的法律部门，它是以社会利益为本座的法。

（三）环境法是公法手段干预私法领域的法

将法律区分为公法和私法，是建立现代法的基本原则和法秩序的基础。所谓公法是指国家行政作用的准则，而私法则是国家司法作用的准则；公法是第一次的国家法，私法是第二次的国家法，区分公法与私法的标准在于，公法所规范的法主体至少有一方是国家或由国家授予公权者，私法所规范的法主体都是个人或非公权者的团体。因为社会关系性质的不同，审判机关以及诉讼程序的不同，

---

[1]　［美］保罗·A. 萨缪尔森、威廉·D. 诺德豪斯著，高鸿业等译：《经济学》，中国发展出版社 1992 年版，第 689~690 页。

区分公法与私法具有实践意义。

环境法作为现代新兴的以社会利益为本位的法律部门，是第二次世界大战以后公法与私法相互交错的产物。如前所述，环境问题是在私法秩序下产生的，它表明私法对于环境保护的无能。而随着科学技术的发展所带来新的环境问题又使环境与生态保护成为人类社会经济发展的必要条件，它的社会公共利益性使之作为独立利益形态的要求日趋突出，在这种情况下，环境问题的解决当然不能指望私法，而必须采用新的法律手段和措施。在现代法治国家，一切都必须依法进行。对于环境保护这一私法领域是无"法"也无"意"解决的问题，不得不求助于政治国家的"有形之手"，运用国家权力，采用公法手段。

但是，环境问题又是在私法领域产生的，环境污染和破坏是所有权绝对化、不受限制的契约自由的结果，是私法自治的产物。所以，就环境保护的直接目的而言，环境法首先必须对绝对所有权和完全的契约自由加以限制，将不得破坏和污染环境的前提加于其上。其次，还必须根据环境保护的要求，确定环境保护费用的负担原则。再次，也要从现代科学技术水平的发展所带来的环境风险考虑，确立公平的受害人救济原则。凡此种种，都是传统的公法领域所没有，也是公法领域所不应涉及的。简言之，人类发展的共同利益要求公法手段必须作用于私法领域，否则，环境保护无从谈起。

我们说环境法是公法与私法相互交错的领域，或者说是运用公法手段调整私法领域的法部门并非否认公法与私法的划分，更不认为是公、私法之间的混同。而是恰恰相反，我们认为，在环境法这样的运用公法手段调整私法领域的部门法中更要注意两种法域的不同特性，注重它们的不同法律动机。主观认识是研究环境法律规范的基础，只有正确地把握两类不同规范的本质特征，才能够将其更好地结合运用，设计出合理的制度框架，既充分发挥公法手段的作用，又不破坏私法所保障的正常秩序。既使"看不见的手"充分作用，又让"看得见的手"有效调节。

（四）环境法是以可持续发展为价值的法

环境法的价值是指价值主体与作为价值客体的环境法之间的需要与满足关系，简言之，是指环境法能促进主体的何种价值需要。环境法作为法的组成部分，当然不能不具备法的一般价值，如公平、正义、效率、秩序等。但环境法是国家调节环境社会关系的社会法，其价值主体既不是作为公法主体的国家，也不是作为私法主体的私人，而是公共社会。公共社会的需要与利益有诸多方面，但作为环境法实施主体的公共社会，它的需要与利益主要表现为人类社会经济的持续发展，这正是环境法的价值之所在。

可持续发展是当代人类共同的选择，而环境保护是可持续发展的核心内容，它要求既满足当代人的需要，又不对后代人满足其需要的能力构成危害；要求人们改变传统的生产方式和生活方式，改变人类对自然的态度。可持续发展的这些内涵不是传统公法、私法所能真正促进的。公法以国家利益为本位，对政权的稳固与安全的关心超过对社会发展的关心；私法以个人利益为本位，对自身利益的关心是第一位的；只有具有独立的社会利益并且形成公共社会力量（反映到政治国家一部分质变上就是社会或经济国家），才会以社会的持续发展为最大关怀。因此，环境法是可持续发展的最有力的促进者和推进器。

环境法在促进可持续发展方面有特殊的功能。首先，它具备法的一般属性，能够使国家调节环境社会关系的活动遵循客观规律，并具有普遍的效力，能够影响和引导被调节的主体的环境决策和行动，使之符合环境法的价值目标；另一方面也使国家在法定范围内依法定程序调节环境保护秩序，保证其调节的社会利益取向，防止国家利益侵害社会利益。其次，环境法不仅具有一般法的稳定属性，更具有其他法所不突出的灵活性特征，环境问题的广泛性和复杂性，要求国家必须适时地调整环境政策，改变调节方式，利用多种手段协同调节。对此，环境法必须相应地作出反应，不能像有些法律那样只对主体活动作出抽象而原则的规定，而必须根据情况及时作出变化。再次，环境法通过独特的调整方法来促进可持续发展，环境法必须建立在符合生态规律的环境科学基础之上，它的特殊调整方法既包括强行性规范与任意性规范，还包括法律化的技术性规范，尤其是提倡性规范的结合。最后，环境法与基础部门法共同构成一个完整、有序的法体系，它们之间相互制约和合作，在促进各自的利益和价值目标的同时，相互协调、妥协和平衡，以共同实现法律调节私人利益、国家利益与社会利益相互关系为目标。环境法也只有在与其他部门法的良性互动、相互妥协中才能更好地促进可持续发展。

第二节　传统法的危机与贫困

一、传统法的危机

传统的部门法是在没有环境保护的意识和观念的情形下发展起来的，当环境问题或环境危机出现的时候，这些法律在危机面前往往是既无能也无力，暴露出许多问题和缺陷。如何解决这些问题、弥补这些缺陷是传统法律所面临的严重挑战。

（一）基本法不足以保护环境

按照现代法治原则，国家承担环境保护责任和保护公民的环境权益都必须有宪法依据。否则，环境法无从产生。但在传统的环境观和经济发展模式下，宪法是不可能对环境保护作出规定的。

1. 传统宪法未将环境权作为一项公民的基本权利加以确认，使得公民的环境权得不到法律的保障。法律当然不能为一种尚未得到确定的"权利"受到侵害而提供法律救济。而宪法作为现代法治国家的"母法"，不对环境权作出规定，使得其他有关公民环境权保护的立法缺乏宪法依据。在美国 20 世纪 70 年代，不少人试图通过环境诉讼使法院以司法解释的方式从现行宪法中引申出作为私权的环境权，但由于宪法没有明确的规定而难获成功，如 1971 年的环境保护基金会诉美国陆军工程兵团案、1972 年的谭勒诉阿姆科钢铁公司案、1973 年的海基登诉联合碳化物公司案等，都被驳回。在谭勒诉阿姆科钢铁公司案中，德克萨斯州南区法院的判决书最后说：本法院认为不论是联邦宪法的第十四修正案还是宪法的其他任何条款都不保障可在法律上强制执行的、能够作为损害赔偿之诉的诉因的对健康环境的权利。该判决书所引用的联邦最高法院的判决书的观点是："宪法并不对所有的社会的和经济的弊端提供司法救助。"〔1〕

2. 传统宪法未明确国家或政府在环境保护方面的责任或职责，与环境保护所需要的集中、统一的环境管理权有较大差距。如在美国，"联邦政府是一个拥有有限权力的政府，它不能以公共利益的名义对州或公民本人采取任何它所想采取的行动。由于联邦宪法根本未提（环境），因此从宪法的字面上看在联邦政府的权利中不包括保护和管理环境的公共权力。这就是现实对宪法的挑战"〔2〕。

此外，宪法也还存在着一些不利于环境保护的条款，如对个人财产不得无故剥夺的条款及对个人的人身、住宅、文件和财产不得无理搜查的条款等，常常会成为污染企业用以反对政府的正常环境管理、阻碍政府对其污染设施行使检查权的理由；在一些联邦制国家中，宪法中关于分权和自治的条款还可能成为反对政府对环境实施统一集中管理的口实。

（二）传统民法不利于保护环境

在市场经济条件下，调节经济社会关系的基本法是民法，传统

---

〔1〕 参见王曦：《美国环境法概论》，武汉大学出版社 1992 年版，第 105~106 页。
〔2〕 王曦：《美国环境法概论》，武汉大学出版社 1992 年版，第 108 页。

民法以物权制度为核心，以契约自由、权利不可侵犯和过失责任为基本原则，而这些制度和原则，在环境问题面前暴露出很多问题和缺陷。

1. 所有权理论。在传统所有权理论即绝对所有权原则下，所有权为绝对支配权，排斥一切干预，土地所有权的范围上至天空，下至地心，毫无限制。[1] 同时，对无主物所有权的取得实行先占原则，在这种原则下，土地所有权人有权支配其所有的土地地上及地下的一切环境要素，污染和破坏环境也是绝对所有权的组成部分，任何人无权干预。而大气、河川、森林、野生动植物则属无主物，任何他人不能对先占人主张权利。可见这种所有权原则根本无法保护环境。

2. 契约自由原则。在契约自由原则下，个人取得权利、负担义务，完全取决于个人自由意志，契约的内容方式、成立及契约对方当事人的选择，听凭当事人自由，国家不作干预。[2] 照此理论，不承担环境保护义务，也是一种自由，国家不得干预。

3. 过失责任原则。在过失责任原则下，个人只对自己的行为负责，而对他人的行为绝不负责；而自己对自己的行为负责，须以有故意、过失为限；倘若不是出于故意、过失，纵然损害他人，亦不承担责任。[3] 在这一原则下，侵权行为法以环境污染损害后果发生为前提，不能在预防环境损害后果的发生或消除致害根源方面发挥作用。更为重要的是，环境污染往往是社会物质生产部门的物质生产活动的"副产品"或"副作用"，造成污染危害后果的企业或个人并无主观故意或过失，若按过失责任原则，受害者无从得到补偿，污染者也无从受到制裁，保护环境也就无异于一句空话。

---

〔1〕 参见梁慧星：《民法总论》，法律出版社 1996 年版，第 36 页。
〔2〕 参见梁慧星：《民法总论》，法律出版社 1996 年版，第 36 页。
〔3〕 参见梁慧星：《民法总论》，法律出版社 1996 年版，第 36 页。

在传统民法中，面对环境而暴露出问题的具体制度还有很多，仅从传统民法的三大原则分析便不难看出它在环境保护方面的贫乏无力。可以说，没有对传统民法所有权绝对原则、契约自由原则的限制和对过失责任原则的突破，就不可能有环境保护法律制度的产生。

（三）传统行政法对环境保护不够

传统行政法有管理管理者之法之称，是管理行政活动的部门法。"它规定行政机关可以行使的权力，确定行使这些权力的原则，对受到行政行为损害者给予补偿。"[1] 行政法以约束政府权力为核心，以依法行政和合理行政为原则，[2] 主要包括三个方面的内容：（1）"行政机关所具有的权力"；（2）"行使这些权力的法定条件"；（3）"对不法行政行为的补救"[3]。这些内容和原则在保护环境方面也有明显的不足。

1. 传统行政法以约束或控制政府权力为核心，对于行政机关的自由裁量权作出了较为严格的限制。而环境问题广泛复杂，各种因素相互作用，地区、时间、气候等差别甚大，使得国家的环境管理必须具备科学性、区域性和灵活性特征，需要较大的视情置宜的权力。

2. 传统行政法以权力行使作为基本的行为方式，单方面为相对人设置权利义务，且对相对人具有拘束力。而环境保护必须符合生态规律，并运用价值规律以实现环境资源的优化配置。这一方面要求国家在环境保护方面拥有统一管理权，另一方面又必须充分利用非权力手段，与相对人进行商议，取得相对人的认可或同意。在这种情况下，仅仅依靠权力手段不足以对环境实行有效的保护。

---

〔1〕 ［美］伯纳德·施瓦茨著，徐炳译：《行政法》，群众出版社1986年版，第1页。
〔2〕 参见应松年主编：《行政法学教程》，中国政法大学出版社1988年版，第39页。
〔3〕 ［美］伯纳德·施瓦茨著，徐炳译：《行政法》，群众出版社1986年版，第1页。

3. 传统行政法手段运用于维护国家安全和社会秩序领域，在发生了严重危害社会秩序或他人人身财产安全的后果时才对相对人加以管制，一般不介入相对人之间的民事法律关系，而环境问题具有污染破坏容易、治理恢复困难的特点，它要求环境保护必须以预防为主，国家或政府要事先采取措施并直接限制相对人之间不利于环境保护的民事法律行为。

以上这些不足反映在行政法的各项制度之中，表现出传统行政法对环境保护的不适应性或缺陷。国家要强化环境保护的职能，有效地保护环境，促进经济社会的协调发展，必须对传统行政法进行拓展。

（四）传统刑法对环境保护的不力

刑法作为规定犯罪与刑罚的法律规范体系，被认为是法律权威性的标志，也是其他法律规范的后盾，刑事手段在环境保护方面是必不可少的，但是传统刑法制度在环境保护方面也存在明显的不足。

1. 传统刑法的立法指导思想或宗旨是对人身或财产权的保护，立足于经济性判断之上。没有立足于环境效益或环境性的刑事法律制度，即使是有一些与资源或环境相关的罪名规定，与环境保护的要求也相去甚远。如在我国，过去的盗伐森林罪以盗伐木材的经济价值为定罪量刑标准，而倘若盗伐珍稀濒危树种则有可能因经济价值不高不够定罪量刑条件，但该行为的后果在环境保护上是不可挽回的物种灭绝。

2. 传统刑法所规定的犯罪行为多为故意对人身或财产的直接侵害，而环境污染或破坏则主要不是针对具体的个人或财产进行，它是以环境为介质而产生危害的行为，以过失行为居多，这种行为的犯罪构成与传统刑法规定的犯罪构成显然存在差别。

3. 传统刑法所规定的刑罚多以人身刑为刑罚手段。而环境污染或破坏的后果都相当严重，且使受害人遭受巨大的损失。实际上，环境犯罪的目的多为牟取利益，对环境犯罪人施以人身刑不能实现抑制环境犯罪的目的。

以上各传统法律部门在环境保护面前暴露的问题和缺陷表明，必须要有新的法律规范来适应和满足环境保护或国家环境管理的要求，这些规范应具有统一的原则和目标，承担共同的任务。我以为，这样一类新的体现环境保护要求和特点的法律规范体系就是环境法。同时，传统的法律部门为了适应社会经济发展的变化也要及时作出反应，积极地完善与环境保护相关的制度。各国环境保护的立法实践，也正反映了这样的过程：一方面是环境法作为新的法律部门的出现；另一方面是宪法、行政法、民法、刑法的修订与完善，逐步建立起与环境保护要求相适应的法律制度。只有这样，革命的环境法才能通过环境法的革命真正按照法制的系统化、社会化和政策化的要求，实现其立法目标和任务。

二、法学理论的贫困

（一）市民社会理论的不足[1]

传统的或被学者们视为"正统"的法理学是西方国家 19 世纪以来建立于民法学基础上的法理学，而市民社会理论是民法学的哲学基础，其实也就是法理学的哲学基础。市民社会理论因为其主张人本主义、将个人从集体的禁锢中解放出来，以对个人福利的关怀代替对集体福利的关怀，对于激发个人的积极性与创造性起到了重要的作用，对于资本主义的发展的确功不可没。但是，市民社会理论的发展，从经济学的角度将人简化为理性人中的经济人，把人看做是一种启蒙式的、工具性的个体，认为只要将人处于放养状态，人的自利之心经过看不见的手的调整，便会自发地走向人人为己，己为人人的相互福利状态。这种理论的前提不仅是一种乌托邦式的一厢情愿，而且与人的社会性和文化性

---

[1] 参见晏锋、陈丽蓉："市民社会的贫困与误导"，载《江汉论坛》1999 年增刊。

本质是背道而驰的。

市民社会理论的先天不足十分明显：

1. 市民社会的理论建立在对社会进行分层的基础之上是有其合理性的，但是其分层的方式与理论基础却是错误的。市民社会理论假定人是自利的，每一个人都力图极大地扩大自己的生存空间，基于商品交换和利益分配的需要而相互妥协，因为人们的相互合作是生存的基本需要，每个人如果不合作，就不可能安然享受自己的劳动果实，而只能处于一种战争状态。由此可以看出：市民社会的行为规范是基于一种相互的不信任而形成的制约机制。这一理论将社会的分层建立在极度简化的经济人基础上，忽视人的其他需求，割裂人与人的其他关系，将糅合了神性与兽性的人性阉割成只包含利益的兽性，将综合少部分理性和大部分非理性的人定性为只具有经济理性的消费机器。这种简化对于一个经济学者是可以理解的，但对于法学研究者则是不可原谅的。经济学家无须也不可能考虑消费者的消费动机，也不用关心人的其他属性；而法学家则有从哲学与社会的角度考察社会个体行为的动机及整个社会风气的淳化与社会道德提升的历史责任，将人类生活的一部分的经济生活用以概括社会生活的全部，过于粗糙，也不负责任。

常识告诉我们，每一种理论都有其特定的适用范围，离开了条件或假设的前提空谈、以偏概全在逻辑上也难以立足。在市民社会理论基础上建立起来的法律制度，必然像经济学的目标一样，将追求财富增长的极大化作为终极关怀，反映在立法上则为片面追求效率价值和个人权利自由价值，保障私有财产、契约自由和过失责任即是这种单一价值的表现。这种简单化的思维方式排斥人的其他利益需求和价值取向，忽视社会公平和社会整体和谐的价值，更否定自然环境对于人类生存的其他价值，当然不可能将环境保护纳入自己的认识体系。

2. 市民社会理论将人定位为理性的人，每个人都是自己利益的最佳判断者，这也是其合理性之一。据信这一定位的目的是为了交易不受外来干扰，以保障意思表示自由。但是将人完全看成是理性的不仅不符合事实本身，还会导致不良后果。古希腊哲人早就提出了"认识你自己"的任务，然而，自然与历史都一再证明人的理性只是人性的一小部分，人类的生存状态是理性与非理性交互的结果。从自然角度讲，人类只有经过非理性思维才能得到充分休息，否则会出现心理与生理上的障碍：如果人类只是理性的动物，那么心理学和精神病都不应该出现；如果人类可以只处于理性状态，那么，我们的所有感觉器官都应是废物。从知识的角度讲，人类的大部分知识都是建立在假设的基础上的，因而知识的使用都具有条件性，而许多假设本身就是非理性的，例如，整个数学就是建立在一套所谓不证自明的公理之上的，物理学、化学也莫过于此，但是这些学科的发展史却毫不怀疑地告诉我们，每一个新的理论创造都来自于对原有公理的怀疑和推翻，又来自于对另一个新的假设的笃信，否则，就不会在欧式几何学的基础上又有了立体几何学，也不会有镭的发现和相对论的产生。人们总是认为公理越少的体系越是完美的体系，基督教只要你相信上帝与原罪、佛教只要你相信因果报应、市民社会理论只要你相信人是经济人和理性人。在经济人与理性人的基础上，经济学家已经建立了一整套经济管理、政府干预市场以及经济效益最大化的理论。由此可见，对人的理性假设是一种幻觉。人类往往是先作出某种选择，然后再论证这种选择带来的合理性，即其理性的成分；而不是先论证其理性后作出选择。因而在现实中常常会发生理性选择的预期与实际结果背道而驰的现象，人类对于自然的认识更是如此，自然界对于人类自以为是的种种"理性"行为的一次又一次惩罚和报复早已充分说明了人类理性的狭隘与不可靠。

法学家在市民社会理论的指引下，基于对人的理性认识，更是创造了高度"理性"化的概念法学,[1] 在我们见到的经典的法律制度和法学研究理论中，基本的法律规范是用具有高度概括性的十分精致的概念来表达的。这些概念既是社会中具体法律现象的抽象-，又是法律秩序中法律价值的载体和法律目的的代表。同时，概念也是联结整个法律体系结构，实现法律规范整合的媒介和纽带。所以在法律的运行过程中，规范的理解、解释和运用，都必须借助概念甚至依靠概念。而概念本身又是基于某种假设或假定条件而产生的，在法学家们追求概念的抽象性、逻辑性和可演绎性的过程中，法律几乎变成了某些学问家闭门把玩的收藏品，远离社会的现实生活。一方面，法律内部部门林立，各法律部门之间缺乏沟通和联系；另一方面，对于各种不同利益集团及其利益诉求，采取"非此即彼"的态度，往往形成保护重心偏向一方的格局，以致引起激烈的利益冲突乃至社会动荡。在这种情况下，对由于人类社会发展所引发的环境问题，概念的不敷使用便成了一种普遍现象。在解决因环境问题而产生的纠纷过程中，原有的可以通过建立一套逻辑严密的概念体系将各种法律现象一劳永逸地纳入法律制度的调整范围的"理性认识"只能被现实无情地摧毁。环境法的直观性、实用性和可操作性仅仅是向法学领域的吹来的一股清新的风。

3. 市民社会理论认为个人是自己利益的最佳判断者也是站不住脚的。对自己利益的判断正确与否取决于人对社会、自然的认知程度。假定个体是自己利益的最佳判断者，其前提是信息的完备性与共享性及个体对利益本身的把握。利益有多种形式，也有时间长短的区别，每个人如何权衡长期、中期与短期利益既是一个理性问题，又是一个非理性问题。人是以生物形式存在的，无法摆脱作为生物人的各种生理的需求，为了满足人的生存本能，常常会出现

---

〔1〕 参见王卫国："论经济法与现代经济法制"，1999 年司法部部属院校经济法本科教学改革研讨会论文。

"饥不择食""竭泽而渔"的现象，根本不会考虑所谓的长期利益、中期利益和短期利益的关系问题；而人类对于自然和社会的认知都要有一个学习的过程，有一个上升到理性认识的过程。但市民社会理论恰恰否定了这一学习的过程，假定每一个人都是天生的精于计算的数学家、生有千里眼和顺风耳的超人。事实上这些前提都是不存在的。环境问题产生的历史最充分地说明了市民不可能对其最佳利益作出判断。杜邦公司在开始研究发泡剂与制冷剂时，发现了氟里昂，当时就有两位科学家指出广泛使用这种物质具有危险性，但是，杜邦公司在美国议会的许可下大肆生产并向全球广泛扩张其使用范围，导致今天的臭氧层破坏、全球气温升高、气候变化等全球性环境问题。现在，无论是杜邦公司自己表示将停止生产与使用氟里昂，还是国际社会通过公约形式强制世界各国承担减少或停止生产与使用氟里昂的义务，都无法挽回对包括杜邦公司在内的全人类的损害。另外，每个人是自己利益的最佳判断者，会造成弱肉强食的结果。因为每个人是理性的，因此就要绝对地遵守自己的合同，只要没有证据证明你是被强迫的或者裁判者不采纳你的证据。那么一个人对另一个人的环境资源的污染和破坏就是正当的，富国对穷国的污染输出也是心安理得的。

虽然传统法理学也研究法律与道德的关系，但更多将法律看做是道德的对立物，反对将道德与法律相提并论，更无法容忍道德居于法律之上。在西方，早有黑格尔认为由道德形成的习俗进化而来的习惯法的缺点大于成文法，认为道德是被偶然或主观知道的东西。更有部分中国现代法学家一方面将中国的传统道德斥为"封建礼教"，另一方面则言必称罗马，排斥其他社会科学的功用，奉法律为建立市场经济的万能良药。"理性人"的不理性在此暴露无遗。这种对法律的纯粹工具性的认识，既否定了法律产生于一定的社会历史条件这一基本规律，又背离了法律的适用是有条件的这一基本事实，否则就不会出现所谓的"善法"与"恶法"。如果能够将法律系统与社会的其他系统割裂开来使其"独善其身",那么,法律的世界大同将是轻而易举的事情,我们的许多法学学科尤其是比较法的存在也就毫无意义。事实绝非这么简单,我们看到的是在现代西方,法律已经完备得如此这般的时候,暴力事件泛滥、政府腐败不堪、恐怖主义蔓延、社会问题成灾,而对于这些问题的解决西方学者们所开出的药方竟然是学习东方文化、提倡儒家道德、主张"以德为主、以刑为辅"这样的为某些中国人所恨没有与之彻底决裂的东西;有人在为中国花了 50 年的时间终于基本解决了"无法可依"的局面而沾沾自喜的时候,我更为中国的法治环境而忧心忡忡,法律实施的效果与人们对立法的期待相距遥远,甚至使更多的人对法律的基本功用产生了怀疑。

我们必须清醒地认识到,法律使人们的生活表面化,但人们仅有表面化的生活是不够的。传统的法律是概念化的,这种法律的价值和功用在于其严密的逻辑性、稳定性与可预测性,正面的作用是给人们提供一种标准,获得一种安全感。但这也恰恰是传统法律的缺点,调整的滞后性与标准的单一性以及谴责的外在性、强制性使得人们在道德与法律的空地上滋生不道德但不违法的行为;法律对人的要求低,加上其强制性对不违法但违背道德的人的保护,使得人们的内省减少。正如澳大利亚行为主义学者、诺贝尔奖得主坎拉德·劳伦兹所说:"人类的道德意识是由它的标准所决定的,由于标准已经变化,较大部分人口道德责任意识同样亦发生了变化。……这已经影响了我们的看法向所有权观念靠近。在可接受与不可接受的行为间的界限以及受社会约束的本能遏制,作为趋势,开始逐渐消失,加速远离共同福利的意识,走向纯自我意识。"[1] 道德,表面看来是精神的产物,由于其标准的内向性或常常须借助于内心、良

---

[1] [澳] 坎拉德·劳伦兹:《仁慈的消失》,转引自李玉泉:"论保险欺诈及其对策",载《金融与保险》1999 年第 4 期。

知等感性的词汇予以表达，会使人有一种无所适从的感觉。但这恰恰是道德的优点，有人将其喻为一块晶莹剔透的水晶，从不同的角度折射的光辉也不同，道德在不同场合的不同标准恰恰是其具有普适性与灵动性的必然表现。用系统论的观点看，道德具有全息性，不同的场合虽然表现形式不同，但精神内核却一般无二。法律若与道德分手，无异于行尸走肉，毫无意义。其实西方法律适用中的"自由心证"何尝不是道德与法律的紧密结合形式，与人们通常所说的天地良心有何二致，只是中国的有些法学家们却不完全认同。有些法学家企图通过单纯的制度来防止腐败和维持社会秩序而对道德冷嘲热讽，其结果是，对法学理论、法律制度烂熟于心的他们在中国打官司竟然败在法盲手里，为惩治贪污腐败而成立的反贪污腐败局也出现了"灯下黑"。我们在哀叹中国的某些法官、检察官素质低下的同时，是否还要反思自己在倡导法律的过程中是否忽视了什么？中国国情在中国走向法治化的时代是绝对不可以忽视的因素。孟德斯鸠将民主政体需要道德看做像君主政体需要荣誉、专制政体需要恐怖一样的重要。[1]

值得特别指出的是：传统法律对道德的态度必然使法律与自然无缘，因为道德作为精神的本体，源自对"人伦"与"天伦"的基本态度，在市民社会理论将"人伦"简化为有理性的经济人以后，已经排斥了人的其他需求；而理性的经济人的唯一追求是自身利益的最大化，更将"天伦"放在了脑后，甚至从不理睬。倒是中国传统法律的中的"义利观"和"人之初，性本善"的原善论更加关注"人伦"与"天伦"，但环境法学者们又往往将环境法看做是纯粹的"舶来品"，对中国的法律传统与道德传统中的"天、地、人合一"的观念缺乏深入的研究。

---

[1] 参见［法］孟德斯鸠著，张雁深译：《论法的精神》，商务印书馆1961年版，第19~20页。

对市民社会理论的剖析可以得出如下结论：

——法律是对道德的简化和对道德标准的强化，在法律举足无措的时候必然要向道德回归，因此法律不能超越道德。而道德是根植于传统文化的民族个性的一部分，因而法律精神的弘扬必须以本国的民情为基础。

——由于人的需求的多样性和社会构成的复杂性，以契约正义作为衡量一切的标准不仅不合理，而且十分幼稚；而将人类社会的分层标准简化为利益，在减少社会层次的同时，使社会系统趋于不稳定；身份社会是不会完全消失的，它与契约社会各有自己不同的适用空间。

——市民社会理论刻意营造的陌生人的世界是一个过去时，不属于倡导绿色文明的将来时，对它的刻意营造会破坏社会的原有的伦理结构，更不符合人类—环境系统的生态伦理结构。

——市民社会理论本身并不具有正义性，相反，它与正义无关。如果非要说它有正义性的话，至多也仅仅是具有经济上的合理性，这种合理性像原子裂变一样属于工具理性，而工具理性对于社会文化资源的积累与升华作用有限，却很可能摧毁业已建立起来的社会文化资源。

建立在这样的基础上的法学理论及其所产生的法律制度出现种种危机也就十分正常了，环境问题的出现以及法律在对付环境问题时的捉襟见肘也在所难免，也难怪有些学者对其猛烈抨击，一再呼吁更新传统法理学。

我们对这种现象必须保持足够的警惕。

（二）环境法现象对传统法学的挑战

环境法现象并不像当初人们所认为的那样，仅仅是对传统法秩序的一种补充或点缀，而是对传统法学的挑战。可以毫不含糊地说，环境法现象证明了传统法学已经受到了社会发展所带来的制度更新和观念更新的挑战，私法自治原则、概念法学以及法律部门划分的理论在环境法中均无法适用，国家干预、制度整合以及规范协同成为了环境法上的普遍现象，学者们在论及环境法时，多以学科的综合性、手段的科学技术性、保护利益的多元性作为环境法的基本特征；[1] 而在谈到环境法律责任时，法官们也都十分清楚环境污染损害赔偿的无过错责任。[2] 当然，环境法自身也在不断接受挑战中自我发展、自我完善。

1. 国家干预对私法自治原则的挑战。市民社会理论下所建立起来的私法自治原则的基本精神是对个人意志的绝对尊重，这种自由主义的理想，的确有其历史的进步意义和现实的理性根据。直至今日，也没有人能够否认以私法自治原则为核心的民法在市场经济条件下的地位与作用。因为，市场经济是以价值规律为基本杠杆的资源配置方式，各种产品的生产与分配都要通过人们的市场行为来确定，而不是由统治者来确定。但是，传统的私法自治原则绝对排斥国家权力对市场交易的干预，实际上是行不通的。一方面，市场交易中由于外部性的存在所形成的市场无功能地带，导致环境的污染和破坏。这样，私法自治就成为了污染和破坏环境者的避风港。所以，要保护人类的基本生存条件，就需要国家对环境加以控制，对污染和破坏环境者加以惩治。另一方面，当事人的交易行为事实上也影响到第三人乃至社会秩序与公共利益，任何个人都不可能独占环境或得到环境的好处和坏处，对此，国家也不可能熟视无睹。环境保护就是环境管理，环境管理的主要内容是国家的环境管理这一环境法的基本命题就对此作了充分的说明，将环境法的基本法直

---

[1] 这是中国学者们的共识，无论找到哪一本环境法的教科书或著作，这一观点都是明白无误的。

[2] 作者在多年的环境法司法实践和在法官培训教学实践中，感触颇深，每每问及环境法的特点时，法官们的回答总是"无过错责任"。可见，环境法不同于一般传统法律的特性，并非仅仅是学者们知道的事情，更不是对中国目前的司法实践没有影响的事情。

接命名为《1969 年国家环境政策法》就更加彰显了国家干预的态度。

2. 环境问题对效率价值的挑战。传统法律的公平、自由、安全等价值都是为了追求其终极价值——财富增长的最大化，亦即效率价值，这种价值观对于人类文明的进步有着不可磨灭的贡献。但是，这种价值观忽视社会公平和生态和谐的多元价值，将社会生活简化为单一的经济生活，将法律的功能也局限于对经济秩序的工具性保护，与现代社会的发展产生激烈的冲突。一方面，环境问题是人类单纯追求效率价值、将自然环境当做奴役对象的结果。在这种价值观下，牺牲环境创造经济财富理所当然，所以，要保护环境，就必须树立环境价值的权威，寻求可持续发展价值的目标。另一方面，环境资源对于人类的生存与发展的制约作用日益显露，环境资源的可持续性成为当代人和后代人生存与发展的必要条件，在环境问题已十分严重的今天，法律不应该也不可能不对此作出反应。事实上，环境法所确定的可持续发展的价值目标本身就是价值多元化的集中体现。

3. 利益多元化对法律部门划分理论的挑战。价值的多元化是利益多元化的必然结果，传统法学理论排斥利益的妥协和多元价值的沟通与对话，其表现形式为以概念法学的方法将法律划分为若干相互对立和分割的法律部门，认为不同的法律部门都要有自己独立的调整对象、调整方法和逻辑体系，不同的法律部门所保护的利益也是不同的，并且立法、司法和法学研究都应该按照这种部门分工来进行。这种情况可能有助于各部门法自身的内部完善，但它的缺陷也是明显的：它在理论研究上造成了各部门法的自我封闭，人为地割断了各部门法之间本来应有的联系和协同，将本应具有开环与闭环功能、有协调与合作的整体效应的网络性的法律系统变成了山头林立、老死不相往来的孤立的个体，并且将新的法律的出现要么看做是"大逆不道"，要么看做是"另立山头"，总之是不能容忍；[1] 而在实践中则无法调和各种不同利益集团的利益诉求，导致激烈的利益冲突和社会动荡，也无法将不同的价值取向置于一种能够兼容并包的框架中加以调和，并以宽容和对话的精神，寻求多元化的利益和价值平衡的途径和方式。环境问题的经济性、社会性与生态性特点，使得它成为一个综合复杂的问题，传统的部门分割的法律完全不能适应解决环境问题的需要，而可持续发展价值目标的确立，更对部门法理论提出了挑战，它要求人们了解利益平衡的重要，掌握利益妥协的艺术，同时要求法律建立不同利益集团之间实现利益妥协的协商机制、寻求多元价值的共同实现方式。环境法以及一些被称为社会法领域的新型法律所具有的一个共同的特征就在于打破部门分割、山头林立的界限，实现法律部门之间的沟通与协作。不仅填补以往法律部门划分所造成的法律部门之间的鸿沟，而且丰富了部门法的内容并使它们的体系由封闭走向开放。事实上，由环境法所建立的一些新制度、新规则，乃至新的法律理念和法律制度都在一定程度上推动着传统法律部门的改革。如环境法中的自然环境保护法对财产法、污染防治法对合同法、环境责任制度对侵权法等都起到了这样的作用。

4. 规范协同对法典法学的挑战。在传统法律部门划分的理论指导下，法律规范是以法典形式集合起来的，没有法典或不可能有法典也往往构成新的法律门类不能成立的理由，实际上这里还暗含的一层含义是只有法典才是真正的法律规范，没有法典化的规范至多

---

[1] 对此，八十年代开始从事法学研究的同仁都应深有感受，尤其是从事一些新兴法律的研究的学者们，迎面而来的就是"有没有独立的调整对象"的诘问，紧接着就是"不能成为独立的法律部门"的断然结论，还有"不能成为一个学科"的闷棍。从事这些研究的学者也多少被视为"异类"。值得自慰的是，随着中国法学度过了幼稚园时期，这种状况正在改变。

是政策的集合体,不能成为法律学科或法律部门。[1] 这种观念直接导致了两种倾向:一是割裂法律系统与社会规范的其他系统的沟通与联系,将法律的作用凌驾于其他规范系统之上,排斥法律规范与技术规范、政策规范、道德规范以及文化传统的相互融合与渗透;二是使法律的功能单一化,通过法典化形式构建的纯而又纯的法律规范成了既无内在动力又无外在活力的僵硬的教条,法律的目的、功能、作用与人的行为动机、行为方式和伦理观念、文化习俗之间的联系完全被割断。环境法的产生和发展强烈要求改变这一状况:一方面,环境法的基本观念是生态系统的关联性、平衡性与系统的开放性,它要求保护生态系统的法律必须按照系统论的思想设立,要求克服各子系统之间在目的、功能、相互联系和协作运行方面的分歧和混乱状态,组织起在明确目标指导下以合理结构进行协作运行的稳定状态,这就要求各种与开发利用环境资源有关的法律重新按照系统的规律进行组合;另一方面,环境问题的科学技术性、社会性、经济性、文化差异性以及政治性特征又要求除法律系统外的各种规范系统密切配合,使法律规范与技术规范、道德和习俗等社会规范系统相互作用,并保证各自功能的协调与配合以形成整体效应。

---

[1] 中国虽是一个成文法系的国家,但至今为止,真正被法典化的法律其实也不多,但学者们在对法律的研究中却一直将有无法典作为划分法律部门的标准,并以此作为攻击诸如经济法、环境法这样的新兴法律现象的武器,对此我一直感到非常迷惑。至今也不明白的是,中国到现在也没有民法典,按照没有法典就不能成为法学部门的观点,中国到底该不该有民法学。因为我不懂其中缘由,妄自将其称为"法典法学",以示重视。

第二章　法律重构

——环境法的基本课题

　　国家和国际的法律往往落后于事态的发展。今天，步伐迅速加快和范围日益扩大的对发展的环境基础的影响，将法律制度远远抛在后面。人类的法律必须重新制定，以使人类的活动与自然界的永恒的普遍规律相协调。迫切需要的是：

　　认识和尊重个人和国家在可持续发展方面的相应权利义务；

　　建立和实施国家和国家间实现可持续发展的新的行为准则；

　　加强现有的避免和解决环境纠纷的方法，并发展新的方法。

世界环境与发展委员会

《我们共同的未来》

1987 年于日内瓦

第一节　国家环境管理职能的定位

一、国家环境管理

1972 年，联合国环境规划署在斯德哥尔摩人类环境会议的文件中，将环境管理定义为：无论个人或个人的代表，凡是执行决定的人员，都对环境以负责的方法从事其行为，因此，环境管理不仅仅是就环境所进行的管理，而且它还要限制对环境造成的破坏。这种意义上的环境管理，超出了我们通常所理解的"行政"范围的管理。日本学者加藤一郎将环境管理定义为："所谓环境管理，从为了某一社会的一般性目的的规定到各种开发计划的具体完成，所有有关意志的决定，都称为环境管理，它是从地球规模到地方规模，有关具有一切地理范围的手段，它无论在计划经济国家，或者在市场经济的国家，也无论在发达的国家或者在发展中国家，对于所有国家来说，都成为关心的对象，最后，它与人们无论作为个人或者作为集团所进行的活动都有关联。总之，所谓环境管理，是指在人类一切活动的一切方面，都有意识地附加了环境性的观点。"[1] 据此，我将环境管理定义为：环境管理是指人类发展的一切过程中，始终重视对环境的影响，在考虑经济效益、社会效益的同时，考虑环境效益，并以各种方式影响人的行为，以实现环境与经济发展的协调。这样，环境管理的主体大至国际社会，小至公民个人，对于各级行政机关而言，不仅仅是执行法律，还要创造性地运用各种方法对环境加以预测和决策，正如《人类环境宣言》所宣告："为实现这一环境目的将要求公民和团体以及企业和各级机关承担责任，

---

[1]　[日] 加藤一郎等著，康树华译：《中日环境法学术交流文集》，北京大学出版社 1985 年版，第 36~37 页。

大家平等地共同努力。各界人士和许多领域中的组织，凭他们有价值的品质和全部行动，将确定未来的世界环境的格局。各地方政府和国家政府，对在它们管辖范围内的大规模环境政策和行动，承担最大责任。……种类越来越多的环境问题，因为它们在范围上是地区性或全球性的，或者因为它们影响着共同的国际领域，将要求国与国之间广泛合作和国际组织采取行动以谋求共同的利益。"[1]

所谓国家环境管理，是指国家环境保护，是国家的基本职能。它通过各级政府以法律形式和国家名义，在全国范围内实行对环境保护工作的执行、指挥、组织、监督诸职能，并对全社会环境保护进行预测和决策。而所谓的社会环境管理是指除国家环境行政管理以外的一切管理活动，是其他环境管理主体在国家法律指导下以及在国家环境管理机关组织下自觉进行的环境协调和环境经营，通常是指公共团体、社会组织、非政府机构以及公民个人所进行的环境保护活动，其内容为在各项社会经济活动中对环境效益或目标的考虑、协调和经营。

环境管理的对象包括一切环境要素，涉及生产和社会生活的方方面面，范围包括国家的各部门、社会的各组成部分，手段综合了经济、技术、行政、法律、教育等措施，因而具有高度的综合性；环境管理的主体有国际社会、国家和地方行政机关、社会团体、群众组织以及公民个人，环境质量的优劣与每个人的生存息息相关，所以说环境管理是一种具有广泛性的社会活动。环境是以某一事物为中心的特定地域空间，它受到不同地理位置、气候条件、资源状况、社会经济发展程度，以及其他条件的影响而呈现出不同的特点，环境管理针对不同地区的环境特点而进行，从而具有明显的区域性；环境对外界影响具有一定的耐受阈值，在某种程度上它可以

---

〔1〕 根据《人类环境宣言》这一目的是指"保护和改善人类环境并与争取和平和全世界经济与社会发展的协调"。

适应外界变化，如资源具有再生性。环境管理以生态学为基础，充分利用自然环境的适应性来规划和决策，进行全面的持续性管理，从而使环境管理具有科学性。

从环境管理的范围来看，可以将其内容概括为两个方面：第一是环境质量管理，它要求为保证人类生存与健康所必需的环境质量而进行各种管理工作，主要是对环境现状和变化趋势进行调查和预测，并在此基础上进行规划和决策，同时对已采取的管理措施通过检查评价去不断进行调整和改进。第二是资源管理，它要求对可更新资源的恢复和永续利用以及不可更新资源的节约利用进行各种管理活动，主要是如何以最佳方法来使用资源，力求取得社会经济和环境效益的统一，为此，必须谨慎选择资源的使用方法，防止资源的"枯竭"和对资源的掠夺。

在现代法治国家，国家环境管理必须依法进行，而管理的性质与特征则是立法的基本依据。对于环境法制而言，需要讨论的已经不是是否承认国家的环境管理职能问题，而是如何为国家环境管理职能定位的问题。为此，值得讨论的问题有以下方面：

（一）政府与市场：两者能否兼容

在过去，人们一直认为应该在政府与市场之间划出一道分界线，让政府呆在市场之外。之后，在出现了经济危机和一些特别立法的情况下，人们意识到不能把政府堵在市场以外，于是有人便提出了在市场内部划分出政府可以进入和不可以进入的不同区域，环境保护便是政府可以进入的部分。但是，这一观点其实是似是而非的。环境保护是与社会发展和经济发展的每一个过程都紧密联系的，在市场中并没有一个专门的环境保护区域，这种观点实际上仍然是一种两者不兼容的观点。

19世纪的经济自由主义者把政府看成是自由市场的对立面，这是因为封建时代的政府的职能主要是发放"通行证"和坐收"买路钱"，各种严格的特许制度和高额关税是自由贸易难以攻破的坚固壁垒。在这种情况下，人们主张以"小政府"作为发展市场经济的必要条件是可以理解的。而在当代，政府在很大程度上起着指导、协调、服务、保障和提供基础设施的作用，对于社会和经济发展所不可替代的环境资源管理是市场交易者们所需要和欢迎的。例如，在环境保护的国际性浪潮日益高涨的今天，许多发达国家的政府运用其货币、税收、外交、情报等方面的职能和手段，为本国的公司争夺国际市场提供强有力的支持，绿色壁垒已经是超过关税壁垒的一项保护本国公司利益的有力措施。即使是一些传统的政府职能，也未必就是市场发展的障碍，例如，知识产权的保护制度，对高技术含量的环境保护产业的形成和发展起着重要的促进作用。此外，在现代，政府还是社会经济活动的直接参与者，它对于环境资源的运用直接关系到一国的社会经济是否可持续发展的问题。事实上，政府职能的变化是我们认识政府与市场的关系的基础。"20世纪人们都明确认识到政府在经济活动中的重要性，认为各级政府必须是现代经济中决定生产和消费的重要参加者。经济资源（资本、劳力、物资）在公私两个部门如何配置才有相对的功效，这需要不断衡量和比较两者的损益和利弊。如何使资源最适当地配置于公私部门，乃是现代社会最为关心的问题之一。"[1]

　　在我看来，所谓的兼容问题，就是政府职能的定位问题，换言之，不是市场不要政府，而是市场需要一个具有现代功能和现代观念的政府，而环境管理正是现代观念和现代功能的典型代表。

　　（二）国家干预：看护人的角色变化

　　按照流行的见解，国家对市场交易的干预应当维持在保护自由交易所必要的限度内。因此，有许多人坚持认为，国家对市场的合法干预仅仅体现为反垄断和反不正当竞争。即只要当事人的交易是

---

[1]　简明不列颠百科全书编辑部译：《简明不列颠百科全书》第9卷，中国大百科全书出版社1986年版，第416页。

平等自由的，国家就不能干涉。这种见解有一个暗含的前提：市场交易是当事人之间的私事，与国家和社会无关。但社会的发展已使这一前提荡然无存，由于科学技术突飞猛进和社会化大生产日趋发达，现代市场已经在很大程度上将个人行为整合为一种具有强大社会影响力的集体行为。环境问题就是一个显著的例子。观察一下环境问题的起因，就可以发现那些通常被看做是个人行为的开发活动是怎样掀起环境危机所造成的社会动荡的轩然大波的。

安全和秩序是人类社会的首要价值。一个自由的市场必须首先是安全和有秩序的市场，而安全的和有秩序的市场是以自然资源和社会资源的可持续供应为前提的。追逐个人利益最大化的个人交易行为不可能考虑资源的可持续供应问题，也就不可能提供长期的安全和秩序保障。相反，它们恰恰是秩序的破坏者和不安全因素的制造者。因此，国家基于整体安全和秩序的要求对市场进行干预，对环境资源加以管理，不仅对社会，而且对那些追逐财富的经营者来说，都是合乎需要的。

（三）政策与法律：作用功能趋同

按照传统的法学观念，行政权和立法权是彼此分立的两种国家权力。因此，政府的政策与立法机关制定的法律不仅泾渭分明，而且在调整社会关系的效力方面也此消彼长，以此为依据的行政法以控制行政机关的行政权为核心，将行政机关的职能严格限定为执行法律，并对其自由裁量权作了限制性规定。而现代的趋势是，政府的许多政策直接采用立法的形式，或者至少成为立法的依据。这一点在环境法上表现明显。此外，政府发布的规范性文件，也被普遍承认具有法律效力，并被包含在"环境法规"这一类概念中。任何关于环境立法的研究都明确地将环境保护机关的行政性立法纳入其对象范围，这已是不争的事实。但另一方面，政府的政策也有一个合法性的问题，无论是内容还是程序都必须有法律依据。政策的法律化和政策制定的合法化（或称规范化）实际上体现了政策与法律相互渗透和配合的发展趋势，也反映了环境法的基本内容。因此，再简单地断言政策与法律谁大谁小，已经没有什么意义了。

二、国家环境管理权的产生

国家的环境管理职能既是一种权力又是一种责任，为研究的方便，我们从权力的角度来界定国家环境管理职能，考察国家权力在环境保护中的运行规律及特征，这便是环境管理权。

国家环境管理权实际上是与公民环境权同时提出来的问题。学者们认为，要确立公民环境权就必须回答国家在环境保护中的地位与作用，而国家要在环境保护中发挥作用，必须享有相应的权力；国家环境管理权实际上是与公民环境权密切联系的问题。对此，美国密执安大学的萨克斯教授提出了"公共信托"的理论，并以此作为构筑公民环境权和国家环境管理权的基础。萨克斯教授认为：水、空气等人类生活须臾不能离开的环境要素不是无主物而是全体人民的共有财产；国民为了管理他们的共有财产可将其委托给政府，政府应当为全体国民包括现代人及其子孙后代管理好这个财产。由此，政府与国民之间便建立起委托人与受托人的关系，未经委托人的许可，政府不得自行处理这些财产。[1] 在日本也有学者接受了这一观点，认为国家的环境管理权是由国民委托产生的。事实上，国家环境管理权的产生是现代社会市场经济发展的必然要求，是保护社会公共利益的需要。

经济体制是指一国经济发展的基本模式。在近现代史上，世界上曾出现了两种极端的经济发展模式，即市场机制和命令经济。市场机制是指单个的消费者和企业通过市场相互发生作用，以决定生产什么、如何生产和为谁生产的问题的经济组织形式。而命令经济则是资源的分配由政府决定，命令个人和企业按照国家经济指令行

---

[1] 参见［日］富井利安等：《环境法の新展开》，日本法律文化社1995年版，第57页。

事的经济组织形式。[1] 这两种经济组织形式或经济体制都存在不足以保护环境的问题。

（一）单纯市场机制的缺陷

在市场机制下，社会的一切活动都要通过市场来进行，市场在资源的配置中起着基础性作用，市场机制通过价格信号来反映各类资源的相对稀缺程度，调节和实现社会资源的分配。但是，市场并非万能，它在环境保护方面存在明显的缺陷。按照理想的市场机制理论，市场主体之间的所有交易都要通过市场来进行，但是在事实上，却有许多相互作用发生于市场之外。如某一企业使用了清洁的空气或水等环境资源来发展生产，却并不向因空气或水而受到污染的人支付款项。于是，该企业实际上是将经济上的坏处转移给了市场外的当事者，造成了所谓的外部负效果。这类外部负效果一般不可能通过市场价格表现出来，当然也难以通过市场机制的自发作用得到补偿和纠正。在西方实行市场机制的国家，由于社会生产的发展和科学技术水平的提高，环境污染的外部效果便由微小的麻烦发展成了巨大的威胁。

环境要素不同于一般的私人物品，它在消费上不具有排他性，不是你用了我就不能再用，而是只要它存在，你可以消费，我也可以消费。[2] 环境资源的这种特性，会引起需求与供给无法自动通过市场机制相互适应的问题。简单地说，这是由人们好"搭便车""占便宜"的行为特征引起的，因为既然有人支付了环境保护的费用我就"顺便"可以享受洁净的环境，我就会想办法不去花钱保护环境，甚至当别人要求与我分担保护费用时，我也会撒谎说我不需

---

[1] 参见［美］保罗·A. 萨缪尔森、威廉·D. 诺德豪斯著，高鸿业等译：《经济学》，中国发展出版社 1992 年版，第 68 页。

[2] 参见樊纲："作为公共机构的政府职能"，载《市场逻辑与国家观念》，三联书店1995 年版，第 10 页。

要洁净的环境，一心想着只要你支付费用保护了环境我就能免费加以利用。其结果便可能是谁也不去支付保护环境的费用，环境的质量越来越差。环境质量的恶劣，不能满足人类社会经济发展的要求，也就发生了资源配置的无效率。保护环境的成本费用是一定的，问题在于谁来"付费"，谁来组织保护行动。环境资源的公共性特征使得在环境保护问题上需要有"集体行动"。目前最经济也最通行的办法，还是由政府来组织环境保护行动，承担管理环境保护的费用，而"付费者"则应是使用环境要素的企业和个人。

事实上，市场机制在环境保护方面的不足是国家承担环境保护职能的前提。如果国家对市场机制的调节不足采取放任自流的态度，其结果终将直接危及国家政治经济秩序，二十世纪五六十年代广泛兴起的环境保护运动正是在这样的背景下产生，在实践中也证明了国家担当环境保护职能的必要性。

（二）传统计划体制的弊端

在传统的计划经济体制下，人们认为可以通过计划克服资本主义自由竞争生产方式的弊端，消除资本主义生产过程的自发性和盲目性，通过计划调节手段，使社会资源按社会化大生产的客观比例来进行，这些从理论上讲是正确和合理的。但是，在实际经济生活中，传统的计划经济体制排斥了商品、货币关系；因而，在计划调节的过程中，社会化大生产的比例，就只能以中央政府的计划部门的计划为唯一标准，如果假定中央计划部门能够充分掌握社会化大生产的比例关系，那么，选择传统的计划经济体制就是合理和有效的。正因如此假设，中央政府便不仅能够掌握社会化大生产的比例关系，它还能通过指令性计划调节手段，使各部门间的资源配置符合社会化大生产的比例要求。因而，在传统的计划体制中，政府自然就成了无所不能、无所不包、无所不管的"万能"政府。凡事也都必须由政府亲自来管。

但是，在很长时间内，传统的计划经济中并未加入环境保护的考虑，甚至认为环境问题是资本主义生产方式的必然产物，社会主义制度就对污染和环境破坏有天然的免疫力。在这种认识下，环境保护根本不可能纳入国家计划，政府也不会对环境加以保护。随着环境问题的严重和环境保护意识的提高，计划体制国家也逐步认识到要进行环境保护，要将环境保护纳入国民经济与社会发展计划，并为进行环境保护投入了大量的人力、物力和资金。可是对环境的保护仅仅是政府的职能，与企业无关，与社会无关。出现了一面是企业在生产过程中无所顾忌地污染和破坏环境，另一方面是政府千方百计地治理环境，其结果是政府防不胜防、治不胜治、越治理包袱越沉重，最终形成了污染与破坏日趋严重的局面。加之计划体制国家经济实力都不雄厚，不可能拿出很多钱用于治理环境污染和破坏，政府在环境保护方面的压力更为沉重。

因此，传统的计划体制下，虽然政府拥有包括环境管理在内的社会经济管理权，但由于忽视和排斥市场主体的作用、将动态的社会经济运行过程与环境保护的关系当做静态的事物对待，并不能很好地保护环境，尤其是不能调动市场主体保护环境的积极性与主动性。

三、国家环境管理权是一种社会管理权

传统市场体制和计划体制在环境保护方面的缺陷和不足表明了国家环境管理权存在的必要性以及独立性。单纯市场机制对环境保护的无能显示了国家必须要在环境保护方面发挥作用，而计划体制或命令机制对环境保护的不足则显现出国家单纯依靠行政命令手段保护环境的缺陷。因此，我们认为国家环境管理权是一种社会管理权，它是现代国家的一项基本职能。

国家环境管理主要是通过计划、限制、扶助和救济等手段，采取对污染和破坏的事前预防措施以及发生污染和破坏后的迅速、紧急排碍措施和其他适当措施。因此，它需要行政权的运用，需要国家或政府的积极参与。然而，在传统的行政法上，政府行政所采取

的限制措施是消极的而且限定在必要的最小限度以内。因此，环境管理权与传统的行政权存在着显著区别：

1. 环境管理权产生于国家的社会经济管理职能，是现代市场经济条件下对市场失灵的必要补充。其目标是保护公民的环境权，保护人们在健康和良好的环境中生存的权利，促进经济、社会与环境的良性协调发展，环境管理权产生的基础是社会公共利益或全人类共同利益的需要。而行政权产生于国家的警察职能，是维护社会生活秩序和公共安全的必要手段，其目标是在不干预经济个体自由意志的前提下，维护自由竞争的市场秩序，维持公共安全。传统行政权产生的基础是国家利益。

2. 国家环境管理权是一种积极的主动的干预权，它具体地表现为国家采取各种手段和措施，积极主动地对经济个体的自由意志施加影响，通过禁止、促进、激励、诱导、扶助等各种方式对经济个体与环境有关的行为进行干预，以保证环境保护目标的实现。尤其是在预防为主的思想指导下，事前的预防措施在国家环境管理权的行使过程中有更为重要的作用。而传统行政权则是一种消极的限制权，它是在市场主体的行为严重侵害社会或他人利益以致造成后果时才发挥作用，并且仅将其范围限制在恢复原有秩序的范围之内，行政主体不得干预市场主体之间的经济关系，更不得直接参与到他们的关系之中去。

3. 环境管理权的行使既包括传统的权力手段，通过国家环境管理机关的行政行为直接地对相对人进行管理，以命令方式单方面为相对人设定权利义务；还包括非权力手段，行政计划、行政合同、行政指导、行政扶助等各种非权力手段在环境法中得到了广泛运用。而且从某种意义上说，非权力手段运用得更为广泛和普遍。传统的行政权的行使主要是依靠权力手段，行政机关在有限的裁量权范围内行使行政权力。

4. 环境管理权行使的主体广泛，它尤其重视环境保护的区域性特点，尊重区域性管理权的自治，并且保障居民参与，广泛地吸收公民和社会团体参加环境管理的预测与决策。传统行政权的行使主体比较单一，仅限于行政机关及其法律授权的组织，强调行政的统一性，与相对人之间不存在协商或妥协的关系。

诚然，随着现代社会的发展，传统的行政权也显现出各种变化，其行政范围、行政手段、行政措施也适应现代社会的发展作出了相应的变动。但是，我们看到，这些变动恰恰是国家职能变化和扩展的结果，正是这些变化引起了新的权利理论的产生和新的权利的确立。因此，传统行政权的变化既是国家环境管理权产生的基础，又是国家环境管理权产生的结果。正确认识国家环境管理权的性质和特征是把握环境法的性质和特征的又一角度。

第二节　开放的环境法系统

法制系统的开放性是环境法的一大特征，这种开放性表现为环境法是一个在调整社会关系、规范社会环境行为的过程中随时获取社会的信息并及时自我修正、自我完善的系统。在当前纷繁复杂、不断变化的现代经济社会中，企图一劳永逸地建立并保持一套一成不变的封闭的法制系统，是不切实际的，也是行不通的。

一、部门边界模糊

环境法的多部门综合调整的特点，标志着各法律部门之间的关系正在由分割状态转变为交流和协同的状态，从而使部门之间的边界出现重合的现象。

环境法的部门边界模糊可以从环境法与其他部门法的关系以及专门环境立法中的法律规范形式两个方面来认识。

（一）传统部门法对环境法的反应

环境危机对法律提出的挑战是全面而深刻的，为解决环境问题以及由此而带来的全面的社会经济问题，传统的部门法不得不作出积极的反应，这种反应和变化是环境法的法律起源，也是环境法得以与其他法律部门沟通和协调的基础。

1. 宪法的反应和变化。宪法是集中反映统治阶级意志，确认和巩固统治阶级专政，规定国家制度和社会制度的基本原则、公民的基本权利和义务、国家机关的组织与活动原则的根本大法，任何法律都必须以宪法为依据，环境法也是如此。过去的宪法中没有确认公民的环境权、没有关于国家环境管理权的条款，但是，环境保护这一客观需要和事实终究要在宪法领域中得到反应。自20世纪70年代以来，各国的宪法领域中对环境保护都有了相应的发展和变化。这些变化可归结为三个方面：[1] 第一，宣告国家在环境保护方面的职责，国家应采取的保护自然环境、防治污染和其他公害的基本对策、环境立法权限划分；第二，公民在环境保护方面的权利和义务；第三，宪法有关条款在环境保护中的适用和发展等。如美国宾夕法尼亚州宪法明确规定："人民拥有对清洁的空气、水和保存环境的自然的、风景的、历史的和美学的价值的权利。宾夕法尼亚州的公共自然资源是全体人民包括其后代的共同财产。作为这些财产的受托管人，州政府必须为全体人民的利益而保护和保持它们。"[2]

2. 行政法的反应和变化。行政法作为规定行政机关及其工作人员的制度、行政管理活动和程序以及对行政活动实施法制监督，

---

[1] 宪法的发展和变化在各国是存在明显差别的，但一个基本的事实是：自从1972年以来，世界各国对将环境保护的内容写进宪法都无异议。因此，笔者以为差别只是程度的而非本质的，基于此才可能对各国宪法的有关条款进行归纳和总结。从总体上看中国的现行宪法也是包含了这三个方面的内容的，只是由于中国的法制传统原因宪法条文抽象而简单，所以有些令人费解，适用也不甚方便。

[2] Mary R. Sive, *Environmental Legislation: A Sourcebook*, New York: Praeger Publishers, 1976, p. 100.

调整行政机关在行使国家行政权力时发生的行政关系的法律规范，对环境法的形成有很大影响。环境问题本质上要求国家担当环境保护的职责，而国家承担的环境管理职责必须具体通过代表国家的职能部门或行政机关才能实现。为了环境保护的需要，传统行政法中一些不相适应的内容必须得到修正，同时还有必要增加有关环境保护的专门条款，以保证国家环境管理权的顺利实施。总体上，行政法中与环境法有关的发展和变化主要表现在以下方面：第一，环境行政机关自由裁量权的放宽；第二，环境行政诉讼的强化；第三，各种非行政权力手段的运用；第四，环境行政司法权的确立；等等。日本行政法学者认为：环境保护行政是现代行政法中保护行政的一种，它是指以防止对人们的健康、生活及自然环境的危害即公害，保护国民的健康，创造、保全生活和自然环境为目的的行政作用。其特征在于，不拘泥于单纯防止危害的消极目的，还具有保护健康、创造并保全环境的积极目的。它的特色是：通过制定计划、准则，依此保护公共设施，发布强制命令，以及利用协定、保护、助成等多种多样的行政手段，以实现其创造、保全一个安全、舒适、良好环境的政策目标。[1]

3. 民法的反应和变化。人们在开发利用和保护改善环境的活动中，经常涉及他人的民事权利。但传统民法理论与实践如无主物先占权、绝对所有权、绝对的契约自由、无过错责任原则等在适用于环境保护时出现了很大的缺陷，甚至根本不利于环境保护。为此，必须根据环境保护的要求对民法的制度进行限制，将环境保护的要求加于传统的物权法、债法以及侵权法之上，同时，也使这些法律向着有利于环境保护的方向发展。民法中作为对环境问题的直接反应的法律制度主要有：第一，民法基本原则对社会公共利益的

---

[1] 参见 [日] 南博方著，杨建顺、周作彩译：《日本行政法》，中国人民大学出版社1988年版，第26页。

肯定；第二，物权法上对所有权的限制性规定，如相邻权的发展、对先占原则的限制等；第三，合同法上对绝对意思自治的限制；第四，侵权法上关于过错责任的修正等。特别值得指出的是，民法的有些问题和缺陷不是它的自身发展和变化所能弥补的，民法由于其自由主义的理念和保障市场交易基本秩序的功能使得它必须保持其固有的特性。弥补这些缺陷不是民法一个法律部门的发展所能胜任的，而必须有专门的环境立法。但在另一方面，尤其是在民法能够提供法律救济的领域，民法的发展和变化在相当大程度上可以为环境污染的受害者提供过去所没有的法律救济，这一作用也是其他法律部门所不能替代的。[1]

4. 刑法的反应和变化。关于刑事责任在环境法中运用的问题，1978 年在布达佩斯举行的第十届国际比较法大会以及 1979 年在汉堡举行的国际刑法学会第十二届大会进行了专门讨论，各国在环境保护中都充分地认识到，刑事责任作为国家对环境施加影响的最严厉的手段，必须得到运用。但它只能作为"最后手段"，即在其他较缓和的措施特别是行政措施不能奏效时才可采取，从而明确了刑事责任在环境法中的地位和作用，也明确了环境刑事法律手段运用的一些特点。由于环境问题的特殊性以及环境保护的必要性，需要采取比一般刑事责任更为严厉和广泛的制裁手段来实现环境保护的目的，因而刑法在环境保护方面也呈现出较为明显的发展和变化，主要有：第一，刑法在环境保护方面的范围扩大；第二，特别刑法的出现，有些国家出现了特别刑法，或专门制定有关危害环境罪及

---

〔1〕　以侵权法为例，环境污染损害赔偿是各国侵权法领域发展较为迅速的部分，无过错责任或严格责任基本上为世界各国的环境立法所接受。但是，侵权法在环境危机面前暴露的功能缺陷也是十分明显的：如侵权法缺乏预防功能、侵权法不适应全面控制环境危机的要求、侵权法在环境方面的规范先天不足等。这些缺陷绝非侵权法自身所能弥补。参见王曦：《美国环境法概论》，武汉大学出版社 1992 年版，第 87 页。

其处罚的单行刑事法律（如日本的《公害罪法》），或修订普通刑法，设专章规定危害环境罪（如德国），或在环境法律法规中规定刑事条款（如前苏联）等；第三，扩大刑罚的范围，刑法对环境的保护，体现预防为主的原则；第四，环境刑事责任形式较为广泛地运用了财产刑。[1]

（二）环境立法

在环境危机的压力下，传统的法律已经发生了急剧的变化，这些变化是以保护环境和环境权益为基本趋势的。尽管这些变化相对于传统法本身可以称为"巨大"，但仅仅依靠这些变化了的传统法律仍不足以控制和消除环境危机。一些有关环境保护的重大问题并不会因传统法律的变化而自然得到解决，所有传统法律的变化必须以保持其基本属性为前提，否则它就会丧失应有的功能。所以，传统法律的变化一方面作为环境法的起源和基础对环境问题作出了积极的反应，使得这些领域中贯穿了环境保护的思想；另一方面，也凸现出环境保护所必须解决的一个基本问题——建立和完善专门的环境法体系，以全面预防、控制和消除环境污染和破坏，并将传统的法律制度统一于环境保护的目标和任务之下。这既是环境保护所必须，也是法律发展规律使然。专门性的环境立法更能清楚地表现部门边界模糊的特性。

20世纪60年代末70年代初，世界上掀起了环境立法的第一次高潮，不少国家制定了综合性的环境资源保护基本法。如日本的被称为公害立法史上里程碑的1970年第六十四届国会，制定和修订了14项环境法规，把环境保护的视野从污染控制扩大到了保护环境和资源、防止生态破坏，此外还修订了《自然公园法》，制定了《关于农业用地土壤污染防治法》，1972年又制定了《自然环境保

---

〔1〕 关于刑法在环境法中的发展与变化详见吕忠梅：《环境法》，法律出版社1997年版，第196~197页。

全法》。1967 年日本颁布了《公害对策基本法》，保加利亚颁布了
《自然保护法》，1969 年美国制定了《1969 年国家环境政策法》，
瑞典制定了《环境保护法》，1973 年罗马尼亚制定了《环境保护
法》。进入 90 年代后，随着人类对环境问题和环境保护认识的不断
提高，又一次掀起了环境立法的高潮。目前，不少国家修订了过去
不甚完善的环境基本法（如日本于 1995 年将过去的《公害对策基
本法》和《自然环境保全法》合并，制定了《环境基本法》）。有
些国家则正在制定综合性的基本法（如拉美国家）。基本上形成了
以环境基本法为核心、以防治环境污染的立法和保护环境资源的立
法为主干的环境法体系。在总结历史经验的基础上各国环境立法的
指导思想也发生了根本转变，采取了预防为主、综合防治的政策和
措施。引进了以贯彻预防为主方针的各种法律制度，如土地利用规
划、环境影响评价、许可证以及鼓励采用低污染、无污染工艺设备
的各种经济技术政策。

　　专门的环境立法至少起到了五个方面的重要作用：[1]

　　1. 国家环境法规体系的形成。各国的环境立法中，既有规定
国家环境政策的基本法，又有规定各方面的具体环境政策的单行法
等。不同立法的任务也是各不相同的。基本法宣布的国家环境政策
为统一政府各部门尤其是行政部门对环境问题的认识和政策制定提
供了最高准则。各单行法所规定的具体政策则为行政部门行使环境
管理职权、履行环境保护职责的具体行动或措施提供依据。专门的
环境立法及建立的环境法体系对保证各国朝着可持续发展的道路前
进具有重大意义。

　　2. 环境行政管理体制的建立。过去，行政部门几乎没有环境
管理的权力，即使因为自身的职能涉及环境保护，也分散于不同的
行政机关，分散而且极为有限的环境管理权力使这些机关缺乏充分

---

[1] 参见王曦：《美国环境法概论》，武汉大学出版社 1992 年版，第 175～179 页。

的法律授权来对付严重的环境问题。专门的环境立法改变了这一状况，为加强国家对环境的管理和更好地实施环境法律法规，各国都通过立法建立了统一的环境管理机关，弥补了国家环境管理体制上的空白和缺陷，强化了国家行政机关的环境管理职能，建立起一个比较完整的、职权分工比较合理和明确的环境管理体制，使政府的行政体制能够适应对付环境危机的需要。环境行政管理体制的强化大大增强了行政机关在环境管理中的地位和作用，改变了过去由于环境管理薄弱而不得不倚重于司法控制的末端控制模式，建立了预防为主和全过程控制的新型控制模式，使之成为环境管理的主要手段，同时也为全社会环境利益的保护提供了全面和充分的保护途径。

3. 国家环境管理战略的确定。专门的环境立法不仅要建立顺畅的管理体制，而且还要确定环境管理的基本战略。这一目标是由各国根据本国的不同国情而确立的。

在美国，国家环境管理的基本战略有三个：[1]

第一，改革行政方法以实现环境保护的目标。《1969 年国家环境政策法》要求行政机关在决策中采用环境科学的方法、根据生态学的情报将环境价值与经济和技术问题一并加以考虑。为保证决策方法的改变，该法专门设置了环境影响评价制度予以保障。

第二，法律与科学技术相结合。各国的环境法都十分注重根据具体情况要求在环境资源的开发利用中采取相应的环境保护技术，如对不同的污染，法律要求采取不同的控制技术。为保证技术措施的采用，各国的环境立法都将环境标准、环境监测等技术性规范纳

----

[1] 其实中国近年来也提出了强化环境管理为主的环境管理战略，并且得到了一定程度的实施。但从总体上看，有些环境管理战略仍偏重于目标本身，不注重对于目标实现方式的考虑，其结果总是调子高、声音大，形式主义严重，效果不明显，有的甚至根本无法实施。所以，在此以比较先进且实效显著的美国为例，旨在使人们对存在的问题多一点思考。

入法规体系，通过法律化的技术性规范保证法律与技术的紧密结合。既以法律的强制性推广污染控制技术，使法律成为生产部门的技术和产品更新及污染控制技术的发展导向；又使法律中关于环境保护的规定不脱离本国的经济和技术发展现实，使环境保护与经济和技术发展相协调。

第三，行政管理与公众参与相结合。公众参与是环境管理的一个重要方面，也是对国家环境管理的重要补充，各国的立法一般都是通过规定公众参与的制度和程序来加以保证的。如环境影响评价中的公众参与权和参与程序、对行政机关行政行为的严格司法审查程序等。行政管理与公众参与相结合从某种意义上看是建立了一种新的权力制衡机制：它一方面授权国家环境管理机关作为环境法的主要实施者负责全面的环境管理，另一方面又以公众参与刺激和监督行政管理，弥补行政管理的懈怠和缺陷。两者相互作用的结果，就是国家环境管理效率和效能的提高。

4. 弥补传统民法的缺陷。民法的固有特质使得它在环境危机面前具有不可克服的缺陷。专门环境立法的一个重大作用就是为全面预防和控制环境问题提供基本的法律制度和措施，以弥补民法对经济运行过程的外在性、事后补救性以及对全体社会成员保护的不足等缺陷。环境法所规定的一系列制度都突出地体现了预防为主、全过程控制和对社会公共利益加以保障的特点。同时，环境立法还有民法所不具备的及时调整公共政策的功能，它可以突破传统概念的限制，由立法机关根据现实的需要及时制定和修改环境法规，对特定的环境问题予以一体控制。环境法的发展使得社会公共政策的发展能及时反映和满足环境保护的需要，这是民法所不能胜任的。

5. 提高国民的环境保护意识。环境立法通过明确宣布国家的环境政策和环境目标，并且对污染和破坏环境的行为予以管制和制裁，将环境道德法律化，从正反两个方面对国民进行环境保护教育，增强环境保护的社会舆论，促进环境文化的形成，推动公众环境觉悟，弘扬环境道德，这一作用也是不可忽视的。

二、环境法调整的灵活性

（一）强制性规范与任意性规范的结合运用

传统法律对社会经济生活的调整，主要表现为强制性规范和授权性规范的作用。这些规范都是以单个行为、单个主体为对象的。而现代法除了对单个行为和单个主体的调整外，还常常以集体行为和利益群体为调整对象。在这种情况下，法律往往是提供一种制度框架或者程序，让集体成员或者相关团体能够通过谈判或一致行为，就他们内部或相互间的权利、义务和行为规则作出某种制度性安排。这就是所谓的自治法，自治法主要表现为任意性规范，当然自治法中也有法律的授权和强制，但这种授权和强制主要体现在程序方面。从环境法的发展来看，环境法并非单纯是体现国家干预的法，国家环境管理职能，也并不是单纯地通过行政命令和行政管制来实现的。它是在保持国家适度干预的同时，指导和鼓励各种集体或群体通过自治性规范实现自我鼓励、自我约束，从而使他们成为全社会环境法律秩序的积极参与者。因此，环境法的调整应该是强制性规范与任意性规范的有机结合。

强制性规范又称命令性规范，是指那种由法律明确规定权利义务，当事人必须履行，不允许法律关系的参加者相互协议或任何一方加以变更或违反的法律规范，它一般表现为义务性规范和禁止性规范两种形式。在环境法中，存在大量强行性规范是由环境保护的社会公益性所决定的。环境保护虽然有利于全社会，但它却不是私人经济决策和行动的目标，并且常常会与私人利益或追求利益最大化的目的直接发生冲突，因此不可能由私人主动作出这样的决策。但是，环境保护又必须借助于私人的经济决策和行动来实现，否则，环境保护是一句空话。所以，环境法必须运用强制性规范，明确当事人的权利与义务，限制、禁止其危害环境保护的行为。

任意性规范是指那种在法律范围内允许法律关系参加者自己确

定相互权利义务的具体内容的法律规范。在这类规范中，当事人在法律规定的范围内享有一定的选择权。环境法中的任意性规范主要表现为大量的提倡性、激励性规范。环境法作为国家运用公法手段调整私法领域关系的社会法，它一方面要保护国家管理的权威性，另一方面也要注重运用客观规律。尤其是环境保护要求做到以预防为主，采取事先的行动避免破坏性后果的产生，这就更需要借助于市场主体的事前决策和主动地行动。因此，环境法在采用强行性规范限制、禁止当事人危害环境的行为的同时，还要采用大量的提倡性、激励性规范，通过给予私人以一定的经济优惠和奖励引导、扶助和激励私人进行有利于环境保护的经济活动，实现自治。所以，在环境法中，运用奖励这种肯定式法律后果的形式是十分必要的。

环境法调整中两类规范的结合是有实益的。环境保护规划、环境保护政策需要贯彻预防为主原则，它们的有效实施在很大程度上依靠社会的接受程度，采取强制性规范和提倡性规范相结合的形式有利于环境保护目标的实现。实践中，各国环境法也的确采用了广泛赋予公民和社会团体环境保护权，积极引导、刺激和扶助私人进行环境保护的法律措施。而在我国，过去对提倡性规范的运用注重不够，属于亟待加强的领域。

（二）法律规则的变动性

传统法律十分强调规则的稳定性。法学家们的理想就是建立一个稳定的法律体系，因此，稳定一直是人们所向往和追求的目标。但是，社会生活是千变万化的，它不会因为人们向往稳定就凝固不变，生态系统更是丰富多样的，它也不会因人们的认识水平而停止其运动。当社会生活和生态环境发生变化时，如果片面地追求法律的稳定性和过分依赖既存的法律规则，便有可能使法制的运行偏离它的目标。早期的各种法律规则不利于环境保护的缺陷正是这样产生的。所以，在法律的基本框架和基本原则保持稳定的同时，需要不断适应社会经济生活的变动而提供新制度、新法律和新规则，以及对已有的制度、规则的修改和提高。在一定意义上，环境法就是这种法律变动的结果。事实上，环境法是国家环境管理职能的一种实现形式，人们在环境管理过程中，一方面要面对复杂的社会经济生活，另一方面还要面对纷繁的自然变化与运动，人们的认识水平、科技发展水平以及经济发展程度都是环境管理实施的制约因素，这些因素的不断变化必然要求管理者不断地研究新情况、解决新问题。随着国家环境管理职能在现代社会经济生活中地位的日益提高，环境法也获得了很高的地位。我以为，环境法在传统法律规则的变动中产生，又在自身规则的变动中发展和完善；因此，环境法的产生既不是对传统法律的覆盖，也不是对现实社会的被动适应，而是以积极主动的姿态，引导传统规则的变动以适应环境保护的要求，同时也不断地为环境保护目标的实现提供新的制度、法律和规则。环境法上的许多制度正是这样产生和发展的。

三、环境法的综合调控体制

环境法作为国家环境管理意志的体现，是一国法律体系的有机组成部分，它必然具有法律规范所应有的共同属性，如强制性、规范性、概括性、可预测性等。然而，由于环境保护的广泛性和环境管理的多元性，环境法所调整的对象和方法又同其他法律部门有着明显的区别。因此，它在表现和实现国家意志的方式方法上有自己独特鲜明的个性，环境法调整采取了综合调控体制。

环境法调整，是指国家通过运用法律形式影响人类——环境系统的活动过程，从而达到建立、维护和发展有利于全体国民的环境的法律秩序的目的。然而，在一定的社会制度中，采取怎样的法律形式对环境社会关系进行调整，并不取决于立法者的"自由意志"，而是由环境社会关系的客观需要所决定的。环境法作为调整环境社会关系的法律，在整个国家法律制度中的地位和作用，也是由它所调整的环境社会关系在社会经济生活中的作用所决定的。环境社会关系与社会生产和生活的密切联系性决定了环境法的内在本质是环境保护与国家行政权力的结合。

恩格斯认为：管理是不知有国家的社会存在的必要条件之一。[1] 人类在生存发展过程中不断与环境发生作用，各种自发形成的环境管理早已存在。随着国家的产生，奴隶制度下即开始出现了国家干预环境的法律形式（如古巴比伦国王汉穆拉比颁布的《汉穆拉比法典》中就有关于环境保护的条款）。随着生产力的迅速发展和科学技术的进步，环境问题逐渐发展成为威胁人类自身生存和发展的大问题，国家不得不加强对环境保护的干预，承担起保护环境的职责；同时，环境问题发展到一定程度又将引起经济和社会的不稳定，国家不会任其发展，必然主动积极地对环境进行干预。实践证明，环境问题及其与能源、粮食、人口等问题的综合作用所造成的对人类生存和发展的威胁，要求人类必须彻底转变观念，从全面协调人类—环境关系的角度对环境问题进行宏观调控。而能够担当起这一重任的只有也只可能是国家。国家实现其管理职能的基本方式就是建立代表国家的相应的职能机构，赋予其权力，以对全社会实施环境管理。于是，在现代法治国家，国家干预环境的法律必然得到迅速发展，并且在社会生活中发挥重要的作用。所以，可以认为环境法就是国家干预环境的法律规范的总称。

然而，环境社会关系又具有广泛性、复杂性和综合性，国家行政权力的干预是环境保护主要的也是最重要的手段，但仅仅依靠这种单一的手段是不够的。环境保护涉及各行各业、方方面面，是千百万人的事业。国家的行政管理虽以直接强制性和简便性为特征，但它却容易置管理相对人于对立和被动的地位，不利于调动和发挥相对人的积极性，失之僵硬和机械；况且，环境社会关系中也还存在着与行政关系相互独立的民事关系及其他管理关系。因此，对环

---

[1] 参见中共中央马克思恩格斯列宁斯大林著作编译局编译：《马克思恩格斯全集》第21卷，人民出版社1965年版，第111页。

境社会关系的法律调整不可能也不应该是单一的，除了行政法律手段以外还必须有其他法律手段。环境法实际上采取的是一种综合运用多部门法律调整手段和法律调控和实行综合调控的体制。

1. 综合调控体制就是要综合运用各个法律部门的手段，对环境社会关系实行综合调整。由于环境问题的客观性、多层次性和与多种性质的经济关系的密切联系性使得环境社会关系具有不同的性质，不可能由某一法律部门进行全部调整，必须针对不同性质的环境社会关系，运用不同的法律部门的调整手段，实现对环境社会关系的调整。

2. 在对环境社会关系实行综合法律调整的过程中，各个法律部门是互相配合、互相联系和互相作用的。而这种互相配合和影响是以各个法律部门保持各自的特殊功能和属性为前提的，并不因为它们对于环境社会关系的调整而失去其原有的性质。所以，在环境法中，存在着多种法律规范，如宪法规范、民法规范、刑法规范、行政法规范、诉讼法规范等，由于这些法律规范既保持了原法律部门的属性又因与环境问题的联系产生了一些新特点，所以，我将其称之为环境民法规范、环境刑法规范、环境行政法规范、环境诉讼法规范等。

3. 对环境社会关系实行综合法律调整，主要依靠行政法。环境行政法是调整环境社会关系的基本法，除此以外的民法、刑法、经济法、劳动法、科技法等也对环境保护发挥着调整作用。

各个法律部门手段的综合调整，比它们在孤立状态下的单独调整作用更大。在综合调整中，各法律部门规范不仅对它所调整的环境社会关系产生直接的作用，同时能够对其他法律部门规范所调整的环境社会关系产生间接作用。从总体上看，综合调整还有利于清除各法律规范之间不协调甚至矛盾的现象，产生法律调整的整体效应。

第三节　和谐的环境法律秩序

不同时代的法律秩序，既有普遍的共性，又有独特的个性。20世纪承前启后，人类将由工业文明走向后工业文明。在新的世纪中，法制和人类社会的其他制度性构造一样，将会经历重大的变革，并由此呈现出新的风采，环境法律秩序应该是这种新的法制文明的先驱和代表。

一、文化重构中的环境法

21世纪的社会秩序重构将会从制度层面上展开。可以说这种制度重构是数世纪以来工业文明进步的结果，也是数世纪以来人类文化变迁的结果。如果说19世纪是工业社会各种矛盾积累、深化的世纪，20世纪则是这些矛盾全面爆发并导致社会变革的世纪，21世纪就会成为这些变革进一步展开和推进的世纪。从根本上说，这种变迁是一种文化变迁，是人类社会的生存状态、生存方式的变迁。这种生存状态、生存方式不仅是物质的，而且是精神的。

所谓社会秩序，归根到底就是人们在社会生活各方面的相互关系和行为应当和可能保持的常态。这种常态可以是理性的，也可以是非理性的。尔虞我诈、弱肉强食是非理性的常态；公平竞争、和谐共存是理性的常态。无论是理性的常态还是非理性的常态，都代表了一种文化。这种文化不仅包括了一定的观念和思维方式，也包括了一定的制度和行为准则。观念和思维方式决定着行为准则，制度和行为准则又在一定程度上改变或塑造着人们的观念和思维方式。环境法正是在这样的文化重构的洪流中产生和发展起来，并对文化重构发挥积极作用的一种制度和行为准则。

在20世纪30年代以前，将环境作为文化的前缀或定语而将两者构成词汇还是令人不可思议的事情。西方国家工业革命的历史，是一部征服自然、统治自然的历史，是人类对于自然界长期主宰、决定人类命运的历史的强烈反抗。我们所看到的好莱坞影片所讴歌的"硬汉""英雄""西进领袖"都是在开发北美、挺进西部时滥垦、滥伐、滥猎的移民；烟囱林立、浓烟滚滚是早期工业化的象征和工业发达的标志，被一些诗人和作家誉为"黑牡丹"或"煤炭文明之花"，大加赞颂。

产业革命以后生产力的不断扩大，特别是进入 20 世纪以来严重的环境危机日益严重，地球生态平衡受到严重威胁。迫使人们对环境问题产生的原因和防治对策进行思考。起初人们将环境问题看做是经济技术问题，所找到的防治环境污染和破坏的"药方"也就是污染治理和提高开发利用环境的技术水平。这种单纯的技术方法虽然在某一局部地区和一定时期内取得了成效，但对于全球范围和长期的环境保护却无能为力。到了 80 年代时专家们发出了这样的哀叹："在 70 年代，遭受'自然'灾害的人数比 60 年代增加了一倍。这些大都是与环境或发展的错误管理有直接关系的灾害，包括旱灾和水灾，影响到了大多数人。从直接受害者的数字来看，灾害急剧增加了。旱灾的受害人数在 60 年代为 1 850 万，70 年代达到了 2 440 万。水灾受害人数在 60 年代为每年 520 万，70 年代为 1 540万。由于越来越多的穷人在危险土地上建造不安全的屋舍，旋风和地震受害者的人数也急剧增长。""80 年代的数字尚未统计。但仅在非洲，就有 3 500 万人遭受旱灾之苦。印度旱灾受灾人数，根据缩小了的公布数字，就达上千万人之多。日益迅猛的洪水从森林遭到破坏的安第斯山和喜玛拉雅山上奔腾而下。看来 80 年代这一可怕的趋势注定会被带入危机四伏的 90 年代。"[1]

50 年代以后，人类对环境问题开始正视并采取了一些科技的、

〔1〕 世界环境与发展委员会著，王之佳、柯金良等译：《我们共同的未来》，吉林人民出版社 1997 年版，第 8~9 页。

经济的措施对人类的行为加以控制，对污染进行治理。这可以看做是人类在自然界的惩罚下开始觉醒，开始了对人类行为和思想的检讨，认识到无视自然是一个深刻的历史性错误，在与自然界长期对立以后向自然界发出了第一个和解信号。此时就已经孕育着文化变迁的因素，当人类怀着忏悔的心情开始重新调整自己的行为方式和前进步伐，自觉地协调自身与自然的关系的时候，环境文化作为社会发展提出来的新主张开始成为人类社会的迫切需要并逐步得到社会的认可和法律的支持。作为文化的系统表现形式的各种思想观念和思维方式逐渐为人们所接受，人们对"环境文化""环境道德""环境保护""环保产品""环境标志"等名词和术语不仅不再陌生，而且这些名词已成为现代社会中高频使用的词汇；"世界环境日""地球日""人类环境宣言""世界自然大宪章"等已成为人们社会生活中和谐的声音。1969 年一群名不见经传的加利福尼亚普通居民，发出了这样的呼吁：

"很明显，千百年来对环境的忽略已将人类带到最后的一个十字路口。

我们对大自然的肆虐行径，使我们的生活质量恶化，甚至危及我们的生存。

……

因此，我们决意行动起来。我们呼吁一场旨在改变对环境——它正在起来反抗我们——的行为的革命。…… 我们将重新开始。"[1]

到当代，环境保护主义者、环境哲学、环境伦理学、环境社会

---

[1]　《圣·巴巴拉环境权利宣言》，这是 1969 年在美国加利福尼亚州的圣·巴巴拉海发生严重的海洋污染事故后，当地居民在认识到人类行为对自然环境的破坏性以后而自发地组织起来所发出的呼吁。"Santa Barbara Declaration of Environmental Rights", in Mortimer J. Adler ed., *Annals of America*, Encyclopedia Brittanica Press, 1976, Vol. 19, pp. 100~101.

学、环境保护团体和政党所表达的各种对人类—环境关系的认识和思想，已不是一种偶然的、少数人的思想，它表达了全人类的共同认识。正是这种认识将人类关于环境问题的考虑纳入到社会秩序的范畴，并确立了人类环境社会秩序的常态和非常态标准，这些都是环境法得以产生的文化基础，同时，环境法作为文化的一种语言表达方式，也对新的环境文化的传播起着重要的作用。

二、环境道德的法律意义

一个理性的社会必须是一个重视道德的社会。现代法制的发展趋势，是道德与法律的相互渗透和协同。可持续发展社会的制度设计不仅要考虑社会的经济发展需求，而且要考虑社会的道德需求。人们所津津乐道的"经济人"假设，存在着很大的理论缺陷。事实上，数世纪以来法律发展的历史，充满了有识之士对诚实信用、公平正义等道德价值的崇尚和追求。环境法在控制污染和破坏、保护环境方面所做出的种种努力，始终表现出人类对经济发展过程中不道德现象的深度关切。这种关切不仅具有道义上的重要价值，而且也有环境价值上的深刻内涵。人们越来越清楚地认识到，一个真正健康、稳定和充满活力的社会，必须建立在符合环境道德的理性基础之上。环境道德不仅是精神财富的宝库，而且是物质财富的源泉。环境危机的教训证明，一个缺乏环境道德支撑的社会在物欲横流的刺激下出现的繁荣是不能持久的，而且，人们终将为这种繁荣付出惨重的代价。环境法必须高举道德和公义的旗帜，充当人类文明全面的开路先锋。

环境道德作为与传统道德有联系又有区别的新兴道德观念，对人类社会而言也是姗姗来迟。在很长的时期内，人们并未将对环境的污染和破坏视为道德问题，伦理学从事对"人伦"的研究天经地义，自然规律被视为"天理"，是自然科学的研究对象。直到环境危机显现出它的严重后果时，才有人提出将伦理观念的重心从人类转移到整个生态系统或自然界，否定传统的以人类为中心的伦理观。自然科学家与社会科学家对环境问题产生所形成的共识是"地球不是宇宙的中心，人类也不是自然界的中心。"[1] 他们呼吁放弃人类统治自然的哲学，建立尊重自然、保护环境、讲究道德的哲学，主张将人类从"大自然的主宰"归位到"自然家庭中普通的一员"，提出既要遵守人与人之间的道德，也要遵守人与其他生物之间的道德。1991 年，联合国环境规划署向人类发出了"创立新的地球道德"的倡议："现在世界大家庭面临着我们在环境问题上造成的后果给我们共同的安全造成的危险，要大于传统的相互之间的军事冲突带来的危险。道德伦理和精神方面的价值是人民和国家产生动力的最终基础，我们应当加以利用，并表现在创立新的'地球道德'上，从而激励人民共同加入包括南方、北方、东方和西方在内的新的全球伙伴关系，确保地球一体化，使之成为这一代和后代子孙的安全、平等和温馨的家园。"[2] 这种道德，一方面必然会反映在以协调人类—环境关系为目标的环境法之中，另一方面，环境法秩序的建立和维护也必须有赖于环境道德的协同。道德因素的环境意义不仅仅是对道德价值的新认识，而且是人类生存方式走向全新境界的标志，环境道德将成为 21 世纪人类道德观中最有活力的部分。

三、双重和谐——环境法的主导精神

在中国的古代，孔子提出了"克己复礼，天下归仁"的思想。他认为：通过律心和律行（克己），建立规范和秩序（复礼），就可以实现人类社会的和谐与大同（天下归仁）。这既是人类的一种崇高的情怀，又蕴涵着高深的智慧。在基督教的《圣经》中，也有"地球是完好的""上帝喜欢他的创造，人类统治地球并不意味着

---

[1] 余谋昌："环境意识与可持续发展"，载《世界环境》1995 年第 4 期。
[2] "联合国环境规划署秘书长在庆祝斯德哥尔摩人类环境会议 19 周年火炬传递仪式上的讲话"，载《中国环境报》1996 年 3 月 16 日，第 2 版。

地球属于人类"的思想，认为自然是和谐的、完美的。和谐，可以说是一种"道"，也可以说是一种"术"。它既可以表现为"法"，也可以形成为"势"。若能奉和谐之道，行和谐之术，立和谐之法，造和谐之势，则政无不通，人无不和，国无不泰，民无不安。

大自然是和谐的典范，"和谐是美"虽然一直为人所称道，但它似乎只是少数美学家和艺术家心中的事情。绝大多数人对于大自然的和谐之美，虽然享受着，却并不珍惜，甚至没有发现它的存在。人类迄今的发展，都是同自然对立式的破坏性的发展，建立在此基础上的社会也是充满矛盾的对立的社会。这种双重对立的发展机制，引诱和驱使人们破坏着大自然原有的和谐与协调机制，也破坏着人们在社会合作中自动形成协调机制，破坏着和谐的实现。这种双重对立的发展机制及其理论，对法律的产生和发展也起着决定性作用。法律的任务是建立一种秩序，但法律所建立和维护的秩序，既可以是和谐的，也可以是不和谐的。过去传统的部门法林立、法律之间鸿沟阻隔的状态是人类社会发展不和谐的表现，是人类单纯追求经济效益和片面地以物质生活取代一切的结果。

人类社会的发展进入现代，人与自然的对立也已经接近极限，人类要么毁灭于自己制造的现代困境之中，要么实现从自然界的对立走向同自然界和谐的大转折。我们只有一个地球，我们别无选择。要实现这个大转折，必须把传统的双重对立的发展机制改造成为人、社会与自然双重和谐的发展机制；必须使人类及其社会同自然界、现实同未来、区域活动同全球活动、个人生活同国家与世界的发展等各个方面超越时空并良好地协调起来。

人类正处在大转折时期，这是一个极不协调而又必须极力协调的时期。只有人与自然界的协调才能从根本上彻底摆脱现代人类的困境。世界已经开始展开一场新的走向大协调的竞赛。国际社会也将在 21 世纪展开一场对协调关系的竞争：争先进入良好协调的位置和状态，争先与竞争对手实现主动性的协调。在新的竞赛中，发达国家并没有占据有利的角度和位置，他们在双重对立的方向上已经走得太远，其生活方式的巨大惯性和经济格局的基本定势都妨碍着它折向人类同自然界和谐发展的新的回归线；而发展中国家可以走一条曲率小、波折少、趋向更远的理想目标的短程线，从而成为先进国家。[1] 新世纪的钟声已经敲响，我更愿意把它视为世界实现大转折的发令枪的声音，地球村村民们在 20 世纪的最后时刻又站在了同一起跑线上，剩下的就是对发令枪声的反应了，无论如何，没有听到枪声或者听到了枪声还不知所措，还不知道朝哪个方向跑的运动员，是难以获胜的。

瞄准和谐发展的理想目标，尽快主动着手改造双重对立的发展机制，自觉建立双重和谐的发展机制，是全人类面临着的紧迫而重大的任务。环境法正是各国对于发令枪声的积极反应，环境法以实现双重和谐的发展机制为最终关怀，和谐必然会成为整个环境法的主导精神，为此，环境法要对传统法律系统进行重构，消除传统法律部门之间的隔阂，填补法律调整手段的空白，在新的环境道德和环境文化观念的基础上，重构人类社会发展的蓝图，建立和谐的法律秩序。

尽管环境法制仅仅是整个法律制度的一个部分，它有自己的特殊使命，但我以为对它的理解不能够也不应该局限于环境法自身。

---

[1] 我以为这是对可持续发展思想的一种阐述，所谓发达国家与发展中国家的分类，也仅仅是以国民生产总值等经济指标意义上的分类，发展中国家巨大的环境资源并没有纳入指标体系，更未被作为财富计算。但是，这种分类却对广大的发展中国家造成了巨大的负面影响，形成了南北对立的国际格局。而在可持续发展的观念中，发展是居于首位的，环境资源是可持续发展的前提和基础；发达国家与发展中国家的对立与矛盾必须消除才能使世界实现和谐。为此，就必须对世界格局重新认识，其中包括对发达国家和发展中国家关系的重新认识。这种观点，在许多国际环境保护的文件中都有充分体现。

事实上，只有超越部门法的局限，从一个更高的境界去理解和把握这种使命，才能完成环境法与整个法制系统的协调，也才能运用环境法理念实现对传统法部门的革命，实现法律生态化的目标，实现和谐这一21世纪法律的主导精神。

第三章 权利法定

——公民环境权[1]理论与实践

如果设立新权利对消除社会成员实际享有的法定权利和他们应该享有的法定权利之间的差距来说是必要的，那么它们就是正当的，后者是在特定的社会条件下能最好地服务于实在法目的即安全和社会合作的法定权利。

A. J. M. 米尔恩

《人的权利与人的多样性——人权哲学》[2]

---

[1] 本章从不同角度对环境权问题加以论述，从国际人权法和宪法的权利角度称之为公民环境权，这也是环境权理论提出者的本义；而在分析公民环境权的私权化问题时，从私法角度，环境权应为民事权利，其主体为民法上的"人"。所以本章在不同的时候关于主体将分别使用"公民"与"国民"的概念，以示区别。

[2] [英] A. J. M. 米尔恩著，夏勇、张志铭译：《人的权利与人的多样性——人权哲学》，中国大百科全书出版社，1995年版，第121页。

第一节　第三代权利[1]

一、公民环境权的提出

（一）概念的产生

公民环境权作为一种新的、正在发展的环境法理论和法律权利，其产生绝非偶然。

20 世纪 60 年代以来，各种环境法理论、法律制度和法律学说竞相登场，在环境危机的严重威胁面前，人们迅速接受了环境保护的观念，"只有一个地球""人类共同继承的遗产"等理念以其全新思维突破了传统法学理论，社会对运用法律手段管理环境寄予厚望。在新的环境道德和生态伦理基础上，人们开始思考许多新的问题，其中最为重要也是最为基本的问题就是公民对环境有无权利，如果有，法律应该如何对其加以保护。这是一个令人迷惘的时期，"生态的觉醒……是科学研究的结果。这种科学研究证明了我们的环境状态或多或少（在某些情况下令人吃惊地）受到了损害。这一发现的影响首先为学术界所感觉到，后来也为其他人所感觉到。渐渐地，实际上所有的科学家、大多数政治家以及其他决策者和公众接受了这种思想，即我们的环境正处于危险之中，必须为此做些什么。一般法律原则（至少其中一些）至少在形式上得到了相当大的发展并为人们所公认。然而，在国内和国际上采取措施保护和改善环境，是相当不同的任务。经济、政治、军事及其他利益往往与环

---

[1]　在国际人权法上，一般按照人权清单上所列顺序的先后，将人权进行分"代"，"第一代"是指最早出现在《世界人权公约》上的那些权利，它们主要是公民和政治权利；"第二代"是被写入《经济、社会和文化权利国际公约》上的那些权利，主要是经济和社会权利；"第三代"是正在发展中的一些具有人权属性但尚未写入国际人权公约的权利，环境权是这些权利中的一项。

境问题相冲突。此外，甚至连科学家自己对非常复杂的环境保护问题和人权以及其他同样性质的领域都有不同的看法。"[1]

60 年代初，美国展开了一场令世人瞩目的大讨论——公民要求保护环境，要求在良好的环境中生活的法律依据是什么？在讨论中，密执安大学教授约瑟夫·萨克斯提出了制定专门的环境保护法的倡议，他于 1970 年发表了其著名的论文——《为环境辩护》，提出专门的环境立法的宗旨有三点：第一，承认对于良好环境的公民权利是一项可强制执行的合法权利；第二，使这项权利通过公民个人以公众身份起诉而成为可强制执行的；第三，为关于环境质量的普通法的发展设立框架。[2] 萨克斯教授提出的环境"共有说"和"公共委托说"也得到了推崇，他认为空气、阳光、水等人类生活所必需的环境要素在当今受到了严重的污染和破坏，以至于威胁到人类的正常生活的情况下，不应再视为"自由财产"而成为所有权的客体，环境资源就其自然属性和对人类社会的重要性来说，它应该是全体国民的"共享资源"，是全体国民的"公共财产"，任何人不能任意对其占有、支配和损害。为了合理支配和保护这一"共有财产"，共有人将其委托给国家来进行管理。国家作为全体共有人的委托代理人，必须对全体国民负责，不得滥用委托权。进而，有人在"共有说"和"公共委托说"的基础上提出了环境权的观点，认为每一个公民都有在良好的环境下生活的权利，这种权利应该受到法律的保护。[3]

1960 年，原西德的一位医生向欧洲人权委员会提出控告，认为向北海倾倒放射性废物的行为违反了《欧洲人权公约》中关于保

---

[1] [斯里兰卡] C. G. 威拉曼特里编，张新宝等译：《人权与科学技术发展》，知识出版社 1997 年版，第 228~229 页。

[2] 参见 Eva H. Hanks, A. Dam Tarlock, John L. Hanks, *Environmental Law and Policy, Cases and Materals*, US: West Publishing Co., 1975, p. 860.

[3] 参见金瑞林主编：《环境法学》，北京大学出版社 1990 年版，第 112 页。

障清洁卫生的环境的规定，从而引发了是否要将环境权追加进欧洲人权清单的大讨论。70 年代初，诺贝尔奖获得者、著名的国际法学者雷诺·卡辛向海牙研究院提交了一份报告，提出要将现有的人权原则加以扩展，以包括健康和优雅的环境权在内，人类有免受污染和在清洁的空气和水中生存的相应权利。卡辛认为，环境权具体应包括保证有足够的饮水、纯净的空气等，最终保证人类得以在这个星球上继续生存。

1970 年 3 月，国际社会科学评议会在东京召开了"公害问题国际座谈会"，会后发表的《东京宣言》明确提出："我们请求，把每个人享有其健康和福利等要素不受侵害的环境的权利和当代传给后代的遗产应是一种富有自然美的自然资源的权利，作为一种基本人权，在法律体系中确定下来"。从而更为明确地提出了环境权的要求。

1970 年 9 月，在新泻市召开了日本律师联合会第十三次拥护人权大会。会上，大阪律师协会的仁藤一、池尾隆良两位律师作了题为"公害对策基本法的争议点"的报告，首次提出了"环境权"的问题。他们说："我们在把公害问题作为今后的课题进行考虑时，如果仅仅局限于把直接损害人体健康的现象作为公害问题，并以此来思考对策的话，就不能使问题得到根本的解决。而必须从以下观点出发，即我们怎样做才能形成不受这种侵害的环境呢？侵害健康和舒适生活的主要是公害，而作为人，不管他是谁，怎样才能享受不受灾祸影响的环境呢？这就要求我们站在广泛保护人类环境的立场上来考虑这一问题。""因此，要想从对环境的破坏走向对环境的保护，我们就应该拥有支配环境、享受良好环境的权利。针对随意污染环境、妨害我们舒适的生活或想妨害我们生活的行为，以这一权利为根据，拥有请求排除妨害或预防妨害的权利。在今天，我们希望这一权利得到重新提倡，我们把这一权利叫做'环境权'。这种环境权的确立，将是今后公害法学要解决的重要课题之一。"报告人认为，支配环境的权能应属于居民共同拥有，谁都可以自由且平等地加以利用，环境权是以《宪法》第25条中生存权的规定为根据的基本人权之一，应把它作为人格权的一种来加以把握。

这一新的权利概念的提出，成了公众瞩目的焦点，引起了居民运动的负责人、法学界等各方面的极大反响，这是报告人意料不到的。此后在大阪律师联合会中由包括两位报告人在内的九个人组成了"环境权研究会"，并在日本律师联合会的委托下，进行了大量的联合研究。其研究成果以《对确立环境权的建议》为题发表于1971年5月的法律杂志《法官》上。这一"建议"参照了《人类环境宣言》《东京宣言》及京都府防止公害条例、东德宪法、瑞典环境保护法、美国国家环境政策法、东德国土整治法等国内外的先进范例，旨在从法律理论上构筑更为周密而严谨的环境权。即重新确认大气、水、土壤、日照、通风、景观、文化性遗产、社会性设施等环境要素，是和不动产的使用没有联系的，应属于人人平等分配，众人共同拥有的财产，建立"环境共有的法理"。这个建议发表后，在日本也引发了关于环境权的大辩论。[1]

在这些致力于环境法基本权利理论研究的先驱者的启发和带动下，国际法、宪法和环境法学界都开展了对环境权理论的研究。

（二）立法与司法实践

1. 国内立法及实践。在国内法中，越来越多的国家将环境保护的内容写进了宪法或组织法，有的国家明确地将公民环境权作为

---

[1] 参见［日］富井利安等：《环境法の新展开》，日本法律文化社1995年版，第54~60页。

了公民的一项基本权利。[1] 如《马里共和国宪法》（1992 年）第 15 条规定："每个人都有拥有一个健康的环境的权利。国家和全国人民有保护、保卫环境及提高生活质量的义务。"美国《伊利诺斯州宪法》第 11 条规定："每个人都享有对于有利健康的环境的权利，每个人都可以按照立法以法律规定了合理限制和管理的适当的法律程序对任何一方，不论其是政府还是个人，执行这项权利。"[2]

也有越来越多的国家制定了综合性的环境法律，其中在 20 世纪 90 年代制定或修改综合性环境法律的国家就有 70 多个。[3] 在这些环境基本法中，大都规定了环境权的内容。如美国《1969 年国家环境政策法》第 3 条规定："国会认为，每个人都应当享受健康的环境，同时每个人也有责任对维护和改善环境做出贡献。"日本《东京都公害防止条例》的序言也明确规定："所有市民都有过健康、安全以及舒适的生活的权利，这种权利不能因公害而滥受侵害。"

还有一些国家通过环境权立法赋予国民获得环境诉讼主体资格，建立了环境权诉讼程序，并开始了环境权司法审判实践。美国、日本、印度、菲律宾都有这方面成功的案例。[4]

2. 国际立法及实践。环境权为国际上所接受充分地表现在一

---

[1] 据蔡守秋教授统计，到 1995 年世界上约有 60 多个国家的宪法或组织法包括了保护环境的特定条款。虽然各个国家的宪法对环境权或修饰环境的形容词很多，如安全的、满意的、健康的、无污染的、生态平衡的、令人向往的、干净的、纯洁的、有生活价值的等，但多数国家已将环境保护规定为国家及国家机关的职责，或者个人、团体和组织的义务，有的宪法已明确承认国民享有满意的环境的权利。参见蔡守秋：《环境政策法律问题研究》，武汉大学出版社 1999 年版，第 105 页。

[2] Thomas J. Schoenbaum, *Environmental Policy Law*: *Cases*, *Readings and Text*, The Fundation Press, 1985, p. 231.

[3] 参见蔡守秋：《环境政策法律问题研究》，武汉大学出版社 1999 年版，第 106 页。

[4] 例如王曦：《美国环境法概论》、富井利安等：《环境法の新展开》、蔡守秋：《环境政策法律问题研究》等。

系列的国际环境法律文件中，最早是 1972 年的《人类环境宣言》，以后在各种有关国际环境保护的宣言中都反复重申了这一宣言的原则。如为纪念斯德哥尔摩人类环境会议 10 周年发表的《内罗毕宣言》《关于环境与发展的里约宣言》等。

　　环境权为基本人权的观点，为欧洲人权会议所接受。从 70 年代初，欧洲人权会议便组织了 80 人的专家委员会，致力于将"人类免受环境危害的在这个星球上继续生存下去的权利"作为新的人权原则进行国际法编纂。1971 年，欧洲人权会议将个人在洁净的空气中生存的权利作为一项主题进行了讨论，继而在 1973 年维也纳欧洲环境部长会议上制定了《欧洲自然资源人权草案》，肯定地将环境权作为新的人权并认为应将其作为《世界人权宣言》的补充。欧洲人权会议还为环境权的确立进行了广泛的工作，旨在引起全世界对环境权的重视，使其成为世界性的而不是为欧洲所特有的概念。[1]

二、为权利而斗争

　　公民环境权一开始就是作为基本人权提出来的，尽管该主张提出后，其所受到的重视程度前所未有，有关的理论与实践也十分活跃，但它所招致的批评也从来未曾平息。因为它所存在的缺陷是十分明显的，如它的概念模糊、主体不确定、范围不确定、无法具体化等。在立法实践中，也因为它多被作为一项新的权利得到初步承认，还不是自身可以执行的条款，因而被认为"承认此项宪法新权利能够得到实施之前有必要以立法贯彻之。"[2] 环境权的司法实践也是障碍重重。

---

〔1〕　参见吕忠梅："论公民环境权"，载《法学研究》1995 年第 6 期。

〔2〕　Thomas J. Schoenbaum, *Environmental Policy Law*: *Cases*, *Readings and Text*, The Fundation Press, 1985, p. 229.

(一) 批评者的意见

1. 环境权不是一项人权。人权是每个人由于其人的属性且人人都平等享有的权利，它以人类自然属性的要求为基础。[1] 但是，"人权涉及那些现在就必须实现的权利，而不是那种可能十分可爱但将来才能提供的东西"[2]。也有人认为，我们对于生存的那类要求应被"视为期望而不是权利"[3]。据此，环境权不能成为一项人权。所以有学者主张，保护环境的确需要法律依据，目前法律在这方面存在缺陷，但只要扩大传统的人格权和财产权的保护，以及更新侵权理论，就足以弥补传统法律的缺陷，不必要再确立一项概念模糊的环境权。也有学者建议从民法的角度构筑环境权，而不能将其作为一项人权。[4]

2. 环境权是其他人权的基础，不是一项独立的人权。有人认为：一切人权的享有与环境问题紧密相连。不仅生命权和健康权，而且政治权利和公民权利以及其他社会、经济和文化权利，都只能在健康的环境中充分地享有。当然，如果走到极端，环境受到的损害超出一定的严重程度，那么人们就根本不能享有这些权利。整个人类在这种情况下可能和其他包括人权在内的全部文明一起消灭。环境变得越糟，人权受到的损害越大，反之亦然。因此，环境问题与所有人权之间存在着不可否认的依赖性，它不能成为一项独立的

〔1〕 参见［英］R.J. 文森特著，凌迪等译：《人权与国际关系》，知识出版社1998年版，第13页。

〔2〕 ［英］R.J. 文森特著，凌迪等译：《人权与国际关系》，知识出版社1998年版，第13页。

〔3〕 ［英］R.J. 文森特著，凌迪等译：《人权与国际关系》，知识出版社1998年版，第13页。

〔4〕 参见［日］富井利安等：《环境法の新展开》，日本法律文化社1995年版，第54~60页。

人权。[1]

3. 环境权作为人权或宪法权利无法确定。"每一特定人权必须明确予以定义，尤其是在国家管辖范围内，更宜如此。"[2] 但是，目前无论是在国内法还是国际法上，对环境都无一个确切的法律定义，因而，无法确定环境权的定义，"未经确定准确的定义，而以法律或其他方式进行有效调控，如果不是不可能，也是难以想象的"[3]。

4. 环境权倾向于概念法学的思考模式，其排斥利益衡量的观点否定了灵活的解释方法，因而太生硬了。仅以破坏环境为由承认中止请求，在现行法的解释中也太勉强了，应以新的立法对它采取相应的措施。环境保护与产业开发具有同等重要的社会价值，对两者的调整性决定，不应通过司法判断得出，而应首先通过立法和行政的判断，即国家和地方公共团体通过民主的途径进行政策性判断得出。[4]

5. 环境权是由于国家环境行政而产生的一种"反射性利益"，它不具有法律上权利的属性，不能成为一项法律权利。[5]

（二）肯定者的观点

在环境权的"肯定说"中，学者们对环境权的性质也存在不同认识，主要有四种学说：

---

〔1〕　参见［斯里兰卡］C. G. 威拉曼特里编，张新宝等译：《人权与科学技术发展》，知识出版社 1997 年版，第 230 页。

〔2〕　［斯里兰卡］C. G. 威拉曼特里编，张新宝等译：《人权与科学技术发展》，知识出版社 1997 年版，第 232 页。

〔3〕　［斯里兰卡］C. G. 威拉曼特里编，张新宝等译：《人权与科学技术发展》，知识出版社 1997 年版，第 232 页。

〔4〕　参见［日］富井利安等：《环境法の新展开》，日本法律文化社 1995 年版，第 54~60 页。

〔5〕　参见［日］富井利安等：《环境法の新展开》，日本法律文化社 1995 年版，第 54~60 页。

1. 人权说。即认为公民环境权是一项人权，或是人权的一个组成部分。如日本学者松本昌悦认为：《人类环境宣言》把环境权作为基本人权规定下来，环境权是一项新的人权，是继法国《人权宣言》、苏联宪法、《世界人权宣言》之后人权历史发展的第四个里程碑。[1]

2. 人格权说。由于环境权的主体是公民，而公民的环境权益包括了人身权益，又由于侵犯环境权的后果往往表现为对公民身体健康的损害，因此，有人认为环境权是人格权。在日本的一些判例中就将侵犯环境权的行为视为侵犯人格权，如 1970 年大阪国际机场公害案和 1980 年的伊达火力发电厂案的判决。[2]

3. 财产权说。此说认为环境权是一种财产权，如美国密执安大学教授萨克斯认为：空气、阳光、水、野生动植物等环境要素是全体公民的共有财产；公民为了管理他们的共有财产而将其委托给政府，政府与公民便建立起委托人和受托人的关系。政府作为受托人有责任为全体人民，包括当代美国人及其子孙后代管理好这些财产，未经委托人许可，政府不得自行处理这些财产。[3]

4. 人类权说。此说认为，环境权是指人类作为一个整体或地球上的所有居民共同享有的权利。[4]。

三、公民环境权的含义

关于公民环境权的各种学说和实践，都处于发展过程中，在这种情况下，无论是赞同还是批评，对它的发展都是有益的，因此对

---

〔1〕 参见叶明照："自然保护中的公民环境权"，载《中国自然保护立法基本问题》，中国环境科学出版社 1982 年版，第 40 页。

〔2〕 参见上海社会科学院法学所编译：《国外法学知识译丛》，知识出版社 1981 年版，第 317 页。

〔3〕 参见［日］野村好弘著，康树华译：《日本公害法概论》，中国环境管理、经济与法学学会 1982 年版，第 293 页。

〔4〕 参见张文显：《法学基本范畴研究》，中国政法大学出版社 1993 年版，第 103 页

它们不存在孰是孰非的评论。关键在于对它有一个全面而客观的认识，并且这种认识必须建立在现代法制的观念之上。

（一）公民环境权是法律上的权利

在传统行政法上，以法的宗旨或目的为依据，区分法律保护的利益和反射性利益，并以此作为判断国民是否有排除违法行政请求权的根据。[1] 凡属法律上所规定的私人公权——法律上承认权利主体在公法关系中能够直接为自己主张一定利益的地位——是一种权利，并且是法律上的权利。而当为保护和增进公益而进行的法律规制或行政执行，在事实上给特定的或不特定的私人带来一定的利益时，这种利益就是反射利益或事实上的利益，反射利益不是法律上的利益。反射利益与法律利益是被严格区别开的。

传统学说认为，当法律为私人特别规定保护其一定利益时，该利益称为"法律保护的利益"，该利益由于行政权的违法作为或不作为遭受损害时，当事人享有排除行政违法行为的权利（法律上的利益），可以向法院提起诉讼，要求排除违法行为（违法排除请求权），或者要求合法行使行政权（行政介入请求权）。相反，法律完全是为了公共利益的实现，而不是以保护个人利益为目的时，因为基于这种法律的行政活动一般都是为了公共利益而实施的，所以，依法实施的结果，即使给国民带来利益，那也不是国民的权利，而仅仅是行政公益活动的结果，是反射性利益。换言之，反射利益是为了实现行政目的而采取的命令、限制、禁止等的结果，国民所享受的事实上的利益，是法的反射性效果，而不是法对特定的个人予以保护的权利，故不能成为法的救济对象。所以，即使这些反射性利益受到侵害，也不能说国民有请求救济的法的权能。

概而言之，行政法规所保护的利益属于直接的私人利益时，便存在私人公权；当行政法规所保护的利益是不特定的多数人（一般

---

[1]　参见杨建顺：《日本行政法通论》，中国法制出版社 1998 年版，第 198~200 页。

社会）的利益时，作为保护这种利益的结果而间接地给有关人员带来利益时，可以认为只有反射性利益的存在。环境管理是国家为保护环境而设置的一项行政权，环境保护是行政机关为保护环境这种公共利益而实施的行政活动，所带给国民的利益就是一种事实上的利益，或反射利益，它不能成为一项法律上的权利，由于环境的污染和破坏而给国民带来不利时，也不能构成所谓的"权利侵害"，不能由国民行使违法排除请求权或行政介入请求权。

反射性利益与法律上保护的法律利益的区分，是根据对法的宗旨的解释来决定的，法律的解释方法不同导致了国民权利范围的不同。这种拘泥于一种传统的法律解释方法而推导出来的结论对于环境保护的不利影响是显而易见的，按照这种理论，没有任何国民个人可以对污染和破坏环境的行为向行政机关主张权利。我以为，这种理论难以成立：

1. 关于法律上的利益和反射性利益的二分论，是以公共利益和私人利益的二元论为前提的，并且将个人利益与公共利益置于完全对立和不能相容的状态。而现代国家中的所谓公共利益，最终不过是私人利益的集合而已，因而，私人利益与公共利益的区分在原理上是难以成立的。所以，法律上的利益与反射利益的二分论在理论上难以维持。

2. 要判断是法律利益还是反射性利益，要依赖于对实定法规宗旨的解释。可是，法律法规各种各样，复杂而繁多，其制定的背景和条件又各不相同，将法律规定的方法及宗旨看做是一成不变的，并不一定能够得出准确的结论。并且，依法律宗旨来对法律进行解释也仅仅是法律解释方法之一，以此作为否认环境权存在的理由至少是不充分的。

3. 现代社会，社会化大生产的发展和国家行政管理职能的扩展使政治国家与市民社会的沟通与融合日益加强，而社会公共利益与个人利益关系的变化导致了法律功能的社会化、法律利益的公共化，环境法从一开始就是为保护环境这一公共利益的目标而设立的新型制度构架，它是公法私法化和私法公法化的结果，是突破传统概念法学的产物。如果将环境法的理论置入传统行政法的窠臼，结果只能是与环境法的宗旨背道而驰，造成环境法不能保护国民的环境权益的结果。

4. 从现代法治国家的基本特征来看，各国均以宪法的形式来表明对国民的基本人权和法主体性的尊重，赋予国民以不因公权力的行使而受到侵害的"总括性自由"，以这种广泛的自由权为前提，对于国民因行政权的违法活动而受到的不利侵害，作为实体法上的权利，是应该而且可以加以承认并给予保护的。

5. 按照权利法定原则，为了确保国民在健康的环境中的生存，保障社会经济发展的基本物质条件，将环境权设定为一项权利也是可能的。事实上，作为生物生存的人类，没有清洁的水、大气、土壤等环境利益就无法生存下去，人类享受的这些环境利益，也不是单纯的事实上的利益或反射性利益，而就是法律上的利益本身。

（二）环境权是一项基本人权

关于环境权成立的各种学说都揭示出了环境权的某个或某些性质特征，包含着对环境权的属性认识。但是人格权说与财产权说均只反映了环境权某一方面的功能特征而失之片面，人类权说则因为难以具体化为公民权利而失之笼统，至于财产权兼具人格权或人格权兼具财产权说则本身并没有确定环境权的性质。因此，环境权应该是公民的一项基本权利，是现代法治国家公民的人权。

人权法上关于人权的基本意义，可以概括为几个方面：[1] 首先，人权是人人都享有的权利，即人权的主体不只是这个或那个社会成员，而是人类社会的成员。其次，人权的客体也像那些一般权

---

[1] 参见［英］R. J. 文森特著，凌迪等译:《人权与国际关系》，知识出版社1998年版，第13页。

利一样具有重要意义，它作为一种绝对权利，其客体一般也具有最重要的意义，在发生利益冲突时，人权优于其他权利。再次，人权的实施范围可能比公民权利更受限制，它必须是法律所明文规定的权利。然后，与人权相关联的义务具有强势与弱势两种，强势人权要求制约的是所有其他人，弱势人权要求制约的是人类的某个具体的组成部分。最后，人权的正当性的表现为国内法以及区域性国际法和全球性国际法，从根本上看，人权来自于通过理性分析认为应该坚持的原则，即"天赋人权"。

根据人权的一般属性，我以为，环境权是既合乎理性分析又为立法实践所承认的一项人权。

1. 环境权作为一项人权已为一系列国内和国际法文件所肯定。环境权"是一项所谓的第三代权利或相关权利。它既可以在许多国家的包括宪法在内的国内立法和其他法令中找到，也可以在宣言性及有约束力的国际文件中找到"[1]。例如，《非洲宪章》宣称："各民族有权享有有利于其发展的普遍良好的环境。"[2] 而在《斯德哥尔摩人类环境宣言》中，第一条原则即为："人类有权在一种具有尊严和健康的环境中，享有自由、平等和充足的生活条件的基本权利，并且负有保护和改善这一代和将来世世代代的环境的庄严责任。"[3] 同时，它还出现在世界环境和发展委员会的报告[4]中，该报告建议，作为环境保护和可持续发展的一项法律原则，所有人有权享有适于其健康和幸福的环境。[5] 还值得注意的是，尽管目

---

〔1〕 [斯里兰卡] C. G. 威拉曼特里编，张新宝等译：《人权与科学技术发展》，知识出版社 1997 年版，第 230 页。

〔2〕 《非洲宪章》第 24 条。

〔3〕 《人类环境宣言》第一条原则。

〔4〕 此报告即《我们的共同未来》。

〔5〕 参见世界环境与发展委员会主编，王之佳、柯金良等译：《我们的共同未来》，吉林人民出版社 1997 年版，附录 1。

前环境权在国际人权法上还未准确提出，但作为一项正在形成中的权利，在关于人权的两个国际公约和《世界人权宣言》中可以找到此项权利的要素。[1]

2. 环境权作为一项基本人权，是由生存权发展而来的一项新型权利。环境是公民作为生物个体生存的基本物质条件和空间场所的提供者，是人类生存的必要条件，保护环境的目的在于保证人类的生存繁衍，因此，环境权的最低限度不是单纯的医学上划分疾病与健康的标准。环境权不是公民个人对其择住环境的占有、使用、处分权，因而不是财产权；环境权也不是要求他人不直接侵害公民生命健康的权利，因而它也不是人格权。环境权始终以环境作为权利媒体，要求实现人类价值观的彻底转换，是建立在人与自然和谐共处、相互尊重的基础上的新型权利。

3. 公民环境权具有人权的本质属性，这些属性可归纳为：

第一，整体性与个体性的统一。确立和实现环境权是为了达到保护人类生存环境的目的，正因为环境是每个人生存必不可少的物质条件，而环境污染和破坏正威胁着这种物质条件，才产生了当代人和后代人对环境权的要求；环境污染和破坏的后果将影响这一代人和后代人的生存质量，环境权保护的结果表现为环境质量的改善和人与自然关系的协调，即通常所称的产生环境效益，环境效益也是这一代人和后代人可以共享的。任何人在当今社会都不可能脱离环境条件独善其身，也不可能以任何方式独占环境利益。因此，环境权具有强烈的整体性，是通过个人权利形式体现的真正公共权利或"人类权利"。但环境权的整体性中又包含着个体性，其核心是人的生存与发展，是人成为人或继续作为人生存与发展的权利，这

---

[1] 例如，《世界人权宣言》第3条（生命权）；第22条（经济、社会及文化权利）；第22条（适于健康及幸福的生活标准）等。该权利的其他要素在《经济、社会和文化权利国际公约》第12条被提及。

是人的首要权利，是每个人都应平等享有的权利，这一权利不能受到限制或剥夺，剥夺了公民的环境权，就等于剥夺了人的生存条件。虽然其他权利可能因种种原因而丧失，如财产权可能因处分而转移，公民的政治权利可能因受刑事处罚而被剥夺，但公民的环境权则是与生俱来、不可剥夺的。正是由于这种整体性与个体性的统一，使得环境权的行使，既可以是集体行为，也可以是个人行为。而对这一权利的救济，既需要采取公法手段，也需要采取私法手段。

第二，长远利益和眼前利益的统一。环境权所包含的利益是多重的，其实现的目的是为了当代人和后代人的持续生存和发展，同时也是为了每个人更好地生存，因而环境权所体现的是整体利益、长远利益和个人利益、眼前利益的结合。环境权的这种属性，要求现代社会中的人作为人必须与自然建立和谐、尊重的关系，必须克服利己主义倾向，改变功利主义的环境观，"我们在决定在世界各地的行动的时候，必须更加审慎地考虑它们对环境产生的后果。由于无知或不关心，我们可能给我们的生活和幸福所依靠的地球环境造成巨大的无法挽回的损害。反之，有了比较充分的知识采取比较明智的行动，我们就可能使我们自己和我们的后代在一个比较符合需要和希望的环境中过着较好的生活"[1]。正是因为环境权的这种利益多重性使它具有比其他法律权利更高的价值取向和人性标准，才产生了环境保护立法中的环境权保护的法律手段多样性、法律责任多元性的特征，前者如综合运用行政法、民法、刑法、诉讼法手段保护环境；后者如法律责任的加重，归责原则的客观化和责任追究的程序简化，等等。

第三，权利与义务的对应性。任何权利都是或应当是与义务相互依存的，而且权利的实现往往是以义务的履行为条件的。环境权

---

[1] 《人类环境宣言》序言六。

也不例外，在环境保护中，任何人都是权利主体，同时也是义务主体，不容许存在无义务的权利，也不容许存在无权利的义务。因此，每个公民的环境权是平等的，每个人在享受环境权的时候，都必须尊重和维护别人的权利。环境保护又是与科学技术发展紧密联系的，公民环境权利与义务的确定，都必须具有环境科学依据和符合生态规律，因此，环境权的权利与义务统一性使得环境法整体具有强烈的科学技术性。这种科学技术性表现为环境法律规范中的技术规范占有很大比重，环境保护制度的建立莫不与技术规范直接联系。[1]

第四，权利实现方式的多元性。环境问题的特点是污染和破坏容易，治理与恢复困难，有些环境污染与破坏如矿藏资源枯竭、物种灭绝都是不可逆转的，因此环境保护重在预防，防止危害环境的后果产生。与之相适应，环境权的保护也是如此，应将重点放在事前的预防上，仅此而言，环境权的实现方式必须体现"预防为主"的指导思想，这就要求环境立法除了通过加重法律责任、扩大环境诉讼的范围等消极措施保护环境权外，还要以广泛赋予公民参与环境管理的权利的积极方式，调动广大公民的环境保护积极性、主动性和创造性，积极促进环境权的实现。[2]

通过对环境权性质的分析，不难发现，环境权的人权属性是环境保护立法特殊性的根源。环境权的整体性与个体性的统一决定了环境法调整对象的广泛性和环境法立法宗旨的公益性。环境权的长远利益与眼前利益的统一决定了环境法律手段的综合性和法律责任的多元性；环境权的权利与义务的对应性决定了环境法律规范的科学性和生态性；环境权实现方式的多元性则决定了环境法制系统的

〔1〕 参见唐大为："试论公民的环境权利"，载国家环境保护局宣教司编：《环境理论实践》，中国环境科学出版社1993年版，第315页。
〔2〕 参见吕忠梅："论公民环境权"，载《法学研究》1995年第6期。

开放性。

（一）环境权是独立的人权

关于环境权是否为独立的人权的争论，来源于一个不争的事实：人类"以各种各样的方式及在前所未有的规模上已经获得了改变其环境的力量。人的环境的两方面，自然的和人为的，对其幸福和基本人权——乃至他本身的生命权是必不可少的"[1]。从某种程度上说，有良好的生存环境是人类享有一切人权的基础，环境权与一切人权都有关系，但环境权与国家主权、发展权、自然资源的永久主权、生存权、生命健康权等相关权具有更为密切的联系，[2] 因此环境权可以包含在其他人权之中，似乎没有必要成为一项专门的人权。

我以为，以此作为否认环境权成为一项独立的权利的理由也是不能成立的。

1. 环境权是以环境危机为背景而产生和发展起来的一项权利，它源于人类对于自己与环境关系的重新认识。"人作为动物已经过分成功了，……人类以其数量上和技能上的加速增长，威胁着他的环境并因此（如人口生态学的法则所要求的）威胁着他自己作为生物物种的将来。"[3] 环境权所产生的时代和所要解决的问题都是特定的，它不同于一般的公民权利产生于人类对自由的愿望，也不同于社会与经济权利产生于人类对物质生活目标的追求，而是产生于

---

[1] W. J. M. 麦肯兹：《政治学中的生物思想》，企鹅丛书1978年版，第16~17页。转引自［斯里兰卡］C. G. 威拉曼特里编，张新宝等译：《人权与科学技术发展》，知识出版社1997年版，第230页。

[2] 参见蔡守秋：《环境政策法律问题研究》，武汉大学出版社1999年版，第116~117页。

[3] W. J. M. 麦肯兹：《政治学中的生物思想》，企鹅丛书1978年版，第30~31页。转引自［斯里兰卡］C. G. 威拉曼特里编，张新宝等译：《人权与科学技术发展》，知识出版社1997年版，第228页。

人类在环境危机面前对于自身及未来的生存发展的忧虑。

2. 环境权既是其他人权的基础，更是对其他人权的控制。这一特性表明环境权不可能也不应该纳入其他人权的范畴。环境问题涉及到人类生存和发展的基本条件，作为生物的人离不开自然的环境条件，没有健康的环境就谈不上人类的生存，更谈不上享有人权，因而，环境权应该成为其他人权的基础。但是，要使人类在健康良好的环境下生存，就必须遵循生态规律，控制人类一切不利于环境的活动和行为，包括人权行为。有学者深刻地指出：环境权"本质上是一种与其他权利相冲突的权利，在一定意义上，它实际上起着控制其他权利的途径的作用。在某种程度上，它确定了对所有其他人权的功能上的限制，特别是当对环境作广义的定义时，情况更如上所述"[1]。因为根据环境权的观念，如果人的任何活动损害环境超过一定限度，都被视为一项产生消极后果的活动，并应被禁止或改变，直到它停止产生该损害结果。简言之，环境权要求以环境的不受损害为基本标准，这一标准不仅是其他权利所没有的，而且是对其他权利的限制，就此而言，环境权也是不可能被包含在其他权利以内的。

3. 已有的某些人权不能成为阻碍新的人权产生的理由。从世界人权法的发展与实践来看，人权原则和具体权利都经历了一个由理论到实践的发展过程。在 19 世纪的个人主义、自由主义和消极法治主义的观念下，为保护个人的自由、平等而建立的以个人为本位的法律理论强调公民和政治权利高于一切，资产阶级革命无不高举自由、平等的旗帜，强调它们是"天赋人权"，因而，公民和政治权利成为了最早写进人权宪章的内容。随着社会的进步和发展，市民社会与政治国家对立的日益尖锐和市场万能神话的破灭，20

---

[1]　［斯里兰卡］C. G. 威拉曼特里编，张新宝等译：《人权与科学技术发展》，知识出版社 1997 年版，第 233 页。

世纪兴起了法团主义、国家干预主义和积极法治的观念。在这种观念下，为保护社会公共利益、社会公平而建立了以社会利益为本位的法律理论，强调社会进步是个人利益的保障，国家责任在于维护社会的发展，西方国家对市场机制的变革又莫不以发展和建立广泛的社会福利为目标；而在发展中国家，贫穷、饥饿、疾病始终是伴随左右的影子，生存与发展更是他们的第一需要，在他们的市场机制并不完善、自然资源的潜在比较优势无法发挥的情况下，国家或政府也担当着重要的责任，此时，才产生了关于社会、经济、文化的人权理论和人权文件。今天，人类面临的是一个生态主义、可持续发展和以环境资源为基础的发展的时代，保护环境成为 21 世纪人类文化和法制系统发展和变化的主流，产生新的人权理论和规则的各种条件已经具备，如果以现有权利来限制环境权的产生更是与历史规律相悖的。在此，有必要强调《联合国发展权宣言》中的声明："对于公民的政治、经济、社会和文化等权利的实施、促进和保护，应一视同仁地重视和紧急考虑。因而，增进、尊重和享受某些人权和基本自由不能成为剥夺其他人权和基本自由的理由。"[1]

（二）环境权是确定的权利

对环境权的另一重要批评是它的不确定性。此种批评认为环境权概念模糊，内容不能确定，也无法得到保障，而确定一个无法得到保障的权利是没有意义的。这种批评对于环境权的完善有积极作用，它使我们更清醒地看到了发展的方向。环境权作为一项发展中的权利，的确存在一些问题，但我以为这些问题将会在今后理论研究的深入和实践的发展中逐步得到解决，不完善并不当然意味着它不能存在。其实，环境权作为一项权利，其基本元素是具备了的。

---

〔1〕《联合国发展权宣言》序言，联合国大会决议 41/128 号（附件）。

在法理学上，权利包含五种主要成分：[1] 权利拥有者（权利的主体）可以根据某些具体原则理由（权利的正当性），通过发表声明、提出要求、享有或强制性实施等手段（权利的实施），向某些个人或团体（相关义务的承担者）要求某种事物（权利的客体）。环境权是具备了这些基本成分的：

1. 环境权的主体包括当代人和后代人。因为地球并不是祖先留给我们的，它属于我们的后代，环境权应由当代人和后代人共同享有。它既是一项个人权利又是一项具体权利。

2. 环境权的对象是人类环境整体。它既包括天然的环境要素和人为环境，还包括各环境要素所构成的环境系统的功能和效应，如生态效益、环境的优美舒适等。它的客体则是各种有关环境的权利，这一权利具有概括性，可以通过列举而具体化。如在美国的一些州宪法中将环境权作了具体的规定，包括清洁空气权、清洁水权、免受过度噪声干扰权、风景权、环境美学权等；在日本的一些判例中列举的环境权包括清洁空气权、清洁水权、风景权、宁静权、眺望权、通风权、日照权等。

3. 环境权的实施方式也是多样化的。在连接主体与客体的活动中，环境权体现出丰富性，其中最主要的形式为：承认公民对环境的使用、主张国家对环境的保护、请求司法保护、参与环境管理等。

4. 环境权是权利与义务的统一。保护环境是每个公民的权利，也同时是每个公民的义务，在享有环境权利的同时承担保护环境的义务是现代权利观的基本要求。

5. 环境权的正当性来自于环境保护是人类生存和发展的需要。

---

[1] 参见［美］W. N. 霍菲尔德：《基本法律概念》，耶鲁大学出版社 1919 年版。转引自［英］R. J. 文森特著，凌迪等译：《人权与国际关系》，知识出版社 1998 年版，第 13 页。

公民在健康优美的环境中生存的权利，实为公民与生俱来的应有权利。[1] 环境问题的产生及其恶化，使公民产生了保护环境的权利要求，生态学和环境科学的发展更使国家具备了保护这一权利的物质手段。因此，国家应及时将这一应有权利奉为法律权利。而在现代社会权利法定原则下，环境权的法律化是使环境权利得到保障的前提条件，也是国家担当环境管理职责的法律依据。

环境权正是这样的为环境保护所需要，而传统法学理论与制度又未加以规定的一项应有权利。我将这一权利定义为：公民享有的在不被污染和破坏的环境中生存及利用环境资源的权利。

当然，在肯定环境权的确定性的同时，我丝毫也不想隐瞒它的不足与缺陷，这些问题的确值得重视并且期望尽快得到解决。这些问题应包括：(1) 有关环境权的权利定位，即它既是个人权利又是集体权利，作为个人权利它如何能够具体化，表明"个人怎样对国家坚持该权利，并且因此怎样能满意地将其作为一项人权而进行归类[2]"。作为集体权利应该如何使得当代人与后代人的主体地位得到明确。(2) 在环境权与其他人权相冲突的情况下，应如何建立一个联系和平衡的机制，使其与"第一代""第二代"权利之间形成系统效应。(3) 如何设计环境权的表达方式，由此可以清楚地看到权利的各项子权利或对个人和集体的赋予方式，以便于实践中的解释、适用并因此而强制实施。(4) 环境权定义的基础在于对环境的定义，如何将环境科学的定义法律化，并在现行的以生态规则作为

---

[1] 应有权利是权利的初始形态，它是特定社会的人们基于一定的社会物质生活条件和文化传统而产生出来的权利需要和权利要求，是主体认为或被承认应当享有的权利。在此特指环境权为狭义的应有权利，即应当有，而且能够有，但还没有法律化的权利，参见张文显：《法学基本范畴研究》，中国政法大学出版社1993年版，第106页。

[2] 维德 B. 乌卡索维克："人权与环境问题"，载［斯里兰卡］C. G. 威拉曼特里编，张新宝等译：《人权与科学技术发展》，知识出版社1999年版，第231页。

传统法律定义和规则的补充的情况下，寻求最佳的定义方法等。

第二节 公民环境权的内容

根据环境权理论及有关国家的环境立法实践，公民在环境法上的权利义务是公民环境权的主要内容，这些内容既是环境权的各项子权利或派生权，又是环境权得以实施的保障。[1] 实际上，环境权与其他人权一样，是一个由多项子权利组成的内容丰富的权利系统。从理论上讲，环境权至少应包括如下内容：

一、环境使用权

环境权的核心在于保障人类现在和将来世世代代对环境的使用，以获得满足人类生存需要和经济社会发展的必要条件。因此，环境权首先要肯定其主体对环境的使用权，事实上，各国环境立法的实践也都立足于对环境使用权的规定而展开。将环境使用权确定为一项权利，才可以使义务主体承担义务，也才可以使权利主体的权利滥用受到限制，因为，在法律上没有无限制的权利。一方面，对环境使用权的确立意味着为人类使用环境的合法性提供依据，有对环境的使用就有污染物的排放和对自然环境的改变，只有在环境使用权的基础上才能成立环境标准、环境许可、环境开发的各种制度，也才有以环境容量为核心的"环境使用权交易"制度的形成。另一方面，对环境使用权的确立意味着国家及与权利主体相对应的个人和团体所必需承担的义务的确定，国民的环境使用权在受到不

---

[1] 由于环境权正处于发展过程中，各种有关立法形式多样且不完备，各项子权利及其相互之间的关系也有待于进一步研究，在此我仅仅是根据理论与实践对环境权作一般性概括。关于环境权立法的多样性，参见蔡守秋：《环境政策法律问题研究》，武汉大学出版社1999年版，第108~111页。

法侵害时，法律将为其提供强制性保障，从而为国民向国家、向他人主张环境权奠定了基础。

现有的各国环境立法中关于日照权、眺望权、景观权、宁静权、嫌烟权、亲水权、清洁水权、清洁空气权、公园利用权、历史性环境权、享有自然权等都是关于环境使用权的规定。在美国、日本、印度、菲律宾、哥斯达黎加等国也都有保护环境使用权的司法实践。学者们也对这些使用权进行了分类，日本的中山教授提出用"环境的共同使用权"来概括这一权利，并将它定义为"是一种具有其他多数人可以进行同一种使用和可以共存的内容，因共存的方式不同，各个人可以使用特定环境的权利"。并将它又具体区分为"生活环境使用权""自然公物使用权""特定自然环境使用权"三类。另有学者从环境利益的保护角度出发，将日照权、眺望权、嫌烟权等生活环境中与我们的生活密切相关的、私权性质较强的权利称为环境私权；而将清洁水权、清洁空气权、享有自然权、历史性环境权等"公共性""公益性"较高、支配"公共的空间意识"较强、公权性质较强的权利，称为环境公权。[1] 实际上，这里的"私权"与"公权"与传统法律上的公权和私权又是完全不同的两个概念。

各种分类的目的，都在于解决环境权的实施问题。事实上，环境使用权由于环境的公共性特征而使得它们往往具有多重结构，不管水质环境、大气环境等的公共性、公益性多么强，用它作为全盘否定其私益性、私权性也是不正确的。因为公益性是由无数个私人利益的集合、累加而成的，离开了它们，公共性、公益性就成了无内容、无意义的东西。因而，对于环境使用权始终存在是否提供私

---

〔1〕 参见［日］富井利安等：《环境法の新展开》，日本法律文化社 1995 年版，第54~66页。

法救济的问题，也就是学者们讨论得最多的环境权能否私权化的问题[1]。

二、知情权

知情权又称信息权，是国民对本国乃至世界的环境状况、国家的环境管理状况以及自身的环境状况等有关信息获得的权利。这一权利既是国民参与国家环境管理的前提，又是环境保护的必要民主程序。"人们有权知道环境的真实状态"[2] 这一权利在立法中也得到了明确的承认，如乌克兰共和国《自然环境保护法》第9条规定："公民有权依法定程序获得关于自然环境状况及其对居民健康的影响等方面的确实可靠的全部信息"[3]。泰国的《环境质量法》也作了大致相同的规定。知情权在环境法的一些基本制度如环境影响评价、环境使用权交易、环境标准等多项制度中也有所反映。[4]

知情权主要是由法定程序加以保障的一项权利。有关获得环境信息的程序立法在此就尤为重要，国民如何获得信息？获得何种信息？对于获得的信息的反馈有无途径？等等。从另一方面看，知情权是对政府环境行政机关权力的限制，它要求环境行政机关负有披露信息的义务，对于不履行职责者，将产生法律后果，在此意义上，知情权又是监督权的一种表现。

现行立法除了少数国家对知情权有比较明确的程序性规定以外，专门对其程序进行规定的较为少见。我想这可能与知情权中所包含的应该知道的必须是具体的信息有关。从国家权力设置的角度，也有对环境管理行政机关发布信息的规定，但在本质上与规定

---

[1]　对此问题，我认为有必要专门讨论，所以在本节以后有展开的论述。

[2]　世界环境与发展委员会著，王之佳、柯金良等译：《我们共同的未来》，吉林人民出版社1997年版，第330页。

[3]　转引自蔡守秋：《环境政策法律问题研究》，武汉大学出版社1999年版，第110页。

[4]　或者可以说在国家环境管理的所有制度中都有关于知情权的内容，因为国家管理的制度与程序都必须依照法治原则予以公开，必须保证相对人获得必要的环境信息。

国民的知情权还是有立法思想上的差别的。[1] 从国家权力的角度立法与从国民权利角度的立法所反映的是法律本位的不同，也反映出国家对国民在环境保护中的地位认识的不同。

三、参与权

参与权至关重要，"人们通过参加决策、制定政策即控制各种活动包括本文讨论过的领域中的那些活动在内，自觉和民主地投入致力于发展的努力"[2]，是保护人权免受一切政策制定的偏向消极影响的方法之一。不同形式的参与、自我管理体系、公民投票、特别议会委员会、公众意见、大众传播、专业联合会、生态的和平主义者及其他运动、消费者联合会以及其他非正式的团体和个人是仅有的一些使决策过程尽可能公开和民主以及为个人或团体自我认识、国家和社会之间的健康联系创造有益框架的可能途径。[3] 各国在立法上对国民的参与权规定得较为充分。具体包括：

（一）参与国家环境管理的预测和决策过程

公民有权参与国家国民经济和社会发展计划以及各种环境规划的制定，参与环境管理机关的管理活动。在国家环境管理中，公民有参与管理的权利。从国家环境管理的意义上，公民的参与仅仅是通过选举、讨论和批评等方式进行。而这里，公民作为环境权的享有者，则是自始至终参与到国家环境管理的预测和决策过程中去，享有比行政法上更广泛的权利。如《罗马尼亚环境保护法》规定：

---

[1] 即使这些规定也多集中于具体环境管理制度之中，如普遍的规定较多的环境影响评价制度。在中国，则是从国家环境管理权的角度来对环境信息的统计和公布制度加以规定的，并未在法律上明确规定国民的知情权。这种以环境管理机构或国家权力为出发点的立法模式仍反映出长期以来中国的国家本位立法思想，我以为这种思想不符合环境法这种社会立法的性质，应该坚决予以改正。

[2] 联合国《联合国与人权》，纽约1984年版，第232页。

[3] 参见［斯里兰卡］C. G. 威拉曼特里编，张新宝等译：《人权与科学技术发展》，知识出版社1997年版，第242页。

罗马尼亚环境保护全国理事会作为全面的协调机构，其组成为：
"学者、研究工作者、实施技术计划的工程师、专业干部、医生、
从事与环境保护问题有关工作的专家和各种工程师、某些部及其他
中央机构的代表、罗马尼亚社会主义共和国科学院的代表、研究单
位的代表以及某些环境保护地区组织的成员"。《苏俄自然保护法》
规定："保护自然是全民的事业，各种社会组织（工会的、青年的、
学术的等）和自愿协会应当参加，并要吸收工厂、集体农庄社员和
知识分子及广大群众参加。"德国《污染控制法》规定：制定法令
和一般行政法规，"每次都应选出一个由科学组织、受影响的各方、
有关的工业、有关的运输系统和州的负责污染控制的最高机关的代
表们所组成的小组，并向其听取意见"。英国《城镇规划法》规
定：各郡在制订发展规划时，应将此规划公布周知，对此有异议的
公民可向环境部大臣反映，而环境部大臣在收到这种意见后，应派
人召开"公众审查规划会"，一切感兴趣的人均可参加。

（二）参与开发利用的环境管理过程以及环境保护制度实施过程

英国《城镇规划法》规定：在为每一个"发展"颁发许可证
以前，应进行公证登记的申请，在环境部大臣作出批准决定时，需
召开"公开的地方调查会"，有不同意见的人可以参加并发表意见，
然后由环境部大臣决定是否予以批准。1973 年，有 21% 的许可证
申请因此而被决定不予批准。美国《清洁水法》规定：公民有权参
加提出修改、实施局长或任何州根据本法制定的标准、计划与规
划，局长及该州应为其创造条件并予以鼓励。公民参加这种管理的
方式主要是通过各种"听证会"。同时，还规定局长在公布某一种
建议的排放标准时，应有 60 天时间，让公众对此写出书面评论。
该法也规定了所有请求颁发许可证的申请和所签发的许可证的副本
应向公众提供，公众可复制部分或全部内容。英国、西德也有类似
的规定。

（三）参与环境科学技术的研究、示范和推广等

美国《1969 年国家环境政策法》第 2 条规定："最充分地利用公共或私人机构和组织以及个人提供的服务、设施和资料（包括统计资料）……"；还规定："向各州、县、市、机关团体和个人提供关于恢复、保持和改善环境质量有用的建议和情报"。《日本公害对策法》规定："居民应努力以一切适当方式协助国家和地方政府实行公害防治措施。"公民还可以参与环境保护科学技术的开发研究、环境保护产品的开发研究示范和推广等。

（四）组成环境保护的团体，参与环境保护的宣传教育和实施公益性环境保护行为

各种环境保护的团体和组织是公民参与的重要形式，各国法律都给予了这些团体和组织一定的法律地位，赋予其特殊的法律主体资格，积极鼓励它们广泛参与环境保护的各项活动，这一权利是与公民的自由权紧密结合的。

（五）参与环境纠纷的调解

在设有调解程序的国家中，公民有权参与污染纠纷的调解工作。《南朝鲜环境保护法》第 54 条规定，为调解环境污染引起的纠纷，在中央和地方设立环境纠纷调解委员会，其组成人员由保健社会部长官从下列各项所列代表公益的和具有工业或公共保健知识的专家中等额任命或聘请："（1）代表公益的法律界人士、舆论界人士和有关官员；（2）具有工业或公共保健知识的环境专家、医务界人士、商业界和工业界人士以及农业和水产业人士。"[1]

1990 年，美国通过了《行政纠纷处理法》和《协商立法法》，对有关的非诉讼方式解决争议的程序进行了规定。

参与权是联系集体环境权与个人环境权的纽带，实际上是通过国家立法建立一种沟通和协调不同利益集团的利益的谈判机制和协

---

[1]《南朝鲜环境保护施行令》第 43 条。

调机制。国民参与权的确立，一方面使各种利益集团能够充分表达其不同的利益诉求，建立各种利益平衡、寻求利益共存或利益妥协的方式和途径，以减少因环境保护的巨大利益冲突引发的社会矛盾，使环境法律制度得到顺利实施；另一方面则是作为行政管理民主化的一项重要内容，建立了公众监督机制，防止因行政机关的违法或不当行为而引起环境污染和破坏，防止因行政主体的权力竞争而导致公共利益受到损害。[1] 它是国际社会的所有环境保护文件都十分重视的一项权利。

四、请求权

环境权中所包含的请求权，是公民的环境权益受到侵害以后向有关部门请求保护的权利。它既包括对国家环境行政机关的主张权利，又包括向司法机关要求保护的权利，具体为对行政行为的司法

---

[1] 这种情形是经常可能发生的，公共权力设置过程中每一个公共权力机构的权力都同样与利益有关，而在将同一类权力分散于多个公共权力机构时，极易造成机构之间的竞争，竞争的负面效应则会鼓励各部门利用一切可能的机会去追求短期效益，各机构因沉溺于权力的病态竞争，无法实现其权力的真正目的，从而导致效率低下或不计效率，使公共权力变成否定性的负质游戏，造成公众的悲剧。（李启家：《部分国家水环境管理体制考察》）由于环境资源的价值多元性，开发利用环境资源的目标也是多元的，因而针对环境资源这一对象设置多个公共权力机构是经常的，任何国家都还没有可以将环境资源管理的所有方面囊括至一个公共权力机构的做法，正因为如此，防止公共权力机构为自身利益而忽视公共利益的制约机制就更为重要。我以为规定公民的参与权是建立真正的制约机制的良好方式。在中国，恰恰是从国家本位、部门本位的角度立法，忽视对公民参与权的规定，忽视对环境行政管理机关的监督，才致使环境法中的许多法律实施的结果与立法目的背道而驰，如《中华人民共和国土地管理法》明确规定以"十分珍惜、合理利用土地"为目的，该法为此专门设置了土地管理局，土地管理局本应以节约使用土地为目标，但因为各种原因最终结果是土地管理局为保证地方经济发展，以转让和出让土地所获得的目前经济效益为目标；我国的许多法律实施的结果莫不如此：《水污染防治法》颁布实施十年，是淮河污染最为严重的十年，"九龙治水"的结果是谁也没有真正治水。对此我们应该从立法指导思想和机制设计等根本方面解决问题，而不是淮河污染了便可以制定一个专门的污染防治条例，通过特别立法程序建立临时机构来解决问题，这仍然是"头痛医头，脚痛医脚"的思维方式。

审查、行政复议和国家赔偿的请求权，对他人侵犯公民环境权的损害赔偿请求权和停止不法侵害的请求权等。

英国在很多法律中规定了对行政行为的请求权，如《污染控制法》规定：如果水管理局无理拒发许可证或在许可证中加上无理的限制条件，或水管理局无理终止、中止已颁发的许可证，有关人员可向环境部大臣提出申诉。

除申诉权外，美国还规定了公民有权在法院对行政机关提出诉讼，从而建立了对环境行政行为的司法审查制度。《清洁水法》规定：任何公民可代表自己对美国政府、政府其他机构或环保局提起诉讼，指控他们违反了本法规定的排放标准，或局长、州长有关这些标准的命令，或环保局长未能履行本法规定的职责。

在一些开始了环境权司法实践的国家，则通过赋予公民民事请求权，使其获得提起环境权民事诉讼的主体资格，并使环境权得到切实的保护。但目前各国在立法上对于直接在环境权意义上赋予公民以请求权多持谨慎态度，环境权理论也因此遭到了很多批评。[1]

请求权的意义在于使环境权成了一项可以通过司法程序或准司法程序进行救济的权利，它将环境权的实施落到了实处，也是环境利益而不是反射性利益可以成为法律权利的实证。但在各国的法律中，对此权利的承认还存在一定的程度差别。

第三节 公民环境权的私权化

一、私权化的意义

目前，环境权作为一种新的一般性权利还处于形成过程中的第一阶段，即在政治、社会、道德方面逐渐为国民熟知，并深入到人

---

[1] 关于环境权能否直接赋予请求权的问题，笔者将在环境权的私权化一节中专门讨论。

们的法律意识中去的阶段。顺应这一时代潮流，多数学说认为作为基本人权的环境权在宪法上已有充分的根据。但是，各种学说都认为宪法上的环境权不能直接适用于私人问题，而停留在把它作为促进环境权成为私法上的权利成立的一种功能。

在法学界，关于环境权是否应该确立或能否确立的争论始终存在，各国有关环境权的立法实践也可看出其与一般权利立法的显著区别。关于环境权的立法并不像一般权利立法那样围绕权利的行使与保护展开，而是表现为一种对环境管理的参与权和损害赔偿权，且其间并无直接联系。所以，批评者们认为环境权的范围和环境权主体的范围不明确，仅将权利的重点放在人类行为产生的环境效果上，缺乏权利要件与结果上的联系。[1] 因此，在肯定环境权是一项基本人权的前提下，学者们也提出了不同的看法。有的学者提出，环境权不能作为一种具体权利，它只能作为立法指导思想和审判的原则。也有的学者提出，环境权作为自由权的一种，可直接适用于公共权力的行使所造成的环境破坏。还有的学者提出，环境权还应包括可直接适用于国民要求国家或地方政府作出积极的环境保护行为。[2] 根据这些学说环境权都不能成为一项私权，它只能作为一种立法原则，要求国家和地方政府最大限度地保护环境，却不能以此为依据，提起民事诉讼，对侵害环境权的行为提出损害赔偿或排除妨碍、消除危险的请求。若如此，设立环境权与保障公民的环境权益的意义便消失殆尽，仍然无法解决公民在传统民法原则下不得对与己无关的财产主张权利的问题，公民的环境权益损害仍然无法得到救济。因此，确立公民环境权的直接意义其实在于突破传统民法的原则，确立新的有利于环境保护和人类生存发展所必需的权利规则。直言之，只有在将环境权确立为一项宪法权利的同时，

---

[1] 参见 [日] 富井利安等：《环境法の新展开》，日本法律文化社 1995 年版，第 58 页。
[2] 参见 [日] 富井利安等：《环境法の新展开》，日本法律文化社 1995 年版，第 60 页。

肯定它的私权性质，使其能够得到民法和民事诉讼程序的保护，才能起到保护环境的作用。

　　环境权的核心是法律所保护的公民因对环境资源的利用所取得的物质上和精神上的利益，在一定意义上可以说，环境权是以环境资源的物质性为基础的，环境权关系是以环境资源为媒介而产生的一种法律关系。那么，环境权的属性也就建立在环境资源的物质属性这一基础之上：首先，环境资源所强调的是它的资源属性，我们就必须考虑资源的稀缺性和价值的多元性，传统民法对以土地为资源基本形式的环境资源在没有环境保护考虑的情况下已经设置了基本的法律制度框架——土地所有权制度，确认了土地资源及其附属的空间、植被和生长于其间的动物的经济价值，并围绕所有权的移转和保护建立了债权制度和侵权行为制度。现在，环境法所要求的是对环境资源的生态价值的肯定，实际上是对环境资源的经济价值与环境价值的重新定位，在这两个相互冲突的价值面前，法律所面临的任务是如何建立新的平衡，通过权利的重新配置解决由于价值冲突所造成的紧张局面。在人类当前的社会发展条件下，这种新的平衡必须是建立在已有平衡的基础上的，它不是也不可能是对已有秩序的彻底破坏。因此，环境权的建立必须是在已经形成的权利体系中增加一项新的权利，它所反映的是人类对于环境资源的生态价值的追求，它也要建立在已有权利的基础之上。由于传统的私法是已有的资源配置法律模式，所有权是这种模式的核心，经济价值是所有权追求的基本价值，那么，关于资源的环境价值考虑的环境权就必须通过对以所有权为核心的私法所体现的单一经济价值的限制，实现环境价值与经济价值的平衡，即它必须在私法领域有所作为。

　　另一方面，环境资源的价值多元性是十分丰富的，其非生态性价值的特性如舒适性、和谐性等也十分明显，这些也是环境法所必须考虑的价值。但它们不同于生态价值的是：它们更依赖于人的社会属性和文化判断，并与人类的主观感受相联系，这里的公共利益真正表现为个人利益的集合或公共利益要通过个人利益来体现。因此，对这类价值的保护，必须在法律上建立表达人类主观感受的通道，并提供相应的价值判断标准，然后通过标准的具体实施，保护环境的各种非生态性价值。从法律的意义上看，这种通道、标准和具体实施，也就是建立诉讼程序、赋予公民诉权和提供救济措施。此外，环境的生态价值对于人类身心健康的影响也是十分明显的。在此意义上，环境权为实现环境资源多元化价值，必须保护以个体利益的形式出现的对环境的精神性权利，承认公民的环境人格权，并将侵犯环境人格权的行为确认为一种专门的侵权行为，提供救济。可以说，环境权在此时才获得了真正的法律保障；而这种保障，也只有环境权的私权化才能实现。

我认为，公民环境权的私权化是其本质属性所决定的，一方面它直接进入私法系统，通过限制传统民法上的绝对所有权，实现法律的价值平衡；另一方面，它要通过特别法的形式，确立对环境权的不法侵害标准和救济措施，实现对环境权的实体保护，实现环境权的多元价值。事实上，公民环境权的确立与传统民法的拓展直接相关，仅此而言，既不能否认环境权的私权性质，也不能将其混同为一般的民事权利。

二、现代民法发展与环境权的私法化

传统民事权利制度缺陷，使得环境权不可能在原有的制度框架内得以发展，而环境权的人权属性又要求对其提供私法保障措施。[1] 这是环境权成为一项新的、具体的私法权利的理由。私法的发展过程实质上是权利不断创新的过程。随着社会的进步，重视人的尊严的法思想给予现代法很大影响，此外，由于"个人本位"

---

[1] 事实上，运用私法手段保障人权的问题并非环境权所独有，如民法对人格权的保护，就是典型的从抽象的人权建立起来的具体的私权。

向"社会本位"的转变,"公平"的观念也逐渐为私法领域所接受,并被认为是财产法的一项原则,[1] 具有社会公益性的私权不断出现,所以立法承认公民环境权为一项独立的私权已为必然。

现代民法的发展表明:私法公法化和私法社会化已成为不可阻挡的潮流,人们所认为的"以个人主义为取向的""忽视社会的、共同的或集体的福利"的传统法律正在发生变化,虽然私法并非解决社会福利问题的主要法律领域,但"在深思侵权法规定赔偿和防止侵害方面的不足时,我们含蓄地承认了对社会福利的关心,并明确地认识到普通法领域的这些局限"。并且,"法律和我们的某些原则中的新近发展包括了对社会福利的更显著的承认。因此,主要的普通法领域认为我们的原则忽视社会福利的说法是不真实的,它们确实承认社会福利的价值"[2]。正是这一发展为公民环境权成为新型的独立的私权创造了契机。[3]

(一) 物权的社会化,使所有权从绝对走向相对

传统民法奉行所有权绝对、契约自由和过失责任为内容的私法自治原则,1804 年的《法国民法典》以自然法思想为指导,将所有权绝对自由作为其首要原则加以确认,其绝对性主要体现在以下方面:[4]

——承认所有权是所有人享有对物的绝对无限制的占有、使用和滥用的权利,所有人不负任何义务。

——所有权是全面的、完整的权利,所有权权能的分离只是暂时的,分离出去的权能最终都要恢复到所有权中来,使所有权恢复

---

〔1〕 参见〔美〕迈克尔·D. 贝勒斯著,张文显等译:《法律的原则——一个规范的分析》,中国大百科全书出版社 1996 年版,第 92 页。

〔2〕 参见〔美〕迈克尔·D. 贝勒斯著,张文显等译:《法律的原则——一个规范的分析》,中国大百科全书出版社 1996 年版,第 424~426 页。

〔3〕 参见侯玲玲:"试论公民环境权",载《江汉论坛》1999 年增刊。

〔4〕 参见王利明:《民法新论(下)》,中国政法大学出版社 1988 年版,第 32 页。

其圆满状态。

——物权是一种抽象的支配的权利，而不是利用物的权利，利用物只是支配物权的作用。所有人享有自由支配权，在所有权之上形成的他物权也只是所有权全面支配权所作用的结果，是支配权的表现，所以，一物之上只有一个所有权，即"一物一权"。

——所有权是法律上的支配权，而占有是事实上的支配，并没有形成权利。

——在多个所有权共有一物时，各共有人对共有物的权利及于对共有物的量的分割部分。

然而到19世纪末，法团主义的社会本位观取代了自由主义的个人权利本位观，民法开始呈现社会化趋势。德国学者耶林提出了"社会性的所有权"的主张，他指出："法律家及外行人均会认为，所有权的本质及所有权者对于物之无限制的支配力，若对之加以限制，则会与所有权的本质无法两立。所有人不仅是为自己的利益，同时还适合社会的利益，行使权利方能达成所有权之本分，乃根本错误的观念。唯有在这种范围内，社会对于个人不予干预。若对于广阔的原野因所有人之怠慢不予开垦地把它放置，能够结谷的场所让之生产茂密的杂草，或为享乐而用之为狩猎之地时，社会对此怎能安闲视之。因此，可耕作使用而不为耕作时，社会须使更有益于土地之利用者来代替之。所有权，它的理念与社会之理想冲突时，到底还是不能够让它存在的。"[1] 这里对于绝对所有权加以限制的思想已非常明确，现代民法对传统民法的多次修订正是基于对个人本位与社会本位的折中，力求实现个人利益与社会公益的平衡的结果。私法的这种变化则恰恰为具有社会性的环境权的产生提供了理论基础。

1. 对所有权的直接限制。这种限制表现在法律调整上，不再

---

[1] 转引自刘得宽：《民法诸问题与新展望》，台湾三民书局1980年版，第60页。

仅仅是民法典及单行民事法规等私法规范涉及所有权的内容，而是在宪法及行政法等公法的规范中也直接对所有权的限制作出规定：如日本宪法规定对所有权可由法律进行限制，所有权伴有义务、所有权的行使须符合公共利益等；在民法上也以财产利用为中心替代了以财产所有为中心的立法指导思想，确认土地所有权不及于与权利人毫无利益的高度和深度，确认了不动产租赁权的物权化。

表现在规范类型上，普遍设置了所有权的义务性规范，立法加强了各类义务规定以限制所有权的行使，如容忍他人合法侵害的义务，不违反社会公共利益和他人权益的不作为义务以及某些作为义务等。

表现在限制的范围上，是对所有权主体、客体、内容、目的等全方位限制。

表现在利益保护上，为了国家利益、社会利益、第三人利益而限制所有权。所有权只有在法定范围内才可以存在。

以上表现已充分显示出现代立法不再将所有权视为个人绝对意志自由的领域。传统民法向现代民法的发展是有利于社会整体利益的，当然也是符合环境保护的要求的，环境权的私法化现象正是在这样的情况下开始出现的。

2. 对所有权的间接限制。对所有权的间接限制集中表现为他物权优位化。传统民法中的他物权本身是对所有权限制的体现。但在传统民法中，他物权始终是作为所有权的附属性权利而存在，立法及其保护的重点在于保障所有人的占有和处分权，将物的利用或收益权能放在次要的地位，在所有权与利用权的关系上强调所有权优位，法律偏重于所有人利益。20世纪以来，生产的社会化所要求的资源配置的社会化要求强化物的利用功能，在法律上为促进物的充分利用必须将立法重心转移到利用和收益权能。在保证所有人的所有权不受侵犯这一基本原则下，为平衡资源的私人占有和资源配置的社会化之间的关系，他物权制度得到了长足的发展，他物权对所有权的限制也日益加强，他物权的利益更受到法律的重视，出现了他物权优位与所有权虚化的倾向，物权法也由"所有为中心"转变为"以利用为中心"。这种以利用为中心的民法新观念也为环境权在民法上的构筑提供了理论基础。

（二）禁止权利滥用原则的复兴

"禁止权利滥用"是一项古老的法律原则，它所包含的"不以损害他人财产之方式使用你自己的财产""不允许没有补偿的损害行为"等对于环境保护都是十分有利的。但是这些体现古代道德的衡平法原则在资本主义的发展过程中被抛弃，取而代之的是体现功利主义思想的"效用比较"原则。[1]

所谓效用比较是一种判断或衡量价值的方法，它要求将污染者可能带来污染的生产活动的社会经济效用或价值同污染受害者（包括社会）所受损害的社会效用或价值作比较。如果比较的结果表明带来污染的生产活动的社会经济效用超过了受害者的受损害的社会效用，那么，该生产活动就被看做合理的和合法的行为，不得为法律所禁止和取缔。"公害责任要成立，被告的行为应该是不合理的。在某些情况下，即使被告人的行为是故意的，但如果符合其他更重要的利益，而且行为是合理的，那么，公害责任将不成立。比如，化工厂排出废气，影响了当地居民的健康，如果这个化工厂是本地经济的主要支柱，而且工厂对废气进行了合理的处理，如降低废气的污染程度等，那么，该厂就不能被下令停止生产。"[2] 这一原则实际上就是允许生产企业把工业污染转嫁给社会。它为各工业化国家牺牲环境以发展经济提供了法理上的支持。这种典型的功利主义

---

〔1〕　参见王曦：《美国环境法概论》，武汉大学出版社1992年版，第84~85页。

〔2〕　李亚虹：《美国侵权法》，法律出版社1999年版，第155页。

的法律观是排他的、为市场经济的外部不经济性进行辩护的理论。[1] 随着环境问题的日益严重，人们开始意识到要消除环境危机就必须解决外部不经济性问题，改变现代工业把损害环境资源所造成的沉重负担转嫁给社会的状况，使污染者对自己所造成的损害负责，为此，必须改变"效用比较原则"。

人们发现，古代的一些基本法律原则，是可以适应当代社会对付环境危机需要的原则。"同 19 世纪的冷酷态度相比，这个古老的习惯法原则（即权利不得滥用——作者注）显得高尚和人道。效用比较原则……允许工业利用者将其污染代价外部化。这种法律原则对活跃的财产利用者开发能够防止这种副作用的技术提供不了任何经济刺激。……它是一种不顾公众的愿望、迫使公众投资于工业发展的不正当方法。"[2]

在这种情况下，一项重要的民事原则——禁止权利滥用又回到了其应有的位置。"一切有权利的人都容易滥用权利，这是万古不易的一条经验。"[3] 因为任何权利的规定，只在原则上确定了一种规范，而不是具体规定权利主体如何行使权利以实现权利的内容，这就为权利人滥用权利留下了空隙，所以滥用权利的现象也就成为必然，在个人主义思潮之下，权利绝对自由行使，法律不得加以干涉。直到 19 世纪末，法律中心观念由个人移向社会，其最终目的是在保护个人自由与权利的同时兼顾整个社会的发展与人类生存。1900 年《德国民法典》第 226 条规定权利行使不得以损害他人为

---

〔1〕 这种观点不仅在美国大量的法院判决中有各种表现形式，而且在不少的法律经济学著作中有透彻的阐述，法律经济学在运用经济学上的成本—效益理论对环境污染进行分析时，所信奉的也不外是经济效益高于一切的观念。

〔2〕 Daniel R. Coquillitte, "Mosses from an Old Manse: Another Look at Some Historic Property Cases about the Environment", 64 *Cornell L. Rev.* 761, 792 (1979). 转引自王曦：《美国环境法概论》，武汉大学出版社 1992 年版，第 118~119 页。

〔3〕 ［法］孟德斯鸠著，张雁深译：《论法的精神》，商务印书馆 1995 年版，第 104 页。

目的，就是禁止权利滥用在社会化思潮下对所有权加以限制的一种表现。权利滥用的构成要件之一，是必须有正当权利的存在。如果不存在正当权利，而加害于他人，属于侵权行为。环境损害大多是基于正当权利的行使，如对自己的所有权、利用权的行使等。禁止权利滥用原则为公民环境权的保护开辟了一条新的道路。

（三）现代民法发展在环境法上的表现

1. 确认某些原来作为无主物的环境要素的所有权。许多国家在环境法中宣布水资源、物种资源、风景资源等为全民所有或国家所有。如巴西宣布森林及林地是全体公民的共有财产。

2. 规定某些利用环境要素的行为构成权利滥用及其他民事侵权行为。例如，《巴西森林法》规定："凡在使用和采伐森林时，违反本法规定及不履行义务的，按滥用所有权论处"。英国环境法规定法定妨扰为民事不法行为。

3. 规定环境民事侵权行为的共同侵害责任不以共同故意为必要条件。如卢森堡环境法规定，夜间在两排房屋之间的通道上发动汽车是民事侵权行为；只要排放的污染物对他人造成了损害，则排污者应共同承担赔偿责任。《日本公害健康被害补偿法》也规定，每一个排放二氧化硫者，都应对二氧化硫所造成的人身伤害承担责任。

4. 规定对环境污染损害赔偿民事责任适用"无过错责任"、公平责任以及与之相适应的因果关系推定、举证责任倒置、诉讼时效延长等制度。

5. 规定了较一般民法更为严格的保护方法，如惩罚性损害赔偿以及按天计罚、按件计罚等。

6. 对所有权的内容、范围、客体种类加以限制，扩大公民请求权的范围等。

第四节 公民环境权私权化的基本制度

传统民法在向现代民法发展的过程中，适应环境保护以及维护社会公共利益的要求开始了对绝对所有权的限制，这对于环境保护而言是有利的。但是，仍然不能解决公民个人对环境权利的主张，即成为诉讼主体、得到司法救济的问题。至此，公民的环境权实现仍有法律上的障碍，还需确立新的法律规范对环境污染和破坏行为人与受害人之间的关系进行调整，只有这样，公民的环境权益才能切实得到保障。这些新的法律制度便是环境保护相邻权、环境人格权和环境侵权行为及其救济制度的确立。

一、环境保护相邻权

（一）环境保护相邻权的含义

传统民法上的相邻关系，是指两个或两个以上相毗邻的不动产所有人或使用人因对各自所有或占有的不动产行使权利而发生的权利义务关系。相邻关系从权利角度而言，即为相邻权，是相邻不动产所有人之间在一方所有人的自由支配力与他方所有人的自由排他力相互冲突时，为谋求共同利益，调和冲突而依法直接确认的权利的总称。相邻权的实质是所有权的限制或扩大。相邻权的规定最早可上溯到《汉谟拉比法典》和《十二铜表法》，现代各国民法典对相邻关系均作了具体规定，主要包括相邻截水、排水、通行、通风、采光等方面的关系。相邻方在行使权利时影响他方利益并造成财产或人身损害的，他方有权要求损害赔偿。

在传统民法的基础上逐步形成的环境保护相邻关系，与传统民法上的相邻关系有密切的联系，但又不止于以不动产的相互毗邻为前提。在现代各国民法中，相邻权制度也向着有利于环境保护的方向发展，如德国建立了以"不可称量物侵害"为中心的相邻权制度，法国有"近邻妨害"的救济制度，英美法系也有"妨扰"制度。环境保护相邻权是作为环境权的直接体现而存在的，它较之于传统民法的相邻权有了重大差别。

环境保护相邻权是指基于环境保护的客观要求而发生的一定范围内的相邻关系，是环境法律关系主体具体享受的权利和承担的相应义务。环境保护相邻权有如下特点：

1. 传统的相邻权是以不动产的相互毗邻为前提而存在的。环境保护相邻权则主要是环境法律关系主体基于环境的生物性、地理上的整体性、生态的连锁性和环境影响的广泛性而发生的更大范围的"相邻"。

2. 较之于传统的相邻权，环境保护相邻权的内容更为广泛。传统民法上的相邻防污、防险关系，指的是一次污染（或直接污染）或直接危险；而环境保护相邻防污、防险关系还包括有间接污染（二次污染或复合污染）及间接危险。

3. 环境保护相邻关系是客观的，但又有主观随机性。各环境法主体在地理位置上不直接毗邻，却可能通过某种环境因素（如空气、河流）而形成空间的相邻。但若某一主体不发生某种污染或不在某一地理位置上发生污染行为，他与该地理位置周围就不可能产生相邻环境保护关系。

4. 环境污染因子的变化隐蔽而持久，加之人们的认识水平的局限性，环境保护相邻关系在事前不易确定。但环境保护相邻关系的存在是基于环境污染和破坏对当事人的环境权可能造成的侵害，这种受害人及侵害人之间极有可能构成相邻关系。否则，环境保护相邻权也就失去了存在的意义。

民法上或环境法上规定环境保护相邻权的作用是多方面的，它可以通过处于环境保护相邻关系的主体间的互相制约来防治环境污染和破坏，减少环境纠纷，和睦相处；同时也有利于充分合理地利用自然环境。更为重要的是，它在环境致害人与被害人之间建立了一种法律上的联系，使他们之间的事实关系能够形成为法律关系，受到法律的调整和保护。

（二）环境保护相邻权对主体的限制

相邻权的实质是对所有权人或占有人的行为提供便利或接受限制。从义务的角度而言，环境保护相邻关系的限制主要体现在两个方面：

1. 应有的注意义务。所谓应有的注意义务，是指环境保护相邻关系的主体有义务采取一切应有的措施，以防止域外环境污染侵害其他相邻权的主体，以及在发生污染时采取必要的规避措施，清除、治理污染，以减小损害。应有的注意义务是环境保护相邻关系中的主体基于相邻权的要求而存在的一种严格义务。这一概念起源于 1872 年著名的阿拿巴马案件，是国际习惯法中关于国家责任原则的基本组成部分。日本最早将这一概念引入了国内环境司法实践，首先是将"应有的注意义务"用于解决致污者的主观过错状态难以确定的问题，以便于适用过错推定原则。后来，日本的公害法理论和实践向着无过错责任原则发展，应有的注意义务便成为追究责任的前提。日本的环境立法也体现了这一理论，如《日本民法》第 717 条规定的设备责任，《国家赔偿法》第 2 条所规定的建筑物责任以及环境影响评价责任等。在英国的判例法实践中，虽然没有应有的注意义务的概念，但却有确认雇主"违反法定义务"的责任的理论和实践。

在法律上严格规定应有的注意义务，为无过错责任原则的确立提供了理论依据，客观上有利于污染的预防、控制和治理。但是，应有的注意义务在法律上必须是明确的和有具体限制的，如法律规定的环境影响评价义务、选址义务、环境管理义务、环境污染事故的应急义务等。否则，空洞的漫无边际的注意义务是无法履行的。

2. 权利滥用的禁止。所谓权利滥用的禁止是指处于环境保护相邻关系中的一方主体行使自己的权利，超出应有的注意义务所要求的范围，从而侵害另一主体的环境权益的行为。权利滥用作为一种侵权行为，是为法律所禁止的，这就是我们指的权利滥用的禁止，它与应有的注意义务是一个问题的两个方面。

环境法上权利滥用的禁止与传统民法上的这一理论有联系又有区别，从主体、内容、范围以及认定要件方面都体现了环境法的特点。

禁止滥用权利在国际法上得到了承认。在国际江河流域环境保护法中，国家应有的注意义务是衡量是否滥用权利的标准。在国内环境法的理论与实践中，日本较早地运用了禁止滥用权利的理论，日本的信玄公旗挂松案件以及世田谷区砧町日照案件[1]的审理和判决，都运用了这一理论。

但是，通常所指的"滥用权利"都局限于引起法律责任的滥用权利，即狭义的滥用权利。而环境法上处理环境保护相邻关系的滥用权利概念应该而且必须是广义的，即只要违背了应有的注意义务而侵犯处于环境相邻关系的另一方主体的环境权益，就可认为是滥用权利。

（三）环境保护相邻权对主体权利的扩大

环境保护相邻权的设定，从权利角度来看，是对相邻关系主体权利的扩大，这种扩大的权利以法律规定为范围，一般来说，环境保护相邻权在法律上体现为请求环境污染损害赔偿权、停止请求权和环境保护自卫权。

1. 请求环境污染损害赔偿权。环境保护相邻关系一方权利滥用行为，是违背应有的注意义务的不法行为。这一行为一旦超出一定限度，就会导致环境污染损害，对此，相邻关系的另一主体有权请求环境污染损害赔偿。

---

[1]　参见［日］野村好弘著，康树华译：《日本公害法概论》，中国环境管理、经济与法学学会1982年版，第26页、第314页。

关于环境污染损害赔偿的理论，我们将在以后详述，此不赘述。这里着重讨论引起环境侵权损害赔偿的侵权损害的"度"的问题。

在日本，有学者提出了"忍受限度"理论，即以为社会观念所承认的受污（害）者的忍受限度作为引起或发生侵权行为的标准。这一理论在战后的日本公害判例中提出并迅速发展，以解决为保护环境权这一基本人权而推定行为不法性问题。现代日本在处理环境纠纷中以忍受限度论为基本依据，主张在社会生活中，环境侵害只要超过了忍受限度，无论加害者是否设置了相当的设备、履行了应有的注意义务，都认为行为人负有环境侵权损害赔偿责任。

环境民事侵权损害赔偿责任在各国都适用无过错责任原则，但判定当事人行为违法性的标准却难以确定。过去，人们常以是否达到污染物排放标准作为是否合法的依据，但是排放标准在很多情况下并不能正确反映污染的实际情况及受害人的权利损害，常常发生即使遵守了污染物排放标准也会造成环境污染和破坏，造成对处于环境保护相邻关系中其他主体环境权益的侵害的情况，如二次污染，长期达标排放的污染物的积累、生物富集，以及排放标准本身的调整不及时和方法的欠妥当，等等。一旦发生这种合乎标准的污染而侵害了其他主体的环境权益，是否构成违法行为及应追究怎样的法律责任？按照传统的民法理论，这种"合法"行为是应受到保护的，但保护这种"合法"行为显然又与环境保护法的宗旨相违背。这时，如果运用"忍受限度"的理论，这种问题便迎刃而解了。这种"合法"行为因其违法的行为后果而实际上构成了不法行为。根据无过错责任原则（或公平责任原则），应承担环境侵权损害赔偿责任。

现在的问题是，决定无过错责任的忍受限度应如何确定呢？忍受限度作为一个抽象的概念，似乎令人难以琢磨。事实并非如此，忍受限度是基于环境效益、经济效益和社会效益的统一，由客观情况所决定的。对忍受限度的判断，必须综合考虑一系列的实际情况，如加害和受害双方的实际情况、被侵害的利益性质及受害程度、社会影响、侵权行为发生地或受害地的区域特点、可能采取的防止或减轻损害的措施、土地利用的先后及守法与否等。一般所指的忍受限度是以常人所能忍受的限度为准。在综合平衡的过程中，既要重视保护环境权的重要性，也要重视现有的经济技术水平以及经济发展的需要。因此，忍受限度不是绝对的，也是有区域性或国界的。当然，忍受限度也必须将是否遵守环境标准作为重要的因素。

运用忍受限度理论，可以较好地促进无过错责任的应用，在实际上也的确可以推动环境保护，改变目前环境法实践中仍以污染物排放标准作为确认行为是否合法的标准的现状，但同时又对审判人员、执法人员提出了很高的专业素质要求。从健全环境法制的角度看，我们应该借鉴这一理论，但必须慎重。

2. 停止请求权。环境保护相邻关系中的停止请求权，是指处于环境保护相邻关系中一方主体的行为或影响，超过或极有可能超过了社会观念所承认的其他主体的忍受程度时，其他主体有请求行为者停止污染侵害的权利。我们将其简称为停止请求权。

停止请求权源于传统民法上的请求权，即请求他人为一定行为或不为一定行为的法律可能性。但两者又有一定的区别。①传统民法上的请求权以保护民事权益为目的，包括物权和债权；环境法上的停止请求权则以保护相邻关系中的环境权益为目的。②民法上的请求权以民事权利为依据而发生；环境法上的停止请求权利则以环境权益为依据。③民法上的请求权以侵犯民事权利的违法行为发生为前提；环境法上的停止权以超过或可能超过忍受限度为前提，无论其行为是否合法。④民法上请求权的行使，不以持续的违法行为为构成要素；环境法上的停止请求权则以持续的超过或可能超过忍受限度的行为为构成要件。此外，两者的主体也不相同。

运用停止请求权必须正确处理发展经济与环境保护的关系，综合考虑某一行为的经济效益、环境效益和社会效益，防止顾此失彼。

从理论上讲，停止请求权作为一种预防性措施，行使得当对于保护环境是极为有利的。我国的环境保护法也规定了停止污染、停产治理、清除污染和消除危害等责任形式。但在我国环境法的实践中，却比较看重赔偿损失这种事后补救措施，法院甚至认为它没有权利要求排污者停止污染，这样的观念是不利于保护和改善环境的。

3. 环境保护自卫权。环境保护自卫权，是法律允许公民采取的一种自力救济方式。它是指在环境保护相邻关系中，污染者的污染行为超过被污染者的忍受限度，受污者行使了公力救济方式未能解决问题或来不及行使公力救济方式时，为了保护受法律保护的环境权益，受污者有权对污染者的人身和致污设备给予适度强制力以迫使其停止污染行为。法律规定环境保护自卫权的目的在于完善保护环境权益、防止污染、排除侵害的法律途径。

二、环境人格权

传统的人格权中与环境保护有关的是身心健康权。人格权理论及制度关于身心健康权的保护对于环境保护也是不足的：首先，身心健康权的保护以对人身权的直接侵害为构成要件，而环境污染和破坏行为在大多情况下不具备这一特征；其次衡量是否造成身心健康权侵害的标准是医学标准，尤其是对健康权的侵害是以产生疾病为承担责任的标准。而在环境保护中，造成疾病已为环境污染和破坏的最严重后果，环境法要以保证环境的清洁和优美、不对人体健康构成威胁作为立法目标，以环境质量作为承担责任的依据。

因此，构建在环境资源保护基础上的环境人格权是一项以传统民法的人格权为基础，但又有其特殊内容的新权利。

（一）环境人格权是以环境资源为媒介的人的身心健康权

环境资源是人类（包括每一个个体的人）作为生物体存在所必不可少的基本物质条件，迄今为止，尚未有以其他东西代替自然环境条件满足人类生存需要的任何消息。水、空气、森林、土壤等环境要素是人类生存须臾不能离开的、也是人类身心健康所必不可少的。但是，环境人格权不同于传统民法所规定的身心健康权的是：这种权利来自于人对整个环境资源要素的本能需要，来自于人类是自然界的一个组成部分、必须参与自然界的能量流动与物质循环这样一个事实。即这种身心健康权的利益基础是人的自然属性或生物属性，它是将人作为自然的一部分来定位的，而传统的身心健康权是以人的生理属性或人与自然的相互分离性来定位的。

（二）环境人格权是以环境资源的生态价值为基础的身心健康权

既然环境资源是人类的基本生存条件，人类身心健康的状况与环境资源的质量也就息息相关，有良好的环境资源状况就有良好的身心健康状况，各种环境污染和破坏最终造成的都是人的身体健康的损害，并且这种损害后果较之于一般疾病更为严重，许多都关乎人类的生存和发展，关乎后代人的健康。[1] 环境污染和破坏对于人体健康的侵害是一个渐进的、长期累积的过程，更是一个环境污染物质通过生态系统迁移转化的过程，如果将人类的生命健康界定为"疾病的临床状态"或传统医学标准，那么对于人类的生存和发展的保护将是没有意义的。因此，从环境保护和人类可持续发展的角度出发，必须本着"预防为主"的原则和"保障环境安全"的原则对生命健康重

---

[1] 可以从各种公害事件和大多数环境疾病所造成的影响得出此结论。公害受害者通常是成千上万人，实验室研究也已经证明人类目前所患癌症有近 2/3 是由于环境污染物质所引起，各种环境污染物质中除一部分有致癌性以外还有相当一部分具有致突变性和致畸性。

新界定,我以为这种界定应以环境资源的生态价值为基础、以环境质量标准为具体形式。即采取预先确定能够满足人类生命健康所需要的各种环境质量数值的方式,以某种污染物质进入环境后能否通过生态系统的物质循环和能量流动到达人体,并是否可能对人体健康造成影响为标准来判断,并以此建立新的"环境医学"[1]标准。

(三) 环境人格权是以环境资源的美学价值为基础的身心健康权

环境资源所具有的美学价值是不可否认的,当自然科学以技术手段把自然加以对象化时,文学、美学、艺术也面对着同一个自然,审美意识是受自然之力支配的,并不单纯是一种自我封闭的主观性表现,而是自然彰显自己美丽本性的一种形式。过去很长时间内,法律并不关心人的心理健康以及由此引起的精神性损害,所确立的人格权的内容仅限于名誉、精神损害等,也不涉及环境资源或人类生存的基本条件对人类心理健康的影响。[2] 随着环境问题的严重,环境破坏所引起的人类身体健康和心理健康的问题日益显露,许多环境污染和破坏导致环境的舒适性丧失,造成人的精神性紧张和长期心理压力,最后引发身体疾患;还有一些环境污染和破坏是直接损害环境的审美价值,使人类失去精神家园。为了保护人类正常的精神需

---

[1] 环境医学其实早在 20 世纪 70 年代国外就有人开始研究,世界卫生组织在这方面也做出了积极的贡献,它所颁布的许多"环境卫生标准"中就包含有不少预防性环境标准,只是这些标准在环境法尤其是在环境权的保护的运用中还存在一些问题。如日本的"忍受限度"理论一直存在争议也是因为如何确定"限度"问题,不少学者也提出运用环境卫生标准。台湾地区学者邱聪智也提出要通过建立科学标准的方法解决环境权的不确定性问题,却未明确何为"科学标准"。

[2] 如在美国侵权法中,认为精神损害的"标准的情形是目睹了事故发生或事故受害人的某些人(通常为亲属)受到伤害",并将精神损害确定为"是那些使人智力减退、心理失常的伤害",并且,这种伤害"应是可以确认的精神错乱,而不仅仅是精神痛苦"。参见[美]迈克尔·D. 贝勒斯著,张文显等译:《法律的原则——一个规范的分析》,中国大百科全书出版社 1996 年版,第 276 页。

求,[1]环境人格权就必须保护环境资源的美学价值。

(四)环境人格权是一项社会性私权

人格权理论及实践发展的过程,是人格权由抽象的人权到具体私权的过程,或者说经历了从公法权利到私法权利的演变和发展,环境人格权也不例外。由于环境的公共资源性质,对环境资源保护的利益及于当代人和后代人,是典型的公共利益或社会利益。但是,从公共利益是私人利益的集合的立场出发,保护个人利益实际上就是对公共利益的保护,反之亦然,"破坏环境就等于毁灭人类自己",因此,通过对个人利益的保护可以实现保护社会利益的目的。另一方面,"公地的悲剧"之所以产生,是因为在资源公有的情况下,"每个人都是万物之主,那么,实际上人们将陷于一无所有的境地。"[2]所以也必须通过法律解决权利主体真空问题,在社会公共利益的整体需要的范围内以权利法定的形式确立个人权利,使对社会利益的保护落到实处。

(五)环境人格权的保护主要是通过确定环境侵权行为及设立相应的救济措施

环境人格权的特殊性产生了环境法不同于传统民事侵权行为所规定的"侵权行为"的特点,所以在所有国家的环境法和民法中,环境侵害都是以特别法的形式出现的,它所设立的规则也明显不同于一般的侵权行为法规则。对此,将在下一部分详述。

---

[1] 这种需求也是人类作为生物所必不可少的生存条件,人类在一种没有植物、没有动物、充满了噪声和污浊的空气的环境中能够长期健康地生存,不堪设想。

[2] [美]迈克尔·D. 贝勒斯著,张文显等译:《法律的原则——一个规范的分析》,中国大百科全书出版社 1996 年版,第 90 页。

三、环境侵权行为及环境民事责任[1]

(一)环境侵害

确立环境侵权行为的概念,是追究行为人的法律责任或为受害人提供救济的前提条件。由于环境权关系是一种以环境为媒介而产生的社会关系,所以,环境侵权行为直接的表现形式是对环境的侵害,而后由于环境的生态作用而导致的人的权利侵害,[2]所以一般将环境侵权行为称为"环境侵害"。

环境侵害是一个从传统民法中的"妨害行为"(英美侵权法)、"干扰侵害"(德国民法)、"近邻妨害"(法国民法)等概念发展而来,后为各国所普遍接受为"公害"[3]的一个概念。实际上,学者们对于环境侵害的概念一直有不同看法,我也认为,"公害"的概念虽然能够反映环境污染和破坏所造成的公共利益损害的特点,但其不足也是明显的:其一,公害并非仅为环境法上的概念,只要是造成不特定的多数人受害的结果的侵害行为都可以称之为"公害",如产品质量公害、黄色公害、毒品公害等。其二,公害所指"相当范围"的受害,实际

---

[1] 由于目前各种环境法论著对这一问题都有过十分详细而充分的讨论,在此我不准备作过多或完整的讨论。而主要是从环境权的私权化角度说明它与前述制度的联系。

[2] 环境法律关系始终以环境为媒介而产生,这是环境法上的权利不同于其他法律权利的主要特征,也是环境权利保护不同于其他权利保护方法的重要理由。如环境污染的发生,污染者并不以特定的受害人为侵害对象,甚至并不以侵害他人为目的,而是将污染物质排放入环境之中,由于环境与人体的物质循环和能量流动关系,受污染者才摄入了污染物质,进而造成人体健康的受害;对于财产的损害也大致如此,由于自然环境的作用而致使损害的发生。所以,在美国侵权法中将环境权益直接定义为"受过失侵权制度保护的利益",它"不如受故意侵权制度保护的利益那样广泛,因为惩罚的目的不适用于过失造成的损害"。参见[美]迈克尔·D. 贝勒斯著,张文显等译:《法律的原则——一个规范的分析》,中国大百科全书出版社 1996 年版,第 275 页。

[3] "公害"的概念最早出现于日本,其《公害对策基本法》称公害"是指由于工业和人类其他活动所造成的相当范围的大气污染、水质污染、土壤污染、噪声、振动、地面下沉和恶臭气味,以致危害人体健康和生活环境的状况"。后来,这一概念基本上为各国所接受,如在美国有"公共公害"和"私人公害"的规定。

上是以个体利益形式表现出来的社会利益损害,"公害"并不能很好地反映个人权利遭受侵害的现实状况。基于此,我主张将环境侵权行为定义为"环境侵害"。

环境侵害是指由于人类活动所造成的环境污染和破坏,以至于危害居民的环境权益或危及人类生存和发展的环境侵权行为。它较传统侵权行为,具有如下特征:[1]

1.环境侵害是具有社会性的个人利益侵害。环境资源的公共性和对人类生存的不可替代性,使得环境侵害往往造成一定区域范围内或生态系统内的不特定的多数人或物的受害,甚至是包括后代人的受害。在一些环境污染和破坏事故或事件发生的时候,其影响涉及的人数众多、范围极广、延续时间长、危害后果极为严重。它是以个人利益遭受严重侵害的形式所表现出来的社会利益的损害。

2.环境侵害是对人类环境资源多元价值的侵害。传统侵权法所确定的侵害行为多注重对经济价值的考虑,将侵害视为一种债的产生方式或"负值交易关系",[2]所以侵害行为中"故意"行为占绝大多数,对其损害的救济方式主要是事后的损害赔偿。而环境侵害的确定是基于环境资源的多元价值保护,以及对环境资源的事前和事中保护的意义,所以,环境侵害中以"过失"行为为主,并且特别强调损害救济方式的预防功能,其救济方式更加注重环境侵害行为的停止请求或减少环境危害后果的发生。

3.环境侵害是一种复杂性侵害。传统侵权行为的加害主体、加害行为与损害的事实、损害程度和损害过程一般都比较明确,受害者对证据的把握不需要很强的专业知识,证明致害人的主观心理状态也相对容易,所以,传统法律规定了受害人的举证责任和对因果关系进行证明的

[1] 参见余跃军:"环境侵害民事救济制度研究",中南政法学院1999年硕士学位论文。
[2] 参见[美]迈克尔·D.贝勒斯著,张文显等译:《法律的原则——一个规范的分析》,中国大百科全书出版社1996年版,第246页。

义务。但在环境侵害中,加害主体、加害行为以及损害事实都因为环境的自然作用的过程而变得十分不易把握,并且环境侵害作为生产活动的副产品,与每一个具体生产过程的联系都比较密切,是否污染以及如何污染等都需要有相当的专业技术知识;多因一果、一因多果的情况时常发生,且并不表现为直接的联系性;环境侵害的后果并不在侵害发生的当时立即显现,而可能是长期累积性行为达到自然作用能力的极限或人体极限时才爆发的后果;在有些情况下,对于环境侵害已经发生的严重后果,即使是当代最先进的科学技术也无法作出全面、真实的解释,因果关系难以被充分认识。因此,受害者在很多时候既无法证明加害者的主观心理状态,也无法证明加害者所排放的确切污染物质,更无法证明因果关系,甚至在某些情况下对主体都无法确认。[1] 此时,如果在对环境侵害的救济过程中仍然强调受害者的举证责任,无异于剥夺受害者的胜诉权。针对环境侵害的这一特点,环境法上都对环境侵害规定了无过错责任和公平责任原则、举证责任的倒置和因果关系推定等特殊救济程序。

(二)环境民事责任

民事责任通常是指民事主体因不履行民事义务或实施侵权行为而应承担的民事法律后果。

根据民法理论,民事责任以民事义务的存在为前提,无义务即无责任,虽有义务的存在,若义务人正确地履行了义务,也不发生责任问题,只有在义务人违反义务时,才应承担责任。因此,民事责任实

---

[1] 诸多公害病诉讼、环境权纠纷诉讼都明显反映出这一特征。日本第一次水俣病诉讼发生时,根本无人知道造成这种神经性中毒疾患的原因,直到十几年后,才通过实验室证明水俣病是甲基汞中毒,而且造成中毒的原因是由于河川上游的金属冶炼厂所排放的元素汞经过藻类的生物作用甲基化,然后经藻类——虾类——鱼类——人体的生物富集作用而形成。美国的A & T诉讼中受害的母亲根本不可能证明 20 年前,她所服用的是哪一家制药厂生产的产品,所以才有了按照国家药品管理局登记的当时各制药厂所占有的市场份额确定对受害的母亲和女儿进行赔偿的"市场份额"责任。由此,不难看出,环境侵害的确是一种由法律所确定的特别侵害,它产生的理由是环境对于人类生存的重要意义,为此,必须坚决制止环境侵害所可能造成的严重危及人类生存和发展的后果。

际上是对违反义务的行为的制裁,由于责任的存在,才能督促义务人正确地履行其义务,以保证权利人权利的实现。而根据传统民法理论,民事责任可大致分为违约的民事责任和侵权民事责任两大类,这两大类责任又是依据民事义务的性质不同来划分的:一种是法定的义务,即由法律的强行性规范、禁止性规范所设定的义务。依据法律规定,任何人不得侵犯他人的物权、人身权、知识产权、环境权等民事权利,这是法律对每个民事主体所应负的一般性义务的要求,是一种普遍性的不作为义务,违反这种义务,即构成侵权责任。另一种是当事人自行约定的义务,主要是指合同义务,它通常是当事人约定的特定的作为义务。此种义务也具有法律拘束力,违反义务将构成违约责任。

可以认为,保护环境是民事主体的法定义务,不得侵犯他人的环境权利是环境法的禁止性规范,违反了这种义务,就构成了侵犯环境权的民事责任。申言之,环境民事责任主要是一种侵权责任,是因构成环境侵害行为而应承担的法律后果。

环境民事责任作为整个民事责任的一部分,其适用要受到民事责任一般规定的制约;同时,它又是与其他民事责任相区别的一种独立的责任。环境民事责任的法律特征表现为:[1]

1.环境民事责任是一种侵权的民事责任,是环境民事主体违反保护环境的法定义务而应承担的法律后果。它主要不是违约责任。

2.环境民事责任以环境侵权行为为前提,而这种侵权行为是一种特殊的侵权行为。在民法上,侵权行为有一般侵权行为与特殊侵权行为之分。一般侵权行为是指行为人因过错实施某种行为致人损害时,适用民法上的一般责任条款,主要是过错责任原则或对自己的行为负责的原则;而在责任构成要件上,一般适用损害事实、过错、因果关系三要件;在举证责任上,通常采用"谁主张,谁举证"的方式。

---

[1] 参见王利明主编:《民法·侵权行为法》,中国人民大学出版社 1993 年版,第 24 页。

而特殊侵权行为是指当事人基于与自己有关的行为、事件或其他特别原因致人损害,依照民法上的特别规定或特别法的规定而应负民事责任。特殊侵权行为适用民法上特别的责任条款或特别法的规定,主要是无过错责任和公平责任;在举证责任上,采取"举证责任倒置"方式;在免除责任方面,有着严格的限制。环境侵权行为就是由各国民法和环境法所专门规定的一种特殊侵权行为,其行为主要表现为过失行为,适用的无过错责任和公平责任原则、举证责任倒置、因果关系推定、共同危险责任的承担和双罚乃至多罚等制度,在责任形式及救济程序上均不同于一般侵权行为责任形式。

3.环境民事责任具有强制性。当不法行为人违反了环境法设定的不得侵犯他人环境权益的义务,并致他人损害以后,行为人应向受害人赔偿损害。这种损害赔偿是行为人对国家应负的责任,是以国家强制力作保障的,不取决于行为人的个人意志。正因为环境民事责任具有强制性,因此责任的存在,才能够督促义务人履行其义务,保障权利人权利的实现。

4.环境民事责任的形式主要是财产责任,但也不仅限于财产责任。由于环境侵权行为大都给人他人的财产和身心健康造成了一定的损害,行为人需要以自己的财产来对其不法行为所造成的损害后果负责,因此,环境民事责任的形式主要是财产责任。但是,由于环境法还需要保护公民、法人的非财产性环境权益,而这些权益的侵害在许多情况下并非仅靠承担财产责任就能消除侵害后果。所以,环境法除规定了赔偿损失等财产责任以外,还规定了停止侵害、排除妨碍、消除危险等非财产内容的责任形式。环境法还规定了广泛的损害赔偿责任承担者,如两罚乃至多罚制度等,以使受害人的环境权益及时得到保护。

第四章 国际合作
——国际环境法的建立

国家边界已变得具有渗透性，地区、国家和国际之间传统的区分已变得模糊不清了。过去被认为完全是"各个国家的事情"，如今对其他国家的发展和生存的生态基础产生着影响。……这种国家行动迅速变化的情况，为国际合作引进了新的需要和新的机会。

为支持可持续发展，国际立法体系必须大大加强。

世界环境与发展委员会
《我们共同的未来》[1]

第一节　国际法新领域

一、概念与对象

国际环境法是 20 世纪 60 年代中期由于环境问题的发展而兴起的一个国际法部门。它作为主要调整国家间在环境资源保护领域中

---

[1] 世界环境与发展委员会著，王之佳、柯金良等译：《我们共同的未来》，吉林人民出版社 1997 年版，第 409 页。

的行为关系的有拘束力的原则、规则和规章、制度的总和，是建立在"地球一体"[1] 概念上的国际法新领域。

　　尽管当今世界在政治上分为百余个各自为政的独立主权国家，这些国家也都不是孤立存在的，国家与国家之间经常地发生交往，产生着国际政治、经济、法律等一系列关系。但是，从生态学的观点看，整个地球有机地构成一个统一的生态系统，在这个庞大而复杂的生态系统内，全球的物质循环和能量流动依固有的规律不断进行。任何一个环节受到干扰，整个生态系统就会失衡，人类环境就会发生危难。尽管主权国家可以宣称各自的主权管辖范围，在国际政治关系和国际经济关系中可以坚持这样或那样的立场，但在生态规律面前，任何国家都是一样的，污染的蔓延不受人为的国界限制，生态系统的循环不受意识形态的制约。人们已经看到，食物链的生物富集作用不仅高度强化污染的密集程度，而且可以迅速传递污染物，使污染物远距离迁徙。现今南极次大陆、北冰洋这样人迹罕至的地方也有了人类活动污染的痕迹；热带雨林的破坏引起的温室效应和全球性气候变化也为人类始料不及；近代交通及通讯工具的发展、人造卫星的出现、洲际导弹的发射，使我们本来就狭小的地球空间更为狭窄。因而，地球上各种因素都是这样或那样互相依存，以致没有任何国家（或国家集团）能够脱离他国而独享我们这个星球的舒适环境，人们将地球称为遨游于宇宙的"太空船"，各国人民都是一条船上同舟共济的乘客。那么，要保护和改善我们这个地球的环境，首先就必须建立地球一体的概念，"只有一个地球"[2]，这是国际环境法得以产生的观念前提。

---

[1]　关于"地球一体"的详细观点，参见［美］芭芭拉·沃德、勒内·杜博斯著，《国外公害丛书》编委会译校：《只有一个地球》第一篇《地球是一个整体》，吉林人民出版社 1997 年版。

[2]　［美］芭芭拉·沃德、勒内·杜博斯著，《国外公害丛书》编委会译校：《只有一个地球》，吉林人民出版社 1997 年版。

在地球这个统一的生态系统中，人类的一切活动都会远期或近期地对环境资源产生这样或那样的影响，每一子系统或每一国家的经济社会发展都会产生全球性的环境效应，正是这种统一性使地球上的每一个国家超越传统的国际关系而形成一种更为广泛而深刻的新型关系——国际环境资源保护关系，而这种关系又由于人类认识水平、科学技术发展水平、经济发展水平等因素的影响要求我们进行审慎的处理。例如，DDT 的使用会给人类环境甚至人体健康本身带来危害的后果已众所周知，但是有的国家（如亚洲）现在如果立即全部停止使用 DDT，则会导致虫害蔓延、农业歉收，使千百万人死于营养不良、饥饿和疾病；再如，遗传工程的研究最终会给人类造福，但脱氧核糖核酸重组一旦释放出来而不加以控制，会给人类带来不可挽救的后果；又如气候改变也可能带来农业增产和生活舒适，但当前的科技水平还不足以在这项工程的规模、范围及时间方面取得预期的结果。其他如发达国家的超前消费污染和发展中国家的贫穷污染等。[1] 这一切都表明了国际环境资源保护关系的纷繁和复杂，必须寻求有效的控制环境不良影响的方式和途径，建立调整国际环境资源保护关系的共同原则、规则和规章制度，以造福子孙后代，这便是国际环境资源法。

尽管在生态学上地球是一个统一的整体，但是目前的国际体系仍以国家为基本单位，这也是不容否认的。因此，我们这里的"地球一体"并非取消国家或建立世界政府，亦非完全不要国家主权的特殊地位，而是要求从生态学的角度树立"地球一体"的概念，并在此概念的基础上建立正常的符合生态规律的国际环境保护关系，加强国际环境保护领域的合作与交流。所以，我认为，国际环境法的调整对象是基于环境资源的开发、利用、保护、改善而产生的各

---

[1] 参见世界环境与发展委员会著，王之佳等译：《我们共同的未来》，吉林人民出版社 1997 年版，第 409~415 页。

种国际社会关系。具体而言，它包括如下方面:[1]

1. 国家与国家之间基于开发利用和保护改善环境而产生的关系。国家是国际法上的基本主体，这对于国际环境资源法也不例外，国际环境资源关系主要体现为国家之间的关系。斯德哥尔摩《人类环境宣言》明确宣告: 各国有权按照自己的环境政策开发本国的资源，同时也有义务保证其管辖或控制下的活动，不致损害他国的环境或属于国家管辖范围以外地区的环境。[2] 里约热内卢《人类环境与发展宣言》和《21世纪议程》也都重申了这一原则。这就表明，国家拥有环境主权，在国际环境关系中，国家必然也必须是最主要的主体。

2. 政府间国际组织或国际机构因开发利用和保护改善环境而与国家以及国际组织相互之间发生的关系。政府间国际组织或国际机构在此是指保护环境的专门机构和相关机构，如联合国环境规划署、世界卫生组织等，它们是由各成员国组成的负有一定环境资源保护职责的机构。正是由于地球一体化，由于环境保护需要有经常的不间断的国际合作与交流，要求国际社会的成员采取共同的符合生态规律的环境保护措施。因此，成立负有一定环境保护职责的国际机构或组织就显得十分必要，这些组织或机构在履行各成员国赋予的职责的过程中必然会与有关国家产生国家环境关系。国际环境保护机构或组织成为国际环境法的主体，也符合一般国际法的理论。

3. 个人和法人因开发利用环境和污染环境而产生的国际环境关系。在一般国际法中，个人和法人被认为不具备独立参加国际关系的能力，所以不能成为国际关系的主体，个人与法人间的关系不作为国际法的调整对象。但在国际环境法中，个人和法人虽然没有

[1] 参见韩健、陈立虎:《国际环境法》，武汉大学出版社1992年版，第1页。

[2] 参见《人类环境宣言》第21条原则。

签订环境保护协定、开展各种政府间环境保护合作的能力，却在与环境保护密切相关的国际经济交往中具有重要地位；同时，个人和法人的行为也是造成跨国污染的重要原因，遭受跨国污染危害的也是个人或法人。因此，有必要在国际环境法上确立个人或法人的法律地位，调整个人或法人在国际经济技术交往和跨国污染行为方面所产生的国际环境关系，使个人和法人成为国际环境法中权利义务的承担者。1982 年，联合国环境规划署理事会特别会议通过的《内罗毕宣言》指出："所有企业，包括跨国公司在内，采用工业方法或技术及在将此种方法或技术出口到别的国家时，都应考虑对环境的责任。在这方面，及时而充分的立法行动也很重要。"[1] 说明了个人和法人在国际环境法中作为主体的必要性以及将个人和法人间因开发利用和保护改善环境而产生的社会关系纳入国际环境法调整对象的可能性。

国际环境法的调整对象表明，国际环境法不等于环境的国际法，它虽然是国际法的一个领域，但它是一个"新"领域，是一个有着自己的特殊性的领域。可以说，国际环境法的特殊性正是以国际环境关系的特殊性为基础的。

二、法律特征

国际环境法是国际法在新形势下发展起来的一门新学科，主要是国际环境保护中国家行为的共同准则，它具有传统国际法的一般属性：国际环境法律关系的主体主要是国家；国际环境法的制定者是国家，且法的制定程序须经诸国协商而不是由一国单独立法；国际环境法的强制实施主要依靠国家本身的行动等。但是，国际环境法有它自己的特性，我认为，从法律上看，这些特性应包括：[2]

---

〔1〕 《内罗毕宣言》。

〔2〕 参见欧阳鑫、吕忠梅：《国际环境法》，陕西科学技术出版社 1995 年版，第 43~47 页。

（一）规范的协同性

国际环境法的规范协同性特征十分明显，这种协同性表现为两个方面：

国际环境法的内容除了包含有法律规范外，还包含有大量的技术规范，它是法律性规范与技术性规范的协同体，大量的"生态标准"[1]与法律规范并存是这种协同性的体现。

国际环境法是国家在国际环境保护中相互关系的行为规范，而环境保护在很大程度上及很广的范围内都涉及物理、化学、生物、生态、遗传工程等自然科学及工程技术方面的诸多问题，所以，它除了规定通常的国家的社会行为的法律规范外，还包括大量的技术规范。这些技术规范如排放标准、污染源鉴别、污染鉴定、放射性防护、环境容量测算、环境影响评价、监测方法以及对机器、设施、车辆、船舶、飞行器等类产品的工艺要求等，都常常通过国际协定的签订而被赋予法律效力。国际环境法要完善其法律控制的手段，必须取得其他涉及科学技术的控制手段如环境监测、环境影响评价、产品工艺技术设计及环境资源管理和相应支持措施（如宣传、教育等）的配合。国际环境法的健康发展，有赖于这些工作的改进与完善，环境监测是认识环境状况的耳目，为环境影响评价提供科学数据；而环境影响评价是环境资源立法的背景及依据；环境管理及其他支持措施以及产品设计、工艺改进都为有关协定的贯彻执行创造条件。因此，任何协定的签署，从课题的提出、目标的确定、标准的制定到执行措施的采取，都必须以环境科学的研究发展

[1] 生态标准这一普遍术语对国际环境保护领域里的一切规则适用，它也可以是正式有拘束力的法律规范；当它成为专门术语时，在不同文件里则被称为不同的东西（标准、技术规则、准则、生态标准等）。参见 P. 孔蒂尼、P. 山德："促进环境保护的方法：国际生态标准"，载美国《国际法》杂志 1972 年第 1 卷，第 37～59页；维德·伏卡索维克：《联合国关于人类环境国际法律调整的工作规划》，国际政治与经济研究所（贝尔格莱德）1985 年版，第 49～63 页。

为基础。在所有环境资源保护的国际协定中，可以看出各国怎样遵循自然规律来谋求各国意志的协调，又怎样根据当前各国社会经济、科学技术的发展水平把某些责任法则逐步纳入相应的国际协定，以期达到保护人类环境的目的。凡是关于国际环境资源保护的协定几乎都有相应的科学技术的规定作为其附件，这些附件组成协定的重要部分，满足了协定的技术要求，使协定能产生实际效果。如著名的控制海洋倾倒的《奥斯陆公约》（1972 年）除条约文本外，就将庞杂繁多的各种倾倒物质，按其毒性、持久性及在生物体内的蓄积量和对海洋环境带来的眼前后果、潜在影响，进行了精心的科学研究和分析，把它们分为严禁倾倒的"黑名单"物质、严格控制的"灰名单"物质以及经过批准可以倾倒的一般物质三大类，并依此分类规定了相应的控制程序，从而开创了科学地控制海洋倾倒的途径以及把科研成果纳入法律规范的良好先例。有些国际协定的签订，往往事先要经过长期的调查研究以找出事件的因果关系，例如，在签订《长程越界空气污染公约》以前，科学家对西欧大气中的 SO_2 及 NO_x [1] 进行了长期监测，又经过了多次的反复模拟试验及计量学测定，确定位于英、法、德、波、荷诸国的高烟囱是北欧斯堪的纳维亚酸雨的根源，并弄清了这种酸雨对森林、土地、农业、建筑物的实在的有害影响，然后才着手签署协定。现在，由于大气污染的加剧，联合国环境规划署组织专家对氮氧化物给臭氧层带来的后果及二氧化碳给大气带来的潜在影响等进行研究，为签订保护臭氧层公约和气候变化公约提供科学依据。国际环境法的这种技术规范与法律规范相协同的特征，也是它成为一门边缘学科的原因，其他领域的国际协定，有的虽然也涉及到科学技术问题（如裁

---

[1] NO_x（氮氧化物）是大气的主要污染物，主要来源于工业烟气、污车尾气。NO_x 包括多种化合物，大多具有不稳定性且有不同程度的毒性，对人体健康和动植物有害。

军协定），但没有环境法这样普遍，这是国际环境资源法的一大
特征。

（二）结构的二元性

"硬法"（HARDLAW）与"软法"（SOFTLAW）的二元结构
是国际环境法的又一特征。

环境保护的国际协定的签署既受到社会经济发展的制约，也受
到自然科学和工程技术发展的制约，各国的社会经济及科学技术发
展水平又存在着差异。国际环境保护协定中某些规则规定固然应对
各国作出统一要求，表明国际条约的严肃性与原则性，但有的规则
则不必也不宜对各国一律要求，可留至该国认为时机成熟或条件具
备时再表示承诺，以表明处理环境问题的灵活性。因此，国际环境
法的实体便分为"硬法"和"软法"两大部门。

所谓"硬法"，就是指那些能够引起肯定的法律拘束后果的国
际条约、协定等。所谓"软法"，就是指那些并不直接产生法律拘
束后果，但同样应予遵守的指导性原则、宣言、司法实践处理方法
及程序、环境标准等；起着环境保护功能作用的一些措施如环境监
测、环境影响评价也应归于"软法"。由于有了"硬法"与"软
法"这种区别，许多环境保护的国际协定，除了有着缔约国所必须
遵守的协定正文条款外，往往还有不少附录、附件或附则。这些附
件、附录或附则，多为技术规范，其中一些为缔约国必须履行的义
务，另一些为选择履行的义务；有些规定在当时有效，有些规定在
以后才有效。例如，《国际防止船舶造成污染公约》（1973 年）第
14 条"任选附则"规定："在签署、批准、接受、认可或加入本公
约时，一个国家可以提出声明，它不接受本公约的附则 III、IV 和
V 或不接受其中的任一附则。"又如，《防止陆源污染公约》（1976
年）中关于采用排放标准的规定，虽然公约规定了英国建议采用的
"环境客观容量"标准，但由于其他缔约国坚持采用"统一排放标
准"，英国便声明各国可以自由采用它认为合适的标准，这些都属

于"软法"范围。关于公约修订的程序，往往也把"软法"的修订规定得比较灵活。有的附则（或附件）条款采用所谓"默认"程序，即当授权修订的组织或委员会中途对这些规定进行了修订以后，缔约国如果不在规定的时间内表示异议，则修正案就视为对该缔约国发生效力。

（三）区域立法主导性

区域性环境资源保护的国际协定构成国际环境资源法的重要组成部分。

环境问题既有全球的共性，也有地区的个性，就是在一国以内，也有区域的差异。地球这一庞大的生态系统包含无数个"中""小"生态系统，而地球环境的整体保护有赖各地区区域的保护。由于各地区的环境因素的特点并不完全一样，人类活动对其影响又有深浅之别，则各地区环境资源保护的目标、要求、措施自然迥异。既然分布在同一地区的各国面临大致相同的环境问题，则对该地区环境资源保护措施的采取自然更易寻求共同的语言、协调彼此的意志，于是采取区域性的合作方式签订国际协定便成为重要的途径，区域性多边的或双边的协定当然构成环境资源法的重要部分。这样的协定往往较全球性的环境资源保护协定更易于有效地执行。如控制海洋倾倒的两个著名公约，《伦敦公约》的签订在《奥斯陆公约》之后，而后签订的《伦敦公约》却不如《奥斯陆公约》的有些规定那么具体严格，前者的语言也不如后者那么明白。据信其原因之一在于前者是全球性的而后者是地区性的。北海船运频繁，平台林立，污染严重，但采取的防污措施较为有力，控制效果也较好，原因之一在于沿海岸各国下定了决心。所以，联合国环境规划署成立后，特别重视区域性的环境资源保护立法工作，在环境规划署的倡导下，建立了一些区域性的环境资源保护国际组织，也签订了不少区域性环境资源保护协定。其中，海洋环境中的区域性环境资源保护协定签订得尤其多，诸如地中海、波罗的海、波斯湾、几内亚海这样一些遭受严重污染的海湾地区，自 1976 年以来的短短数年间，都陆续签署了海洋环境保护的防污协定，其他海湾地区也制定了相应的区域性规则。

值得指出的是，国际环境法的区域性特征表现形式也是多样化的，它的"区域"范围，以生态学上的系统单元为标准，并非完全以现存国际关系发展过程中形成的政治性区域为标准。所以，在国际环境保护领域中，既有以通常的政治区域（由于国际关系上的地缘性，可能政治区域与自然区域基本重合）为立法范围的区域性国际环境立法，又有以流域等其他形式的"区域"为立法范围的区域性国际环境立法。例如，从古代河川法发展起来的国际江河流域水资源保护法，就遵循着"一个流域一个法律"的规律在向前发展；再如欧洲各国和美国共同签订的《长程越界空气污染公约》就是跨越西欧、北欧和北美地区的区域性环境保护公约。

（四）立法形式协定性

在国外有关国际环境法的著作中，国际环境法有"协定环境法"（Conventional Environmental Law）之称，这一表述据说是为了突出国际环境资源法以"协定法"为主要形式的特点。

之所以要以协定作为国际环境法的主要立法形式，是因为其科学技术性强、发展历史短以及它所肩负着的创造新的国际法原则和制度的任务。传统国际法的法源，除条约和协定外，还吸收了不少国际惯例、礼仪、案例及法学家的学说等。从理论上看，这些都可以也应该适用于国际环境法，但实际上，在现行的国际环境法中，其基本原则和规定几乎都直接见诸于条约和协定。

一方面，是由于国际环境法所建立的体系以生态学、环境伦理和环境文化的全新认识为基础，是对传统人类发展观、传统国际关系准则的革命性变革，是对传统国际法原则的拓展，所以，这一领域中所建立的一切都具有创新性质，没有多少习惯、礼仪和案例可以遵循。它以 1972 年《联合国人类环境宣言》为起点开始发展，国际环境法在法学研究中也处于兴起阶段，理论和学说尚未成熟，包括环境权在内的国际环境法权利也正处于形成和发展过程中。因此，要迅速促进国际环境法的发展，最为有效的方式，就是直接以协定形式"造法"，将适应环境保护要求的、反映国际环境法特性的原则、规则和制度以清楚明白的方式肯定下来，并积极推行这些新的法律所弘扬的人类新观念、新道德和新文化。

另一方面，国际环境保护的科学技术性特征也要求它尽可能地采用协定法形式，各种国际环境保护的制度、规则都要以生态标准或技术性附件作为实施依据，这些标准或附件按其科学性的要求都必须是确定的、清楚的并在事前广泛公布的，它不能以习惯的形式存在，更不是礼仪，也不是学说，所以，协定几乎可以说是这一类立法的唯一可选择形式。

从性质上看，环境保护关系到全人类的共同利益，国际环境法是保护全人类（包括当代人和世世代代人）利益的公益性法律，是真正意义上的国际公法[1]或"行星家政管理法"[2]，各类环境资源保护协定的动机、目的、内容都是直接为了保护和改善人类环境；其所设定的程序也反映了在环境面前人与人之间平等、国与国之间平等的特点。[3] 所以，国际环境保护协定也承担着创立新的

---

[1] 对此，可以从国际环境法的文件通过和签署的情况得到证明：自联合国成立以来唯一通过的一个没有反对票、没有弃权票的法律文件是《联合国环境与发展宣言》；所有的有关国际环境保护的会议也是世界各国最愿意出席的会议，1992年联合国环境与发展大会之所以被称为"地球巅峰会议"就是因为它是出席会议的世界各国最高领导人最多的一次会议。

[2] William H. Rodgers, Jr., *Environmental Law*, US: West Publishing Co., 1977, p.1.

[3] 国际环境法中对于当今世界的认识就是建立在平等观念上的，从只有一个地球、封闭的循环到我们的共同未来，无不是对人类共同发展的忧虑，各种世界环境保护组织也是致力于整个国际环境的改善，"建立全球新的伙伴关系""有差别的共同责任"等，也都表现出对人类的平等关怀和在承认有发展差别前提下对平等的追求。在环境问题上，发达国家并不占据优势。

制度的重任：如国际环境保护的某些措施和原则具有以不平等求公平的特性，对加害者规定得较为严峻而对受害者则较为宽和，在权利义务方面作出了不对等和倾斜的规定；在承担责任方面建立了新的归责原则，不仅适用"过失责任"原则，而且适用"直接责任"原则，甚至适用"绝对责任"原则；在举证责任方面也作出了不同以往的规定，以"实情举证"取代"过失举证"；为防止发生或可能发生环境资源损害事故的蔓延，国际环境法允许国家有条件地在其管辖权外的地区享有采取干预措施的权利。凡此种种，以协定法的形式加以规定，对于国际环境法的实施都是十分有利的，其对于国际环境保护的推动也将更为有力。

第二节　国际环境法基本原则的形成[1]

一、国家环境资源主权

国家主权原则是整个国际法的基础，它当然也是国际环境法的基础和核心，它在国际环境法上的表现形式为国家环境资源主权原则。

国家环境资源主权原则是在国家主权原则基础上发展起来的一项国际环境资源法律的基本原则。在传统国际法中，国家主权是一项完全的排他性的权利，当然也包括对自己的领空、领海及领土内各种资源任意使用的权利。这样的国家主权原则显然不利于国际环境资源保护，因而必须加以限制。国际环境资源法以保护全球环境资源为立法宗旨，其基本原则必须以环境保护的客观要求为出发点，于是国际社会在传统国家主权的原则上加以拓展，提出了国家

〔1〕　参见欧阳鑫："从全球环境保护论国际法原则的演变"，载《中国法学》1986年第5期。

环境资源主权原则，在充分赋予各国享有环境资源主权的同时，强调其应承担的环境保护义务。国家环境资源主权原则的内容在《人类环境宣言》第 21 条中作了充分阐述，即"各国享有按自己的环境政策开发自己的自然资源的主权，同时也有责任保证在他们管辖或控制下的活动，不致损害他国的环境或属于国家管辖范围以外的地区的环境"。这一条充分反映了国家环境资源主权原则的两个方面：

一方面，每一国家都有对本国范围内环境问题的处理权。在有些学者看来，只有一个地球，全球是一个统一的生态系统，如果其中任何一个环节受到干扰，整个生态系统便会失衡。人类就会发生环境灾难。尽管国家可以宣告它们的领土、领水、领空等主权范围，但污染的迁移转化和环境质量的下降并无边界疆域的限制，因此，要有效地保护地球环境，就必须对国家主权加以严格限制，建立起超国家的环境资源管理机构，统一地进行地球环境资源管理和环境资源保护。这种观点在理论上较为偏激，完全忽视别国主权，在实践中也是行不通的。我对此并不赞成。我以为，从环境保护的角度出发，国家主权不能再像过去那样毫无限制，毫不考虑环境资源因素；但也不能完全不要环境主权，不赋予国家在开发利用和保护环境方面的权利。那样的话，国家的经济将无从发展，社会也将无法进步。我们主张对传统的国家主权加以适当限制，在国家主权中贯穿环境保护的要求，这便是国家环境资源主权原则的第二方面：国家虽然有权按照自己的政策开发利用本国的自然资源，但也有义务保证这种开发利用活动不致损害他国和国际公有地区的环境，从权利的角度看，任何国家在享有管辖权的范围内从事一切活动的同时，也享有使自己的领土环境保持洁净的免受外来污染与干扰的控制权。

国家环境资源主权原则在 20 世纪 30 年代著名的崔尔冶炼厂仲裁案裁决中得到明确，其后为《人类环境宣言》《内罗毕宣言》

《环境与发展宣言》所重申，也为各类环境资源保护协定所承认并以约文形式加以肯定。其基本含义是指在环境保护领域，每个国家不论大小，都拥有自己的环境资源主权，对于本国管辖范围以内的环境保护问题具有最高的处理权和对外独立性，有权自行处理经济社会发展与环境资源保护的关系；任何国家不得以保护环境资源为借口，干涉别国内政。在处理环境保护关系中，每一国都必须尊重别国的主权，同时也必须承担不损害他国环境资源的义务。

国家环境资源主权原则及其贯彻，必须建立在"可持续发展"的基础上，必须对全球因环境资源而形成的关系进行新的认识。为保证人类社会的可持续发展，必须依靠科技进步和提高资源利用效率，尽量减少对自然资源的索取和对生态环境的破坏。为此目的，既需要全球在环境资源保护领域的广泛交流与密切合作，更需要各国从自身的具体国情和环境与发展的总体出发，提出促进经济、社会、资源、环境及人口、教育等相互协调发展的战略、政策和措施、方案，摒弃过去那种"高生产、高消费、高污染"的传统发展模式。因此，国家环境资源主权原则只有建立在可持续发展的观念上才是正确的，也才能够适应国际环境资源保护的需要。

二、资源共享

资源共享原则指处在任何国家管辖领土之外的自然环境资源为全人类所共有，任何国家不能独占或享有"既得权"。对于人类共有资源，各国有权参加保护和管理，有权对其开发利用，有权分享产生于这些资源的收益；同时，各国也要承担义务，保证这些资源不被滥用、不被污染。

各个主权国家拥有其管辖范围内的资源并有权开发使用，是当代国际法已确立的基本规则，而对于人类公有的环境资源共同使用和共同保护则是国际环境资源法的一个重要内容。在有关公海、外层空间、南极以及其他人类共有资源保护方面，必须建立资源共享的观念，以利于在保护全球环境资源的同时，确保全球资源为人类永续地开发利用，资源的可持续利用是人类可持续发展的必要前提。

在传统国际法中，对于有些公有资源没有规范，仅有的少数规范也由于缺乏环境资源保护意识而未考虑到资源开发利用与保护问题，如对于公海作为人类共同财富确立了"公海自由"原则，正是在这一原则下，人们将公海作为天然的无底垃圾箱，任意向其排放污染物，根本不考虑对公海的保护。这样的原则显然不利于环境资源保护。从 20 世纪 60 年代开始，国际社会日益重视公有资源的合理开发利用和保护问题，从建立国际海底区域的共有制度开始，逐步发展到国际海床、海洋洋底及其底土以及该海域的一切资源，进而发展到外层空间、南极次大陆、臭氧层等国际公有资源，确立了资源共享原则；至此，才将公海等国际公有资源当做真正的共同财富加以保护和利用，从"公海自由"到"公海共享"和"公海共管"。国际社会围绕公海签订的一系列国际协定都充分体现了这一原则，如《联合国海洋法公约》规定，国家管辖范围以外的海床和海洋洋底及其底土是人类共同继承的财产，对该区域的开发和利用，应为全人类之利益；其一切收益归全人类分享，各国均应共同努力，使该区域的环境不受污染。其他有关国际资源共享的公约如《南极条约》《外空条约》以及有关保护臭氧层的条约也体现了这一原则。

资源共享原则主要是指对各主权国家管辖范围以外的人类公有资源的共享。近年来这一原则有扩展趋势，国际社会将某些属于国家管辖范围以内，但对人类生存和发展具有重要意义的特定环境因素确认为人类共同利益并加以保护。1972 年，联合国教科文组织发起制定的《保护世界文化和自然遗产公约》指出：文化或自然遗产是非常重要的，涉及人类的共同利益，因此，必须作为整个人类遗产的一部分加以保护。该公约规定各缔约国有义务根据公约中对"文化遗产"和"自然遗产"的定义，在各自的管辖区内，确定并划出符合公约规定的各项珍贵遗产，并向世界遗产委员会提交各自本土内珍贵遗产的目录清单。对于列入世界遗产清单的遗产，缔约国有识别、保存、保护、陈列以及传之后代的责任。这些规定虽然是在尊重国家对这些遗产的主权基础上作出的，但缔约国一旦将其管辖范围内的珍贵遗产申请提交上目录清单，该国便承担了更多的国际保护义务，同时也享有获得国际合作和国际援助的权利。这些立法实践表明，在国际环境法领域，资源共享已由人类公有资源扩大至某些重要的国内资源。

三、国际合作

国际合作原则是指在国际环境资源保护领域，各国需要进行广泛密切的合作，通过合作采取共同的环境资源保护措施，实现保护全球环境的目的。正如《人类环境宣言》第 7 条原则所指出的："种类越来越多的环境问题，它们在范围上是地区性或全球性的，或者它们影响着共同的国际领域，将要求国与国之间广泛合作及国际组织采取行动以谋求共同的利益。"

历史发展到今天，人类必须清醒地认识到过去的发展模式，特别是工业革命之后流行的发展模式，虽然使地球的一些地方富裕和发达起来，却在更多的地方造成了贫穷和落后；虽然提高了人类的生产能力，却过度地消耗资源，破坏了生态平衡和生存环境；虽然部分满足了人们的近期需要，有时却牺牲了人类长远的发展利益。因此，这种方式难以为继，而且，人类环境资源保护与经济、社会发展密切联系，环境资源保护必须要以和平与稳定为前提条件。总结历史经验，使人类清醒地认识到环境与发展是全人类面临的共同问题，没有一个国家或一群国家能够独善其身，也没有一个国家能够仅仅依靠自己的力量完全排除环境问题。环境问题与当今政治、经济及其他各种因素的密切联系，比任何时候都更明显。我们不仅要对人类与自然的关系有新的理解，而且要求对人与人之间、国与国之间的关系有新的理解，富国的问题不能离开穷国的问题，环境资源关系将它们紧密地联系在了一起。在此种意义上，环境资源必须是也只能是共享的。事实上也正是如此，如穷国的资源过度开发和贫困给全球环境带来了诸多问题，而富国的资源严重浪费也是穷国资源过度开发的主要原因；富国多年来经济发展造成的污染使穷国严重受害，而穷国经济的发展过程中必然出现的环境问题也不能使富国免受其害。无论从哪一方面看，所有国家毕竟都生活在一个地球上。因此，全球环境问题的紧迫感确实能给予人们在各级水平上的合作以新的视野和激励，并产生共同的政治见解和策略。

自 1972 年"人类环境会议"到 1992 年"联合国环境与发展大会"，人类对环境与发展问题的认识有了质的飞跃。为实现人类可持续发展的目标，建立一种"新的全球伙伴关系"的呼声越来越高，《里约宣言》已将其正式载入。《里约宣言》提出："各国应本着全球伙伴精神，为保存、保护和恢复地球生态系统的健康和完整进行合作"。这一宣言充分体现了国际社会为人类的共同长久利益，同时也是为了各国的切身利益，超越国界、民族、文化、宗教和社会制度的差异，同舟共济，通力合作，发挥集体智慧，治理和保护环境资源的愿望和诚意。这一宣言也为国际合作原则的实施奠定了认识基础。

在国际环境资源保护领域进行广泛合作是有效保护国际环境资源的必要手段。就自然环境本身而言，生态系统是没有国界的，酸雨、油污染、大气污染或 DDT 的扩散都不可能被限制在国界以内，一国的环境资源受到破坏，势必影响邻近的另一国环境。就污染防治而言，环境污染的规模大、问题严重，单靠一国努力是无能为力的。任何国家在当今世界都不可能脱离全球经济环境，在经济上，一国采取的反污染措施的费用可能会使国际贸易成为畸形；在技术上，某些污染的危害后果是不可能立即发现的，这就要求国际社会共同努力开展对污染的监测和研究。就环境管理而言，环境问题本身以及与经济、政治、社会等发展问题的密切联系使得环境问题更加复杂化，只有依靠国际社会的共同努力，强化管理，才能取得较好的环境资源保护效果。实践也证明，没有合作的计划和管理，单个国家的发展行动会对他国造成不必要的环境影响，也不能有效地保护国际环境。正是基于以上各点，合作是必要的也是必需的，国际环境资源法才将其作为一项基本原则。

进行国际环境资源保护合作，主要体现在如下方面：

1. 建立信息、教育制度及有关的国际机构，向各国的环境决策者和有关机构准确、及时地提供环境问题的信息，以及人类活动对环境潜在影响的资料。

2. 相互通知和协商，一国在从事可能对另一国的环境资源造成影响的活动之前，有义务通知另一国并与另一国相互协商以取得其同意。为此，各国必须建立信息交流与事先协商制度。

3. 共同努力提高现有技术，发展无污染或低污染的新技术，并使之运用于日常生活。

4. 交换有关专家和科技人员。

5. 援助发展中国家，包括削减或免除债务，提供环境保护技术和资金，以增加它们解决环境问题的能力，等等。

四、公平责任[1]

全球环境问题的产生和发展在世界的各个区域的表现是不平衡的，不同国家因其经济发展水平的不同也存在着巨大差异，《人类环境宣言》将环境问题区分为发达国家发展过度的环境问题和发展中国家发展不足的环境问题，并提出了解决两类不同性质的环境问

---

[1] 有学者将这一原则概括为"共同但有差别的责任"（王曦编著：《国际环境法》，法律出版社1998年版，第112~113页）。我以为，这一表述是对有关国际法文件规定的直接引用，它有比较直观和便于理解的优点，但不足的是，作为一项法律原则表述不能很好地反映它的深刻内涵，从本质上看，发展中国家提出这一原则的目的在于追求国际环境保护秩序中的公平，体现的是一种不同于过去形式公平的新的实质公平。所以，笔者将其概括为"公平责任原则"。

题的不同对策和措施。1992 年，联合国环境与发展大会在这一基础上，更进一步明确了发达国家与发展中国家在造成全球环境问题方面的差别责任，提出了公平责任原则。

国际环境资源问题是全球科学技术和经济发展造成的，因此，各国都应对国际环境资源问题负一定的责任。但是，发达国家和发展中国家对环境问题应负的责任是有区别的。从历史上看，当代环境问题主要是发达国家在其工业化过程中，为自己创造了大量的财富，也向地球排放了大量污染物，从而积累形成的环境问题，如温室效应、臭氧层破坏、酸雨、土地沙漠化、热带雨林砍伐、淡水污染等。即使从现实的角度看，发达国家也仍然是主要的污染物排放者。目前仅占世界人口 1/4 的发达国家，二氧化碳排放量占全球总排放量的 75%；全球消费的有关破坏臭氧层的 113 万吨受控物质中，发达国家占 86%；全球现有的危险废弃物产量，发达国家占世界的 90% 左右。[1] 所以，无论是从历史的角度还是从现实的角度来看，发达国家都是当代环境问题的主要责任者，而发展中国家却是受害者，正在蒙受着发达国家造成的环境污染和破坏所带来的损害。因此，发达国家应对全球环境污染和破坏负主要责任，并有义务在现有的发展援助以外，提供新的、充分的、额外的资金，帮助发展中国家参加全球环境保护的努力，或补偿由于保护环境而带来的额外损失，并以优惠的、非商业性条件向发展中国家提供环境无害技术。

公平责任原则是发展中国家在国际环境资源保护领域提出的一项新的原则，它的提出，充分反映了发展中国家在国际环境资源保护中日益重要的主导作用，是南北双方在环境问题上严重对立的情

---

[1]　参见王明远："共同而有区别的责任——谈臭氧层保护的法律实践"，载《中国环境管理》1995 年第 4 期；蔡守秋："论可持续发展对我国法制建设的影响"，载《法学评论》1997 年第 1 期、第 2 期。

况下的正当要求。解决全球环境问题必须注意维护发展中国家的利益，体现公平责任原则。这一原则在印度、中国、马来西亚三次发展中国家环境部长会议文件中得到了充分肯定，联合国环境与发展会议通过的《里约宣言》及大会上开放签署的《气候变化框架公约》也确认了这一原则。

《里约宣言》原则 7 宣布："各国应本着全球伙伴精神，为保存、保护和恢复地球生态系统的健康和完整进行合作。鉴于导致全球环境退化的各种不同因素，各国负有共同的但是又有差别的责任。发达国家承认，鉴于他们的社会给全球环境带来的压力，以及他们所掌握的技术和财力资源，他们在追求可持续发展的国际努力中负有责任。"[1] 《气候变化框架公约》所确定的原则之一是："各缔约方应当在公平的基础上，并根据他们共同但有区别的责任和各自的能力，为人类当代和后代的利益保护气候系统。因此，发达国家缔约方应当率先对付气候变化及其不利影响。"这些文件的出台，表明公平责任的初步确立，它既是对历史和现实的承认，也是指导各国参与全球环境保护事业的一项重要原则。

公平责任原则首先强调的是责任的共同性，即在地球生态系统的整体性基础上，各国对保护全球环境都负有共同的责任。共同责任意味着，世界各国，不论其大小、贫富、种族、资源禀赋等方面的差别，都对保护全球环境负有一份责任，都应当无一例外地参加全球环境保护事业，这也是为诸多的国际环境法文件所反复肯定了的。其次，责任是有区别的，区别是对共同责任的一个限定，有共同责任并不意味着"平均主义"；各国虽然负有保护国际环境的共同责任，但在各国之间，主要是在发展中国家与发达国家之间，这个责任的负担是有差别的，要与它们的国家在历史上和当前对地球

---

〔1〕 中国环境报社编译：《迈向 21 世纪——联合国环境与发展大会文献汇编》，中国环境科学出版社 1992 年版，第 30 页。

环境造成的破坏和压力成正比。在历史上，发达国家工业化的实现是以长期过度消耗地球资源和严重污染地球环境为代价的，也是以全世界人民的共同利益为代价的；当前地球所承受的来自人类社会的压力的大部分仍然来自发达国家；因此，无论是根据社会公平观念，还是"污染者付费"原则，发达国家都理应承担比发展中国家更大的保护全球环境的责任。这种差别，是由于不平等的前提所造成的；只有承认这种前提的差别，才有可能追求实质意义的公平，实现建立新的全球伙伴关系的目标。正是在这个意义上，我认为共同但是有差别的责任是一种真正的公平责任，它充分体现了国际社会新秩序的公平观念。

但现实是严酷的，追求新的实质的公平并非坦途，迄今，发达国家对其国际环境责任的承认还是不充分的，不仅在《里约宣言》中，原则7所述内容，也是发达国家在追求可持续发展的努力中"负有责任"而非"更大"责任；而且一些反映公平责任原则的国际条约如《气候变化框架公约》《关于消耗臭氧层物质的蒙特利尔议定书》及其修正案，发达国家所承诺的一些义务也是"只闻雷声，不见雨点"，迟迟不见履行。这一状况更为充分地表明，国际环境法必须建立公平责任原则，并通过各种手段，促进这一原则的发展。

第三节　国际环境法的法律渊源

国际环境法的渊源，是指国际环境资源法的表现形式。国际环境资源法的渊源与一般国际法渊源一样，包括国际条约、国际习惯、一般法律原则及确定法律规则的辅助方法——司法判例、公法家的学说等方面。[1] 但由于国际环境资源法出现的时间不长却发展得十分迅速，一方面有大量的国际环境资源保护条约，另一方面又有丰富的国际环境保护实践，尤其是国际环境资源保护的"软法"正迅速发展并在国际环境保护实践中日益发挥重要的作用。目前，国际环境资源法的渊源主要有：国际环境保护条约、国际环境保护宣言与决议、国际环境保护的著名案例及其他渊源。

一、国际环境保护条约

国际环境保护条约是公认的国际环境法的主要渊源。国际环境保护条约作为国家之间共同保护环境资源的明示协议，对缔约国有拘束力，因而成为国际法院裁判案件的主要依据。

一般说来，条约只对缔约国有拘束力。因此，就条约对缔约国的拘束力不同而言可以有多种类型。双边条约和几个国家参加的多边条约只对有关国家有拘束力，构成有关国家之间的权利义务关系，从而表现为有关国家的特殊国际法；多数国家参加的多边条约则很可能对大多数国家由于其参加而具有拘束力，从而表现为大多数国家之间的一般国际法。因此，《国际法院规则》规定，法院适用国际公约，不论其为一般的还是特殊的，只要它们"确定了诉讼当事国所承认的规则"。

迄今为止，国际上已签订了大量的环境资源保护条约，据联合国环境规划署的统计，有关环境资源方面的全球性和区域性的国际条约和协定已达 150 多件，这些条约确定了国际环境法的基本原则和制度，也形成了国际环境法以"协定法"为主要形式的特点。尤其是在国际环境保护条约中，有许多是以创立新的国际环境法原则、规则和规章、制度或者变更现有的传统国际法原则、规则和规章、制度为目的的多边国际公约，具有"国际立法"的特征，是国际环境法的直接表现形式。

---

[1] 参见周鲠生：《国际法》，商务印书馆 1976 年版，第 10 页。

二、国际环境保护的宣言与决议

在传统国际法学说中，国际组织的宣言和决议至多只是"确定法律原则之辅助资料"，不是国际法的直接渊源；但在国际环境法的形成过程中，国际宣言与决议却起着创制法律原则的重要作用，出现了大量的"软法"。这种情况产生的原因，一方面是环境资源保护条约的签署既受到社会经济发展的制约，也受到自然科学和技术发展水平的制约，各国社会经济及科技发展水平差异甚大，加之对制定环境保护条约经验不足，导致开始时环境保护协定签署困难；另一方面是环境问题已成为威胁人类自身生存和发展的重大问题，共同的生存目标使环境保护必须有超越国界、超越意识形态的全人类通力合作。为了解决许多迫在眉睫的环境问题，有关环境保护的国际会议及国际组织发表了大量的关于环境保护的国际宣言和决议——即英美法学家所说的"软法"。

一般而言，较之于国际条约——即硬法，国际宣言与决议——软法具有如下特点：

1. 它们大多由不拥有立法权的国际机构制定或国际会议通过。

2. 软法的条文在文字上一般采取条件句式，或插入"应该""尽可能"之类的词组，且规范内容不确定，多为原则性阐述，没有详细、具体的规定。

3. 软法的实施更需要由国内法进行"接力"。即需要由各国根据本国情况制定相应的国内法加以保证；有些规则的实施则需要一些国家的多边合作。

4. 软法的执行主要表现为施加压力，尤其是舆论压力，其本身不具备制裁力。

尽管如此，这些软法无论在制定新的国际环境法方面，还是在确认、固定、发展和解释现有的国际环境法规范方面的作用都不可低估。从20世纪70年代初以来，保护人类的思想和原则越来越多地载入了联合国大会及各种国际环境保护机构的决议和宣言，这些宣言和决议中有些包含了重要的全球环境保护的法律原则宣言，有些是关于某些环境要素保护方面的法律原则宣言，前者如《人类环境宣言》，后者如《世界国家公园大会宣言》。这类宣言和决议的效力值得充分注意。不能因为这些宣言和决议不具备强制力便认为是毫无法律效果的。这些宣言和决议可能得到一致通过或者得到绝大多数会员国投票赞成，因此，它们不仅对投票赞成的会员国有一定的拘束力，而且在国际环境资源保护中还具有一定的普遍意义。同时，这些决议和宣言可能全部或者部分地反映着现有的或者正在形成中的国际环境法的原则、规则和制度。如《人类环境宣言》的26项原则，被普遍认为是解决环境问题的基本准则，是国际环境法的基础和环境权的基础。因此，这些国际宣言和决议毫无疑问就成为确定国际环境法原则、规则和规章、制度的重要形式，并且就其国际性和规范性而言，应该位于"确定法律原则之辅助资料"之上。[1]

三、国际环境保护的著名案例

《国际法院规约》第59条规定："法院之裁判对于当事国及本案外，无拘束力。"这就充分表明，国际法院只有适用法律的职权，而没有创造法律的功能，从而在国际法上排除了普通法的遵从判例主义。国际司法判例的意义在于，这些裁判所依据的推理方法往往为其后的司法实践所遵循。换言之，法官往往遵从一条与过去的判例与咨询意见一脉相承的推理方法，对有关国际法进行认证和确定。"司法判决已经成为国际法发展中一个最重要因素，而且司法判决的权威和说服力有时使它们具有比它们在形式上所享有的更大

---

[1] 参见梁西主编：《国际法》，武汉大学出版社1993年版，第33～34页；王铁崖主编：《国际法》，法律出版社1995年版，第18～20页。

的意义"。[1] 可见，国际司法判例不直接表现为国际法，但却有助于国际法原则、规则和规章、制度的确定。因此，可以把它看做一种辅助性渊源。

20世纪30年代以来，国际上发生了崔尔冶炼厂仲裁案、兰诺克斯湖案件、科孚海峡案件和核试验案件。这些案件的判决和裁决，对于国际环境资源法的发展具有积极的意义，成为国际环境资源保护条约的重要补充。

国内司法判决在一定条件下可以表现为一个国家的国际法观点，却不能成为国际法的直接渊源。但是，一个国家的国际法观点对于国际法的形成是有影响的。如果来自各国国内法院的判例表现出一致性，这一类国内法院的判例往往可以直接发展为国际习惯规则。其次，这类判决被当做重要先例，甚至是对当局有约束力的先例。正如美国前联邦法院首席大法官马歇尔所说："每个国家法院判例，表明了该国在特定案件中对国际法的理解，并将国际法当做国内优先适用的规则。"

第四节　合作成果

一、海洋环境保护

在海洋环境保护方面，从1958年日内瓦海洋法会议通过一系列协定确立海域和海洋生物资源保护的原则开始，至1982年《海洋法公约》对海洋环境保护的原则和制度的全面规定，基本上形成了国际海洋环境保护法的全套制度。其中，最富于代表性的国际公约有：

---

[1]　[英] 詹宁斯、瓦茨修订，王铁崖等译：《奥本海国际法》，中国大百科全书出版社1995年版，第24页。

（一）《海洋法公约》

1982 年 12 月 10 日通过的《海洋法公约》是海洋法律制度的综合性国际公约，对海洋环境的保护与管理有着深远的意义。

《海洋法公约》第 12 部分专门规定了环境资源保护问题——"海洋环境保护与保全"，第 5 部分则对养护海洋生物资源的许多问题作了规定，整个《海洋法公约》中海洋环境资源保护占有很大比重，可以说是对过去海洋环境资源保护的国际条约的总结。

《海洋法公约》规定了各国保护和保全海洋环境资源的义务，并制定了履行这些义务的方式的规则；规定了对各海洋污染源的控制；建立了国际海洋污染管理体制；还对专属经济区与海洋资源有关的方面作了规定，赋予了沿海国养护海洋生物资源的权利和义务，并为养护海洋生物资源建立了切实的体制。

《海洋法公约》根据海洋环境资源保护的需要，对公海制度及公海自由原则进行了新的发展，它标志着国际海洋环境资源法的正式形成。

（二）《公海渔业及生物资源养护公约》

1958 年 4 月 29 日，在日内瓦签署的《公海渔业及生物资源养护公约》是规定公海生物资源开发利用原则的一个重要国际公约。

该公约的宗旨是考虑到由于现代技术的发展，公海生物资源有被过度开发的危险，因而希望通过国际合作以解决这些资源的养护问题。《公海渔业及生物资源养护公约》规定：世界各国都有责任采取措施，或与其他国家合作采取措施，以养护生物资源；沿海国对毗邻其领海的公海拥有特殊利益，可以对这种地区单独采取养护措施，这种措施如确属紧急需要并以科学调查为根据，则对其他国家有效。公约还规定了"捕获定量分配制"，在客观上有利于鱼类的保护。

《公海渔业及生物资源养护公约》严格说来是属于经济性质的条约，但它较过去的规定在环境资源保护方面已有了很大的进步，因为它是第一个全球性的涉及整个海洋生物资源养护的公约，被认为是国际环境资源法萌芽时期保护海洋环境资源的主要公约之一。

（三）《防止陆源物质污染海洋公约》

1974 年 6 月 4 日，在巴黎由参加防止陆源物质污染海洋公约的外交会议的欧共体和其他国家通过的《防止陆源物质污染海洋公约》建立了防止陆地污染源对海洋污染的规则。

该公约的目的是要求采取国际行动，以便控制陆源物质对海洋的污染，要求各有关国家为公共利益而进行区域合作或分区合作。《防止陆源物质污染海洋公约》规定了缔约国在防止陆源污染方面的权利和义务；要求建立永久性的监测系统；缔约国为防止污染必须加强相互合作，并建立国际委员会行使管理权。公约的两个附件则规定了污染物排放标准和争议的仲裁程序。

（四）《防止海洋倾倒及其他物质污染海洋公约》

1972 年，在伦敦通过的《防止海洋倾倒及其他物质污染海洋公约》建立了保护海洋免受倾废污染的规则。

该公约的目的是采取一致的国际行动以控制海洋由于倾废而受污染。公约的主要内容包括：各缔约国应有效地控制一切海洋环境污染的来源；禁止倾倒任何形式或状态的任何废物及其他物质污染海洋，按规定获得特许证和一般许可证的除外；在不可抗力作用或其他危险情况下，当确有必要保证生命安全或船舶、飞机、平台或其他海上构造物的安全而倾倒是防止危险的唯一方法时，可以例外，但应立即向条约主管机关报告，并将损害减少到最低限度；每一缔约国应有专门机关，从事执行公约中规定的有关事项；缔约国实施本公约的管辖权等。

（五）《防止船舶及飞行器倾废污染海洋公约》

1972 年，在奥斯陆签署的《防止船舶及飞行器倾废污染海洋公约》建立了防止海上倾废污染的又一规则。

该公约的目的在于控制由船只和飞机倾倒有害物质造成的海洋

污染。《防止船舶及飞行器倾废污染海洋公约》包括 27 条和 3 个附录，其主要内容为：公约适用的范围，各缔约国有协调一致防止船只和飞行器倾废造成海洋污染的义务；禁止倾倒的物质和无特别许可证情况下禁止倾倒的物质；在不可抗力作用的情况下条约的适用；缔约国的权利和义务；国际性管理委员会的权利和义务等。

（六）《国际防止船舶污染公约》

1973 年签署的《国际防止船舶污染公约》，1978 年经过修订和补充，并签订了《1973 年船污公约 1978 年议定书》，公约生效后取代了 1954 年的《防止海洋石油污染公约》。

《国际防止船舶污染公约》的宗旨是为彻底消除有意排放油类和其他有害物质的污染，减轻这类物质的意外排放以保护海洋环境。它适用于海上任何类型的船舶和固定或浮动的采油平台，但不适用于军舰与政府非商业性船只。公约对排放、排放量作了严格规定；对于船旗国及沿岸国的船舶违章排污都有权利管辖，特别是规定了 7 万吨以上的新油轮，要求有分离的压舱水装置，防止油水混装，禁止 4 000 吨以上油轮使用燃油箱盛压舱水。公约的 5 个附则分别规定了"防止油污规章""控制散装有毒液体污染规章""防止海运包装成箱、可移动罐式公路或铁路槽罐车装有害物质污染规章""防止船舶生活污水造成污染规章"以及"防止船舶垃圾造成污染规章"。

（七）《国际干预公海油污事件公约》

1969 年在布鲁塞尔缔结的《国际干预公海油污事件公约》，是规定沿岸国为防污目的在领海外对他国船只采取干预行动的第一个公约，是对传统海洋法公海自由原则的修改，创立了新的国际海洋环境法原则。

该公约的目的在于规范各国就引起海上和海岸线油污危险的公海海难事件，在不影响公海自由原则的前提下采取的行动。《国际干预公海油污事件公约》的主要内容包括：在必要情况下缔约国可以在公海上采取措施以防止、减轻或消除海洋油污染或油污染威胁对其海岸线或有关利益而引起严重和紧急的危险；沿海国在采取行动前应通知船旗国请教独立专家并通知可能因此行动而受影响的有关国家和人士，在极端紧急情况下，可以立即采取措施；干预措施不应超越条约目的和合理范围，并应预计可能损害的程度和在实际中不能超过必要的限度，否则，应对受干预的船只给予赔偿。

（八）《国际油污损害民事责任公约》

1969 年 11 月在布鲁塞尔缔结的《国际油污损害民事责任公约》，创立了国际环境污染损害的民事责任规则。

该公约的宗旨是为确保受到船舶漏出或排出油污损害的人员获得充分赔偿，对判定这类案件责任问题和充分赔偿的国际法规和程序加以标准化。《国际油污损害民事责任公约》的主要内容为：在船舶出事造成油污损害时，船东应负造成任何损害的责任；但战争行为、不可抗拒的自然灾害和损害事件、第三者恶意行为、政府或主管助航设备的管理人员的疏忽引起的事故除外。公约还规定了责任的承担、赔偿的定额以及要求保险或其他保证书的船舶吨位。为保证《国际油污损害民事责任公约》的实施，1969 年签署了《关于建立油污损害国际赔偿基金的协定》《关于基金报告工作组的决定》，1971 年签署了《关于油污损害建立国际基金的国际公约》作为《国际油污损害民事责任公约》的补充规定。

二、国际江河流域环境保护的国际法制度

在古老的国际河川法基础上发展起来的国际江河流域环境保护法极为鲜明地保留了"一个流域一种制度"的特点，呈现出显著的区域性。[1] 这一领域内国际公约不多，更没有全球性公约，但在国际江河流域环境保护法的形成过程中，也出现了一些重要的国际条约。

---

[1] 参见盛愉、周岗：《现代国际水法概论》，法律出版社 1987 年版，第 20 页。

（一）《美加边界水域条约》

1909 年，由美国和加拿大签署的《美加边界水域条约》根据睦邻友好原则确立了边界水域利用的基本原则和制度，并创立了建立国际水域管理体制的新方法。《美加边界水域条约》的主要原则包括：两国水权平等；航行自由；为保护大湖水域的水质及保证持续利用，必须进行用水限制；一国因干扰水域或分洪造成另一国损失时，应由造成损失的一方负责赔偿。该条约还建立了合作管理机构和制度。由该条约建立的国际委员会的工作受到国际社会的广泛重视，被认为是国际合作体制中成功的典型。

（二）《银河流域条约》

1969 年，由银河流域五国签订的《银河流域条约》确立了大面积开发利用国际水域的原则，是国际河流开发史上的一个创举。

《银河流域条约》的宗旨是：通过联合行动使本地区的巨大自然资源得到协调和均衡发展并获得最高效益，并通过对这些自然资源的合理使用为后代保护这些资源。条约规定了银河开发利用的目的，确立了由各主权国家划出一部分土地按照流域开发计划的要求进行合作开发和接受共同管理的新型制度；并特别强调了将国际流域的开发利用与环境资源保护相结合，建立统一的管理制度。随着实践的发展，这种新的开发体制正在不断完善，并取得了显著进展。

（三）《关于利用印度河条约》

1960 年，印度与巴基斯坦签署了《关于利用印度河条约》，确立了新的河流利用规则。

《关于利用印度河条约》没有采取过去许多条约规定用水量或平均取水的办法，而是考虑两国用水需要划线。这一原则较之于过去的平均分配水量有了很大发展。

（四）《大湖水质协定》

1972 年，美国与加拿大签署《大湖水质协定》，建立了国际水域围绕防治的新制度。

《大湖水质协定》技术性极强，内容也十分复杂，主要是通过规定水质标准及其各种污染防治措施以保证两国为保持和改善大湖水质采取新的更有效的合作行动。该协定的八个附件规定了特别水质技术标准，磷的控制，船舶设计、制造及驾驶，船舶废弃物，来源于船舶的污染的研究，疏浚污泥的鉴别与放置，从岸上及近海设施而来的排放，联合应急计划。《大湖水质协定》所确立的环境标准以及将环境标准作为是否造成污染的依据的做法为国际流域污染防治提供了新思路。

（五）《保护莱茵河免遭化学污染公约》和《保护莱茵河免遭氯污染公约》

1976 年，在波恩签署的两个防污公约建立了国际江河流域污染防治法中的排污许可证制度。

《保护莱茵河免遭化学污染公约》和《保护莱茵河免遭氯污染公约》除了规定缔约国在防污方面的义务，建立国际管理体制外，还以附件列举了"黑名单"，禁止排放附件 1 所列的物质，减少排放附件 2 所列的物质，进行排放必须取得相应的许可证。两个防污公约还对各缔约国的排污量进行了限制，要求逐步减少化学污染物及氯离子的排放量。

三、空气空间及外层空间保护的国际法制度

（一）《远程越界大气污染公约》

1979 年 11 月通过的《远程越界大气污染公约》是世界上第一个关于大气污染尤其是远程大气污染的区域性专门公约，同时也是第一个涉及到西欧、北美国家的环境协定。

该公约专门对"大气污染""大气污染物""远程越界大气污染"作了定义。它以控制远程越界大气污染为手段，旨在解决日益严重的酸雨问题，公约确立了控制和预防大气污染原则、大气污染管理制度、情报交换制度及协商制度。

《远程越界大气污染公约》的签订对于控制欧洲地区的酸雨和其他大气污染有着积极的作用和意义。它确立了监测和研究方面的国际合作制度，并建立了一个将国家排放、污染源控制和能源政策的信息情报集中起来的中心组织。它所确立的多项制度和措施，虽然为许多区域性的文件反复提出，一些双边或多边协定也曾采用，但这一公约对于全欧洲的适用，使其规范性大大地超过了一般的双边或多边协定。

（二）《保护臭氧层维也纳公约》及其议定书

1985年签署的《保护臭氧层维也纳公约》是建立国际防治大气污染保护臭氧层的法律原则和制度的基本条约。

该公约以臭氧层的变化有给人类健康和环境带来有害影响的危险，需要通过国际合作保护臭氧层的认识为前提，对"臭氧层"、"恶劣影响"、"替代技术"、"替代装置"和"替代物质"等术语专门下了定义，规定了研究和有组织的观测活动。要求各缔约国在法律、科学和技术领域里广泛合作。并设立了专门的管理机构，规定了纠纷解决的程序。《保护臭氧层维也纳公约》要求缔约国在参加该公约的同时，还必须参加该公约的《议定书》。

作为《保护臭氧层维也纳公约》补充或具体说明的议定书——《关于消耗臭氧层物质的蒙特利尔议定书》于1987年9月通过，它对公约的内容作了更为明确、具体的规定。除了对一些专门术语的定义外，议定书还规定了消耗臭氧层的特定物质的种类，以及控制这些物质的生产、消费和贸易的具体政策及预定计划等。

（三）《关于各国探索和利用包括月球和其他天体在内的外层空间活动的原则条约》

1967年1月开放签署的《关于各国探索和利用包括月球和其他天体在内的外层空间活动的原则条约》被称为是"外层空间宪章"，它规定了包括外层空间环境保护在内的外空利用的基本原则。

该条约的主要内容有：从事外空探索应避免从地球外引进影响

地球环境的任何物质；一国在外空的行为不能对他国的活动造成不良后果；缔约国必须就不在外层空间置放核武器及其他大规模毁灭性武器承担义务，以保证人类环境及人类自身的安全。

（四）《气候变化框架公约》

1992 年 6 月，在里约热内卢签署的《气候变化框架公约》是联合国环境与发展大会的第一个具体成果，也是人类在环境与发展问题认识上的新飞跃，它建立了人类在发展与环境方面所必须共同遵循的原则。它提出了人类在面临全球环境问题的新挑战——气候变化、臭氧层耗损、有害废弃物转移等问题时，以保护大气环境为目标的专门规定。

该公约作为可持续发展观念下的第一个环境保护公约，具有显著的特点：[1] 首先，它是一个"框架性"公约，即该公约的主要目的是确立一个关于控制温室气体排放，将大气中温室气体的浓度稳定在防止气候系统受到危险的人为干扰的水平上的原则框架，为发展中国家和发达国家规定了有关控制温室气体的不同义务。但是，对于那些具体措施则留给各国的国内法或缔约国在未来另行议定。其次，该公约是第一个由国际社会的全体成员参与谈判的国际环境条约，具有最广泛的国际社会基础。再次，该公约的影响非常广泛，几乎所有的人类活动都要受到公约的影响。最后，该公约直接关系到各国的重大经济、社会和环境利益。限制二氧化碳等温室气体的排放等措施将直接影响各国的能源工业和其他工业，并影响各国的农业等基础性产业。

该公约为实现其最终目标所确立的五项原则是：（1）代际公平原则和公平责任原则，它要求为人类当代和后代的利益保护气候系统，并要求发达国家缔约国率先采取行动对付气候变化及其不利影响。（2）要求充分考虑发展中国家的愿望和要求。（3）风险预防

---

[1]　参见王曦编：《国际环境法》，法律出版社 1998 年版，第 163 页。

和成本效益原则。它规定当存在造成严重或不可逆转的损害威胁时，不应当以科学上没有完全的确定性为理由推迟采取预防措施。它还要求对付气候变化的政策措施应当讲求成本效益，确保以尽可能低的费用获得全球效益。（4）体现可持续发展原则并承认经济发展对采取措施应付气候变化的重要性。（5）国际合作原则，它强调这种合作是促进建立有利于各国特别是发展中国家的可持续经济增长的国际经济体系。

四、自然资源、文化遗产保护

在国际上，关于自然资源、文化遗产保护方面的公约或协定有40多个，其中较为重要的全球性公约有：

（一）《面临灭绝威胁的野生动物和植物国际贸易公约》

1973 年签订的《面临灭绝威胁的野生动物和植物国际贸易公约》创立了控制野生物种的贸易和使政府负有责任监督物种贸易的原则和制度。

《面临灭绝威胁的野生动物和植物国际贸易公约》的宗旨在于建立进出口许可证制度以防止过度采捕那些有灭绝危险的物种，包括无论是死的还是活的动植物及其产品。公约有 4 个附录，列出了三类控制贸易的动植物名单和许可证样本。要求由缔约国管理机构负责贸易的方面（如颁发许可证），而由科学机构负责生物方面，保证进出口许可证的发放不会对有关物种带来有害影响。科学机构有权根据它对物种状况的看法否决管理机构的决定，这样使得国家管理机构和科学机构网之间以及与秘书处能够直接挂钩联系。公约还规定了多边和双边的技术援助和合作等制度。

《面临灭绝威胁的野生动物和植物国际贸易公约》被认为是使国际协定能够提供一种方法，以保证达到与他们有关的保护目的的成功范例。

（二）《保护世界文化和自然遗产公约》

1972 年 11 月，在巴黎通过的《保护世界文化和自然遗产公约》创立了保护世界自然遗产和文化遗产的基本法律制度。

该公约的宗旨是为国际社会集体保护具有重大价值的文化遗产和自然遗产，建立一个长久性的有效制度。公约规定：确定、保存、保护具有重大价值的文化遗产和自然遗产，首先应发挥缔约国本国的作用；同时，整个国际社会有责任进行合作。按照公约的规定，缔约国可以提出申请，要求将本国若干文化和自然遗产列入《世界遗产目录》，并据以申请公约规定的经济和技术援助，使之受到国际性保护。为实施这一公约，联合国教科文组织专门设立了"世界遗产委员会"负责管理。

《保护世界文化和自然遗产公约》特别强调：每一缔约国独特的自然和文化地区具有国际价值，是全人类遗产的一部分，国际间有援助它们的相应义务。因此，各国不仅要成为世界遗产公约的成员国，而且要向世界遗产基金会慷慨捐助。基金不会削弱每个国家保护本国独特的自然地区的基本责任，而是提供一种方法以保证具有全球性重要意义的地区不会因当地缺少金钱和技术而受到损失。

（三）《野生动物移栖物种保护公约》

1979年6月，在波恩通过的《野生动物移栖物种保护公约》建立了保护穿越国界动物的法律制度。

《野生动物移栖物种保护公约》的宗旨是保护通过国家管辖边界或国家管辖边界外的野生动物中的移栖物种。公约要求各成员国对面临灭绝的移栖物种加以保护，并尽力缔结协定保护那些处境"不妙"的移栖物种。公约附录分别列举了"有灭绝危险的移栖物种"和"需协议的移栖物种"。根据公约设立的科学理事会和秘书处，负责有关移栖物保护和管理的各个方面，提供咨询意见，以达到养护的目的。

（四）《关于特别是水禽生境的国际重要湿地公约》

1971年2月，在拉姆萨尔签订的《关于特别是水禽生境的国际重要湿地公约》宗旨是制止目前和未来对湿地的逐渐侵占和损害，确认湿地的基本生态作用及其经济、文化、科学和娱乐价值。

《关于特别是水禽生境的国际重要湿地公约》要求缔约国根据
科学的观点，至少指定一块具有国际代表性的国立湿地列入《国际
重要湿地名表》，并由国际保护；缔约国应承担保护、管理和合理
利用移栖野禽原种方面的国际义务；缔约国应设立湿地自然保护
区，并相互交流情报、培训人员，并在必要时召开湿地和水禽养护
大会等。

(五)《生物多样性保护公约》

1992 年 6 月 5 日，在里约热内卢签署的《生物多样性保护公
约》是联合国环境与发展大会的一个重要成果。该公约被认为是既
有利于工业化国家、也有利于发展中国家的公约，它建立了一种有
利于南北对话的新型环境保护制度。该公约对动植物资源的保护和
可持续利用作出了详尽的规定。

《生物多样性保护公约》接受了北方国家必须从财力和技术上
帮助南方国家的观点，并要求这种资金援助是在现存的已有援助基
础上的额外援助。公约特别强调为保护生物多样性而建立保护区域
网络首先是各个国家的责任；而农村社区和土著人应是保护和持续
利用野生动植物物种的最先受益人，因为，几个世纪以来，他们的
传统观念和对这些资源的尊重，保护了生物的多样性。

该公约的签署，建立了一种新的国际环境资源保护协作制度，
即在该公约下，北方国家在一定程度上可获得南方国家的生物资
源，同时，南方国家也将获得北方新的技术资源。这一制度，改变
了过去在环境资源保护的合作领域的单向义务性观念，要求双方都
有所给予和索取，都在享有权利的同时承担义务。但这样一种新的
制度的建立和实施，尚需国际社会成员的共同努力和积极支持。

五、有毒有害物质控制

有毒有害物质控制包括化学物品控制、放射性物质控制和废弃
物管理，在这方面，有一些国际会议的决议和准则，公约尚未形成

能够覆盖所有领域的系统，但也有一些比较重要的国际条约。

（一）《核材料实质保护公约》

1980 年 3 月开放签署的《核材料实质保护公约》是一项以保护用于和平目的的核材料的国际运输为主要目的的公约。

公约的两个附件分别对核材料在国际运输过程中的存放的保护程度、核材料的分类作了规定。公约规定除非得到关于符合附件 1 规定的核材料国际运输的保护水平的保证，缔约国不得出口或允许出口核材料。除非得到关于符合附件 1 规定的核材料国际运输的保护水平的保证，缔约国不得从非缔约国进口或允许进口核材料。除非得到关于符合附件 1 规定的核材料国际运输保护水平的保护，缔约国不得允许非缔约国的核材料在其领土过境。缔约国在得到有关过境核材料运输保护的保证后，应查明并事先通知该核材料将要进入的国家。

公约还对在发生核材料的偷盗、抢劫或其他非法取得行为时的国际合作作了规定。缔约国必须确定并直接地或通过国际原子能机构公布其负责核材料实质保护的国家主管机构。并要求各缔约国在国内法中将公约第 7 条规定的行为确定为犯罪行为并予以法律制裁，还对犯罪行为的国家管辖权和司法合作作了规定。

（二）《及早通报核事故公约》

1986 年 9 月通过的《及早通报核事故公约》是国际原子能机构在切尔诺贝利核电站爆炸事故后主持制定的有关核事故的两项公约之一。公约的目的是建立一个核事故的及早通报制度，以便将核事故的跨界影响减少到最小程度。公约适用于缔约国管辖之下的发生或可能发生放射性物质泄漏并引起或可能引起对他国的辐射安全具有重要影响的国际跨界泄漏的设施和活动。

公约规定，在发生公约规定的核事故时，该缔约国必须直接地或通过国际原子能机构向因该事故受到或可能受到影响的国家和国际原子能机构通报该核事故及其性质、发生时间和准确地点，并迅速提供可得的关于减小放射性后果的情报。提供核事故情报的缔约国必须尽可能地迅速答复受影响国家为减轻该国的放射性后果而提出的关于进一步提供情报和进行磋商的要求。各缔约国必须直接地或通过国际原子能机构向其他缔约国告知本国负责通报和接收核事故的主管当局。

(三)《核事故或辐射紧急情况援助公约》

1986年9月通过的《核事故或辐射紧急情况援助公约》是国际原子能机构在切尔诺贝利核电站爆炸事故后主持制定的另一项有关核事故的公约。公约的宗旨是建立一个便利在发生核事故时迅速提供援助以减轻事故后果的国际框架。

公约规定在发生核事故时,缔约国必须在它们之间并同国际原子能机构进行合作,以预防或减轻事故后果并保护受事故影响的国家的人民生命、财产和环境。按照公约,缔约国在发生核事故或核紧急情况时,可以直接或通过原子能机构向任一其他国家或者在合适情况下向其他国家组织要求援助,具体说明援助的范围和类型并提供必要的情报。被请求援助的成员国必须迅速决定并通知请求援助方它是否能提供援助及援助的范围和类型。各缔约成员国须在其能力限度内,查明并通知国际原子能机构它在核事故或核紧急情况下所能提供的专家、设备以及相互的条件。任何缔约国皆可要求关于医疗和临时向另一个缔约国领土转移陷于核事故或核紧急情况的人的援助。国际原子能机构必须根据其章程和本公约的规定对缔约国或成员国在核事故或核紧急情况下的援助请求作出反应。公约还规定各缔约国应直接地或通过国际原子能机构公布其负责请求援助和接受援助的主管机关。

(四)《控制危险废物越境转移及处置的巴塞尔公约》

1989年3月通过的《控制危险废物越境转移及处置的巴塞尔公约》是一个关于控制危险废物越境转移的法律框架。其宗旨是采取严格的措施来保护人类健康和环境,使其免受危险废物和其他废物的产生和管理可能造成的不利影响。

该公约将废物定义为"处置或打算予以处置的或按照国家法律规定必须加以处置的物质或物品"。公约适用于它所界定的"危险废物"和"其他废物",不适用于放射性废物和船舶正常作业产生的其排放已由其他国际文件作出规定的废物。该公约为危险废物越境转移的法律控制规定的法律框架包括缔约国的一般义务、缔约国之间废物越境转移、废物从缔约国通过非缔约国的越境转移、废物再进口的责任、废物非法运输、国际合作、责任问题的协商、递送资料、机构安排、核查和争端解决办法等方面的规定。

六、生态系统保护

关于生态系统整体性或全面性环境资源保护,目前尚无一个全球性的公约可供遵循,缺乏规范的和有约束力的国际法制度。但也有一些区域性的环境资源保护协定,比较著名的有:

(一)《关于环境保护的南极条约议定书》

1991年10月于马德里签署的《关于环境保护的南极条约议定书》是南极条约体系中的一项全面保护南极环境的专门法律文件。

自1959年12月《南极条约》签署以来,以保护南极为宗旨的协定及建议已逾200件,其中的60%是关于环境保护的。南极条约体系有关环境资源保护的措施主要为设立南极保护区、建立保护动植物的行为准则、废物处理行动准则、防止污染南极海域、人类的南极活动必须进行环境影响评价等。但这些文件有的并未对环境资源保护作出严格规定,有的只是对南极环境资源的某一方面的规定,并且相互之间缺乏协调。

《关于环境保护的南极条约议定书》由第十一届南极条约特别协商会议通过,它确认有必要加强对南极环境及依附于它的和与其相关的生态系统的保护,并确认南极对监测与研究具有世界性重要演变进程所提供的独特机会,深信健全保护南极的综合制度是符合全人类利益的。议定书将南极指定为仅用于和平和科学目的的自然保护区，并禁止在南极从事任何开发矿产资源的活动。

该议定书有4个附件，分别为环境影响评价、动物保护、废物处理以及预防海洋污染。在1991年10月的第十六届南极条约协商会议上，协商国又建立了南极保护区制度，并将其作为议定书的第5个附件。

《关于环境保护的南极条约议定书》及其附件保证了南极作为"全人类共同继承财产"在环境资源保护方面的统一行动规则。

（二）《北欧环境保护公约》

1974年，北欧国家——丹麦、芬兰、冰岛、挪威和瑞典签署了《北欧环境保护公约》，作为对斯德哥尔摩人类环境会议的响应，也是北欧国家环境资源保护合作经验的总结。该公约的签署，使得北欧国家环境资源保护合作定型化、程序化，被誉为是国际环境资源保护合作的典范。

北欧国家由于其历史原因有良好的合作传统，斯堪的纳维亚国家是最早遭受酸雨威胁的国家，由于污染严重地威胁着该地区的湖泊和森林，促使了北欧各国对环境资源问题的关心。1973年，在北欧议会设立了专门的环境委员会，负责有关环境保护的合作事务，敦促北欧各国广泛地采取外交手段保护环境资源，加强环境科学研究并制定综合性的环境资源保护法律。该委员会的积极工作，也推动了《北欧环境保护公约》的签署。

该公约的基本宗旨是将对相邻国家的污染视同于自己国家内的污染，并以此为基础开展国家间环境资源保护的有效合作。该公约适用于控制所有类型的环境有害活动，包括从国家污染源排放的污染物污染土地、大气、水等行为；规定了各缔约国有防止环境污染的义务；公约还规定了缔约国在解决国际环境污染纠纷方面的谈判和协商义务；还建立了越界环境污染诉讼制度，公约第3条规定了："缔约国中任何已遭受或可能遭受有害于环境的活动损害的受害者，有权向活动所在国的适当法院或行政机关提出申诉，并且有权以活动所在国法律实体的同等资格,就该法院或行政机关的决定提出上诉。"

　　虽然《北欧环境保护公约》适用于具体案件的实践并不多,但它创立的相邻国家环境资源保护合作的规则对于国际环境资源法有着重要影响。

第五章　观念变革

——中国环境法的理念

　　打破过去模式的时刻已经来到。通过发展和环境保护的老办法来维护社会和生态的稳定将更增加不稳定。安全必须通过变革才能得到。

　　如果不在看法上和重点上作出这种转变，那就会一事无成。我们不幻想问题的迅速解决，我们已试图指出一些通向未来的途径，但这不能够替代历程本身。我们能够对发展过程提供的经验作出反应，但没有什么东西能代替过程。……我们现在要讨论的就是这些问题，但应强调的是它们是我们所主张的广泛政策变革的补充，而不是替换。

世界环境与发展委员会

《我们共同的未来》[1]

---

[1] 世界环境与发展委员会著，王之佳、柯金良等译：《我们共同的未来》，吉林人民出版社 1997 年版，第 405 页。

第一节　理念更新

一、理想与现实

中国自 20 世纪 70 年代开始环境立法以来，走过了 30 多年的风雨历程，从无到有、从抽象到具体、从个别到一般所积累的经验也是丰富的。对于中国环境法制现状，正如曲格平教授所言："基本完成了立法规划中有关控制环境污染的立法任务，为规范市场行为和环境管理提供了依据；广泛开展了全国性的环境执法检查活动，有力地促进了环境与资源法的贯彻实施；增强了全社会的环境意识和法制观念"。[1]

现实中我们所看到的变化也是明显的：环境立法的速度大大地快于其他部门法，在不到 30 年的时间里，基本完成了环境立法的系统建设；环境管理部门从无到有，其管理职能日益强化和完善，在 80 年代以来的数次结构改革中，国家专门的环境管理机关始终占有地位提升和人员扩充的优势；环境法的各项制度初步建立，并且在吸收世界各有关国家的先进经验的基础上，创造了结合中国国情的系列制度；环境纠纷的处理程序及实践顺利展开，各种环境纠纷可以通过行政、司法、仲裁、民间调解等多种途径得到解决；环境法理论研究日趋丰富，一批致力于环境法的建立和发展的新老学者勤奋耕耘，取得了一批成果，为中国环境法理论与实践提供了有力的支撑；各大学的法律院系都开设了环境法课程，环境与资源保护法学已被列为中国的法学二级学科，并已设置了硕士点和博士点，为环境法学人才的培养创造了良好的条件。在环境法以外，我们也可以看到民众环境保护意识的普遍提高、环境保护产业的兴起

---

[1]　曲格平：《我们需要一场变革》，吉林人民出版社 1997 年版，第 288 页。

和蓬勃发展、环境质量有所改善等一系列令人欣慰的现象。

但是，我们完全没有必要沾沾自喜于已经取得的成就，淮河流域的严重污染、长江流域连年大水、黄河断流、松花江流域水灾、海洋赤潮、江河水华、湖泊污染……一切的一切都在告诉人们：我们的环境法远非完善，现有的环境法的功能与作用也还没有充分发挥，环境法的制度实施不尽人意，现实离法学家们的理想——建立可持续发展的环境法律秩序——还相差甚远。

造成环境法制现状的原因可能是多方面的，从环境法理论研究的角度，我认为，环境法理论不能对环境法现象作出合乎理性的解释并为立法提供理论支撑，不能为法律的实施提供理论指导是一个十分重要的原因。这一点也并非我的创造，其实，早有学者对中国环境法的研究现状进行了总结并提出了有见地的看法。我只能说是对此深有同感："就环境法学的理论研究而言，除了套用传统部门法方法和理论进行注释性研究外，以新的方法去探讨和发掘环境法律思想者甚少，环境法学研究也只占整个中国法学研究总数的极少部分。……在中国，环境法学研究不仅面临着与西方国家环境法学研究的同样问题，而且中国的环境法学研究方法还比较单一，研究的'禁区'还存在。"[1]

总结起来，中国环境法学研究的问题突出表现在以下方面:[2]

（一）环境法理论研究与环境法实践之间的矛盾

1. 在现行立法的研究方面，多处于低水平的重复状态，局限于对现行立法的表面解释，既无对现行法律规范的批判性分析，也无对现行法律制度的实证分析，对于现行立法中存在的问题患了

---

〔1〕 汪劲："20世纪的中国环境法学"，载李贵连主编：《20世纪的中国法学》，北京大学出版社1998年版，第245页。

〔2〕 参见汪劲："20世纪的中国环境法学"，载李贵连主编：《20世纪的中国法学》，北京大学出版社1998年版，第245~247页。

"色盲症"；如 1989 年制定的《中华人民共和国环境保护法》所设计的按行政区域设置环境管理机关、条块分割、部门分割的管理体制，其与环境管理的生态系统性和整体协同性的矛盾是明显的，但很少有学者明确指出它的弊端，反倒有不少人将其歌颂为"有中国特色"的管理体制，并多将对现行法律条文的复述视为理论研究内容，[1] 而淮河流域污染的现实对这一"特色"予以了无情的嘲弄。

2. 在预见性立法研究方面，一些本应属于国家环境立法亟需的理论支撑和论证研究课题却尚未开展，在研究课题选择方面成了名副其实的"近视眼"。如关于污染的综合控制问题，区域和流域环境资源的综合保护问题，近年来很少有人涉足，但长江流域的四年三水和严重的水质性缺水，黄河流域的污染和水源枯竭现状对这方面的立法都有着迫切要求；再如在国际环境法中，许多具体涉及全球环境保护法律控制的课题在国内尚无学者问津，以至于国家在制定对策时得不到有力的论证和理论支持。

3. 在基础理论研究方面，重视体系框架的构造和逻辑演绎，将一些属于环境科学、环境管理学的成果直接用于论证环境法的基本理论，各种不同学科领域成果之间的转换没有经过一个再创作的"翻译"过程。即使有一些翻译，也是"直译"多，"意译"少（如目前关于环境法基本原则的概括）。但对法学基础理论的研究，以及法学与相关科学的结合方式与途径未予重视。有一个最为简单而被大家熟视无睹的事实是：环境法上的"环境"的概念到底是什么，现在各国环境立法几乎都采用的是环境科学的概念并多以列举方式出现，那么，环境法上的"环境"与环境科学上的"环境"是否同一概念？我国出现的"环境法""资源法""能源法"的法学分科与"环境"的法律概念有无联系？现在学术界普遍接受的

---

〔1〕　随手翻看中国环境法的有关著述和论文，这种现象比比皆是。当然，其中也包括我自己的一部分研究成果。

"环境资源法"与国家学位委员会确定的"环境与资源法"有无区别?[1] 更不用说现代法学理论发展对环境法产生和发展的影响、环境法哲学基础、环境法经济学基础、环境法理论研究方法等一些带有根本性理论问题的研究。其结果是不能为中国的环境法实践提供真正具有理论意义的指导，反倒给人以环境法没理论的印象，导致不少实际部门在处理环境纠纷时，缺乏对环境法基本原则和基本宗旨的把握，不能很好地贯彻立法者意图，使法律的实施偏离正确的轨道。

(二) 环境法学研究方法的误区

1. 环境法学的研究方法主要还是阐释现行法律法规，并不是真正意义上的"注释法学"。它不是运用注释法学的方法通过严密的理论分析而对现实的环境法制度进行客观论证、推导和评价，而是热衷于某些个人意志和行政部门解释，要么是使理论成为某些个人意志的"注释"；要么是以法规解释法规，使理论研究成为了法规的堆砌和套叠，几乎没有理论分析。这种研究现状严重背离了环境法学研究以法学为依托、以环境科学为背景、以生态观念为指导的边缘性学科的研究方向，在既无明确的法学方法论概念，又无深厚的环境科学基础，且主要的理论阐释依据又来自于某一环境资源管理行政部门的资料的情况下，环境法的理论研究难免有为某些环境资源行政机关争夺部门利益而"论证"的嫌疑。这种现象的长期

---

[1] 1997 年国家在进行博士、硕士学科点调整时，确立了"环境与资源法"的博士点和硕士点，但是这一调整从法学研究的角度不甚明确：环境法与资源法在我国一直是两个有联系又有区别的研究方向，两者无论从立法目的、任务还是调整方式、制度模式等方面都有较大差别。自可持续发展的观念提出并普遍为人们所接受以后，环境的资源性特征日益受到重视，学术界普遍接受了以"环境资源"代替过去的"环境"的概念，以强调环境的生态性、系统性功能。那么，现在所确立的"环境与资源法"到底是"环境法和资源法"还是"环境资源法"显然是有完全不同意义的。

存在，对中国环境法制建设的影响也是十分不良的，它不是致力于从生态的、系统的、全息的高度来看待环境法，而是将其局限于某一个或某几个行政管理部门的权力运行规则，与可持续发展的要求相差甚远，在这种方法下所论证的法律对中国环境法制的作用也就可想而知了。

2. 中国环境法的研究方法仍主要是概念法学的逻辑演绎方法，闭门造车，先假设中国等于外国，然后求证只要将国外的某一制度拿来，中国的问题便可以一了百了，缺乏对中国环境法制度实施的本土资源和环境条件研究。我所看到的有关比较环境法方面的论著，无一不是得出要在中国实施某项国外的先进制度的结论，中国环境问题之所以解决得不好，就是没有某一制度，云云。再加之，我们对待国外环境法制度的研究也一贯坚持了只研究制度本身，不涉及该制度产生的历史条件、文化背景、法制现实的做法；有时甚至不是对外国环境法制度的全面分析，而是断章取义，为我所用。我并不反对研究和引进国外的先进法律制度和法学理论，因为环境法在本来意义上就是一种"舶来品"，借鉴与吸收必不可少，但是盲从是不会有好的结果的，就如一个长期饥饿的人不能暴饮暴食一样，为我所用的功利目的也是不可取的。中国环境法对外国先进制度的采用也必须是建立在对中国环境法制现状以及中国经济社会等本土资源深刻把握基础上的。过去的 30 年里，我们直接引入的国外环境法制度不可说不多，但往往是在国外实施得卓有成效的制度到了中国就成为一纸空文，得不到很好的实施甚至完全得不到实施，这应该是环境法学缺乏实证研究和法律实施基础条件研究的不良后果之一。

（三）环境法理论研究与其他部门法研究的严重缺乏沟通与联系

中国环境法研究有一十分令人困惑的"怪圈"：本来是沿袭传统部门法研究方法和研究思维模式的环境法，却与传统法学的理论研究相互分割和对立。学者们一方面都将综合性作为环境法的重要特征，承认其对传统民法、行政法、刑法手段的运用；另一方面，却对传统部门法的研究现状不闻不问，造成传统部门法理论与实践的发展与环境法的发展几乎没有联系的局面。

这种现状的形成，一是与环境法本身的研究思维过于强调环境法的独立法律地位及完整的逻辑结构有关，有急于"创立门户""抢占山头"的嫌疑，唯恐承认与传统部门法的密切联系就使环境法失去了独立地位，忽视环境法系统的开放性、规范协调性和部门边界模糊性的特征。这样下去的结果只能是人为地割断了环境法与外界的联系与沟通，本应最具有生态性特征的环境法失去了与整个法制系统及其他各个子系统的交流与协同，环境法自身的发展缺乏丰富的多样性的支撑，日益陷入贫困，始终无法摆脱"就法论法"或"以长官意志解释法律"的命运。

二是整个法学理论研究思维单一、幼稚化的影响。长期以来中国的法学研究都走着一条以"独立性""专业性"为标榜的简单、幼稚的道路，研究方法单一，不研究法律条文背后的东西，将法律研究简单等同于规范表面的逻辑解释；并且"专业"意识极强，对于跨部门的法学研究不是积极鼓励，而是加以攻击甚至封杀，将本来可以沟通和联系乃至带来变革的理论研究顽固地拒之门外，[1]这种现象直到近几年才稍有改变，并且这种改变还不十分显著。这种学术氛围使得学者视跨学科研究为畏途，宁可就某一学科的一些鸡毛蒜皮的问题轻而易举地发表几十篇甚至上百篇论文而成为"专

---

〔1〕 这些年我们常常看到法学理论研究者的论战起因于某一法部门对"入侵者"的群起而攻之，并且都是不问"入侵者"有无对其已有理论发展的可取之处，抓住一些细枝末节的问题以"基本常识都不懂"为由而大做文章，缺乏宽容和兼收并蓄的学界风范。一些人捍卫"闲人莫入"的劲头十足，对本部门的学术发展和创新却兴趣不大。我们更常常听说在评定法学职称时以某人涉足的专业较多而将其非原来所学专业的成果（这里指的仅仅是作者自己辛勤研究的成果，而非挂名成果）不予认定的事情。

家"，却不愿意在花费了大量的艰苦的劳动后发表几篇跨学科研究成果而被视为"杂家"或"不务正业"者。其实，从事跨学科研究所需要的理论功底、相关专业基础、学术勇气和开拓精神不仅不亚于部门法的专门性研究，而且在很大程度上是要超过许多专门性研究的。其实，包括现代法的许多新兴领域是法学现代化的产物，也是超越部门法学的产物，它所要求的必须是跨部门的法学研究；但是，根深蒂固的部门法观念和"门户之争"使得这些新的学科发展受到了极大的限制，各个学科之间的交流与沟通几乎被隔绝：从事环境法研究的学者不愿意也不敢涉足其他学科，其他学科的学者也从不观望环境法领域，以至于固执地认为环境法因其环境科学基础是与所有法律部门毫无关联的部门，真是"鸡犬之声相闻，老死不相往来"。

二、全面变革

　　环境法理论与实践问题的存在表明：我们需要一场变革，并且是一次全面的变革，变革的目标是建立可持续发展的环境法系统。这个系统必须是以可持续发展的方式、思想和理论为指导的全新系统。

　　（一）可持续发展的基本特性[1]

　　可持续发展是一种源远流长、永续不断、动态平衡、良性循环、奔腾不息、气象万千的运动和状态。它的主要性质和特征包括：

　　1. 发展性，即可持续发展的前提是发展，唯有发展才有出路和进步，只有发展才有美好的社会、经济和环境。发展性是可持续发展的基本特征，它表明可持续发展是一种动态的、前进的状态和运动。

---

[1]　参见蔡守秋："论可持续发展对我国法制建设的影响（上）"，载《法学评论》1997 年第 1 期。

2. 持续性，即可持续发展具有时间标志，它调控发展既要满足当代人的基本需求，又不危及子孙后代满足其需要的能力。持续性反映可持续发展的源泉、潜力、因果关系和发展过程的动态联系，是可持续发展的生命力特征。

3. 整体性，即可持续发展是一种大范围、长时期、总体性的发展运动。可持续发展建立在这样一个基本事实的基础上：从宏观角度、长远角度看，只有一个地球，地球上的人类及其自然环境是一个有机联系的整体，地球上的各种生态系统是一个有机联系的整体，人类的各个部分（包括民族、国家、社区）的发展是一个有机联系的整体。可持续发展是人类各部分的共同发展或协同发展。整体性体现可持续发展的系统性、综合性、全局性和有机联系性，是衡量可持续发展的标志。

4. 高效性，即可持续发展只能是高效率、高效益的发展。高效性是反映和衡量可持续发展运动的价值和效益的主要参数，它体现综合效益（经济、社会和环境效益的统一）、总体效益（间接和直接效益、局部和整体效益、眼前和长远效益、当代和后代效益的统一）和最佳效益（速度和效益、数量和质量、先进性和可行性的统一）。

5. 和谐性，即只有当人与环境和谐共处时，可持续发展才能变成现实。可持续发展建立在这样一个基本事实的基础上：世界由人类社会和自然环境两大系统组成。可持续发展不能超过地球或自然环境的承载能力或自我调节能力。和谐性反映可持续发展中人与自然这两大系统的状态和关系。

6. 多样性，即可持续发展是多样性、多元化的发展，只能建立在生物多样性（包括遗传多样性、物种多样性、生态系统多样性等）、区域多样性（包括社区多样性、经济贸易开发区多样性、国家多样性、国际区域多样性）、经济多样性（包括经济体制多样性、经济主体多样性、经济运作调控方式多样性等）、社会多样性（包括社会制度多样性、社会组织多样性、民族文化多样性等）的基础上。多样性是保证可持续发展生机勃勃、生动活泼、内涵丰富、气象万千的主要因素，是衡量可持续发展的基础或支持系统的主要标志。

7. 公平性，即可持续发展是由人去推动的运动，只能建立在社会公平即社会正义和人与人之间平等的基础上。只有保持公平，才能调动和维持可持续发展主体即人的积极性和创造性。公平性是可持续发展的重要特性，失去公平也就失去了可持续发展的可能性。

8. 开放性，即可持续发展是一种全方位、多渠道、不封闭的发展。开放性的主要体现是：人类社会的开放，人与自然的和谐；国家的开放，各国之间的交流与合作，自由贸易的发展，世界大市场的形成；行政区的开放，打破地区封锁，进行区域交流与合作；部门和行业的开放，突破部门和行业的限制，"条条"之间要交流；文化、思想和信息的开放，要打破保守的文化藩篱、思想牢笼和信息铁匣，让先进的、有益的文化、思想、信息自由传播和交流；国际管理、国家管理、社会管理和企业管理的开放，要提倡公开性、民主性和公众参与，充分实现管理者与被管理者之间的交流与合作。开放性是衡量可持续发展程度的重要标志。

9. 阶段性，即可持续发展只能是分阶段、分阶梯的连续运动。可持续发展是一个永恒的主题，既没有发展的尽头，也没有一成不变的发展指标，在不同的发展基础上的不同发展阶段有不同的目标、要求、重点和特色。要准确地认识、描绘和评价可持续发展的状态，必须分阶段地对待可持续发展运动。

10. 协调性，即可持续发展只能是经济、社会和环境的协调发展。可持续发展建立在这样一个基本事实的基础上：即现代国家主要由国土（即环境资源）、国民（即人）、经济系统（包括产业、市场等）、社会系统（包括行政体系、法制体系等）组成。其中国土是立国的基础、国民是立国的根本、社会系统是立国的灵魂、经济系统是立国的支撑。可持续发展强调的是综合决策、全面规划、统筹兼顾以及各个系统的协调发展、同步发展，单个系统的孤立的发展不是可持续发展的特征。协调性是可持续发展的重要特征，协调机制是建立和维持可持续发展秩序的主要机制。

（二）可持续发展对环境法的影响

可持续发展作为一种不同于传统发展的全新发展方式，是一次全方位的社会变革，这种变革必然会对各国的法治环境产生影响。目前，可持续发展对传统法学和法律制度的影响，已得到包括发达国家政界人士和法学家在内的许多有识之士的关注和研究；一些工业发达国家基于对"传统的不可持续发展的生产方式"的反省，正在兴起一场对法学和法律制度的审查和批判。《21世纪议程》提出："为了有效地将环境与发展纳入每个国家的政策和实践中，必须发展和执行综合的、可实施的、有效的并且是建立在周全的社会、生态、经济和科学原则基础上的法律和法规。"由世界自然保护同盟、联合国环境规划署和世界野生生物基金会合编的《保护地球——持续生存战略》也明确提出：各国应通过一个关于可持续性的全球宣言和盟约，使各国对可持续生存的道德准则作出承诺，并应将可持续生存原则纳入他们的国家宪法和立法之中；所有国家应保护人权、子孙后代利益及地球生产率和多样性的环境法综合体系；应对现行的法律和行政的控制进行审查，改进其弱点；到本世纪末，所有地方都应完成对国家法律的审查，目的是重新制定法律以适应持续生存的需要。

为实施联合国环境与发展大会提出的《21世纪议程》，在联合国开发计划署的支持下，中国也制定了《中国21世纪议程——中国21世纪人口、环境与发展白皮书》（以下简称《中国21世纪议程》）。该议程承认，中国过去所采用的生产方式也是不可持续发展的生产方式。因此，与联合国《21世纪议程》相呼应，《中国21

世纪议程》立足中国国情，广泛归纳了各部门正在组织或行将实施的各类计划，包含了中国可持续发展的战略与对策、立法与实施、经济政策、费用与资金机制、教育与能力建设、人口、居民消费和社会服务、消除贫困、卫生与健康、人类住区、农业与农村、工业与交通、通信业、能源生产和消费、自然资源保护与可持续利用、生物多样性保护、荒漠化防治、防灾减灾、保护大气层、固体废物的无害化管理、团体及公众参与等 21 个方面的广泛内容。《中国 21世纪议程》于 1994 年 3 月得到国务院批准，成为制定国民经济和社会发展计划的一个指导性文件。

《中国 21 世纪议程》在"可持续发展的战略与重大行动"中明确，目标是"建立可持续发展的经济体系、社会体系和保持与之相适应的可持续利用的资源和环境基础"。其首项行动是"开展对现行政策和法规的全面评价，制定可持续发展法律、政策体系，突出经济、社会与环境之间的联系与协调。通过法规约束、政策引导和控制，推进经济、社会与环境的协调发展"。《中国 21 世纪议程》第一批优先项目计划 62 个项目的首位项目即是《中国可持续发展的法律制定和实施》。其目标包括：可持续发展立法的系统化，要按照"全面评价、制定体系、突出联系、协调发展"的原则，完成制定新法、修订原法、国际条约配套立法和能力建设等两方面的行动；并要完成现状调研、公众教育、监督制度、实施措施、司法与行政制度改革等 5 项实施保障任务。在评价中，凡发现不符合可持续发展原则的条款都要抓紧修改，法规约束、政策引导和调控措施要及时补充，国际配套立法也刻不容缓。

从国际国内对可持续发展战略实施的方案不难看出其对整个法律制度体系的冲击和影响，并且可以预见这种影响的广度、深度、规模、前景和后果都是空前的。当然这种影响也包括了对整个环境法治的影响。可以认为：可持续发展对环境法治的影响是一种长期的、根本性的、整体性的影响。主要表现在对环境法治的基础、理论和实践的影响三个方面。[1]

1. 可持续发展对环境法治的基础的影响。首先是对环境法治的物质基础的影响。无论何种法律都只是表明和记载经济关系的要求，都只是以法律形式表现的社会物质生活条件。一般认为，发展方式、发展模式包括生产方式、生活方式或模式，是主要的物质生活条件、经济生活条件或经济关系。环境法治也和其他法律制度一样，归根到底是由其赖以存在的物质生活条件特别是物质生产方式决定的，也就是说决定环境法治的物质基础主要是物质生产方式。

可持续发展是与传统的生产方式根本不同的生产方式，它既重视取得劳动的最近的、最直接的有益效果，也重视由于重复和积累才发生作用的长远结果。实施可持续发展战略必然引起物质生活条件和物质生产方式的变化。事实表明，由于实施可持续发展战略、采用可持续发展的生产方式和生活方式，已引起了一系列连锁反应和变化，其中包括但不限于：生产资料所有制的变化；土地等自然资源权属关系的变化；经济体制和经济调控方式的变化；社会政治体制和社会组织形式的变化；生产组织形式和市场调控方式的变化等。根据物质生活条件特别是物质生产方式是法的最终决定因素这一基本观点，根据中国过去一直采用的是不可持续发展的生产方式这一基本事实，我们在研究环境法治问题时，必须正视实施可持续发展战略对我国环境法治的物质基础的改变及其对环境法治的影响和制约。

由于可持续发展改变了环境法治赖以存在的物质基础，物质基础的变化必然会引起环境法治的根本性变化，因而可持续发展对环境法治的影响是一种基础性影响。

其次是可持续发展对环境法治的社会基础影响。制定法即人为

―――――――――

[1] 参见蔡守秋："论可持续发展对我国法制建设的影响（上）"，载《法学评论》
    1997 年第 1 期。

法，既是人的活动的产物，又规范、控制人的活动，依靠、通过人的活动去实施。这里的人的活动，不只是单个人的活动，而主要是结成不同阶级、阶层、团体和组织的人群的社会活动；不只是国家活动或政府活动，也包括各种群众运动和民间活动。也就是说，决定环境法治发展的社会基础是人民群众。

传统的不可持续发展的生产方式的一个明显缺陷是其封闭性和分裂性，它把作为物质生产方式主体的人民群众割裂开来、对立起来、封闭起来，不能充分发挥和持久保持广大人民群众的自主性、积极性和创造性。而可持续发展是一种具有整体性、开放性、多样性和协调性的生产方式，它强调协同发展、协调发展，重视社会公平、正义，尊重人民群众的多样化选择。走可持续发展道路必须依靠和动员广大人民群众，必然引起群众组织形式和群众活动方式的变化。事实表明，实施可持续发展战略已经引起环境法治的社会基础的一系列变化，其中包括但不限于：以地球日、环境日为代表的各种环境保护群众运动和群众活动的出现；以绿党和各种绿色团体为代表的各种环境保护团体和环境保护民间组织的出现；以绿色和平组织和生态法院为代表的各种国际性非政府环境保护组织的出现；以公民参与环境影响评价活动、环境决策过程为代表的各种公众参与环境管理方式的出现等。

根据人民群众及其活动是决定和影响法的发展的重要因素这一基本观点，根据我们走可持续发展道路所引起的环境保护群众运动和群众组织的新发展，只有掌握和控制在新旧生产方式转变时期的环境法治的社会基础的变化，才能预测和调控未来环境法治的变化。

再次是可持续发展对环境法治建设思想基础的影响。人的思想是人的行为即人的活动的指南，也是包括环境资源立法和环境资源执法在内的各种法律活动的指南。这里的人的思想，包括人的伦理观、法治观、文化观等各种思想意识；在可持续发展领域，主要包括人的社会观、自然观、发展观、价值观和环境伦理意识。一般认为，决定环境法治发展的思想基础主要是环境意识和环境伦理观念。

与传统的不可持续的生产方式相适应的思想意识，是以人类中心论和利己主义为代表的思想意识。人类中心论把人与环境、社会与自然割裂开来、对立起来，提倡人对自然的无条件统治、征服、剥削、掠夺和获取，不重视保护环境、爱护大自然和尊重其他生物物种。利己主义只重视个人利益、眼前利益、直接利益、当代利益、经济效益和其他狭隘利益，不重视公共利益、长远利益、间接利益、后代利益、环境效益和其他合理的利益。走可持续发展道路，在思想领域必然冲击人类中心论和利己主义，法治的思想基础必然引起人们思想观念意识的变化。事实表明，实施可持续发展战略已经引起环境法治的思想基础的一系列变化，其中包括但不限于：以环境道德、生态伦理为代表的新的伦理观念意识的形成；以环境权、生存权、发展权为代表的新的环境法治观念的形成；以环境文化、绿色文化为代表的新的文化意识的形成；以生态革命、绿色产品为代表的生态农业观；清洁生产、环境无害技术、社会环境形象为代表的新的企业环境观的形成；以只有一个地球、保护环境、节约资源、防治污染为代表的环境保护意识的形成；以可持续生存、可持续生产、可持续生活、可持续消费观念为代表的可持续发展观的形成等。

根据思想意识是决定和影响法的发展的重要因素这一基本观点，根据中国走可持续发展道路所引起的人的思想意识变化，我们决不可以低估和轻视可持续发展对环境法治的思想基础的影响和作用。由于可持续发展改进了环境法治赖以发展的思想基础，思想意识基础的变化必然会引起环境法治的重大变化。

2. 可持续发展对环境法治理论的影响。可持续发展对中国环境法治理论的影响是一种全面的、总体的、深远的影响，涉及的范

围广泛。其表现主要在如下方面:

可持续发展对环境法学的总体影响。这种影响主要是指可持续发展对环境资源法学的性能、基本理论和基本研究方法的影响。其影响的结果是:

第一,进一步增强环境法学的进步性、革命性。在走可持续发展道路时,人们必然要求法律保护和解放社会生产力,要求环境法理论服务于可持续发展法律的制定和实施,要求获得更多、更好、更充分更全面的民主、自由和幸福,要求改变现行的某些不能体现可持续发展规律和特征的法律。

第二,进一步增强环境法学的求实性、理论与实践的统一性。

第三,进一步增强环境法学的纳新性、兼容性。即环境法学在可持续发展观念的指导下,将提高吸收新鲜事物、新鲜知识的能力;也将提高容纳各种法学理论合理成分的能力。可持续发展运用了许多新学科、新思想、新信息、新知识、新概念、新术语,这些为环境法学的发展提供了吐故纳新和集百家学说之强的条件。

第四,进一步增强环境法学的科学性、逻辑性。可持续发展将促进环境法学更多、更准确地反映社会经济发展规律和自然规律,特别是有关市场经济、价值、生产力发展和科学技术发展等方面的规律。

可持续发展对环境法理念的影响。可持续发展对环境法基本理念的影响是多方面的,我们可以从以下几个方面加以认识:

第一,对环境法公平观的影响。在可持续发展"公平性法则"的冲击下,法的灵魂正受到审查和谴责,法的"真正的正义性、公平性"正在受到审查。可持续发展的公平性法则揭示,可持续发展只能建立在社会公平及社会正义和人与人之间的平等基础上。用可持续发展的观点看,当今世界由法律维护的不公平、不正义、不平等现象相当多,主要表现为:发展条件(基础)不平等;发展获利(结果)不平等;历史发展上的不公平(时间生态序不公平),如代际间的不公平，历史遗留下来的有利影响和不利影响、遗产和欠账不公平等；地域发展上的不公平，包括区域生态和地区发展不平衡，如一些地区和行政区享有政治的、经济的、政策的种种特权，而另一些地区和行政区却受到政治的、经济的、发展的歧视、压制或限制；社会制度上的不公平，包括体制、阶层、行业间的不公平及部门行业内部的不公平；种族和性别之间的不公平；法律政策方面的不公平，包括政策制定和实施、法律制定和实施方面的不公平。这些都将对环境法过去赖以存在的公平观产生冲击，要求建立符合可持续发展需要的公平观。目前不少环境法学者正在提倡环境公平、绿色公平，实现环境公平成了社会的迫切需要，环境公平将成为环境法的基本价值目标。

第二，对环境法效益和价值观的影响。在可持续发展的"高效性原则"的冲击下，法的作用、效益和价值正在被重新评估。在环境法治建设领域，无论是立法、执法还是司法，都一直存在着直接效益和间接效益、眼前效益和长远效益、局部效益和整体效益、经济效益和环境效益、人的价值和自然的价值之间的矛盾和冲突；与传统的不可持续发展模式相适应，一些法律在某些方面加以保护的只是眼前的、局部的和直接的利益，或单项的、非综合性的利益。对此，由于环境法直接关系到整个社会的环境资源发展战略和经济发展水平，其效益和价值观对实施可持续发展就更为重要。在环境法治建设中，树立新的效益观和价值观也就更为必要。

第三，对权利义务观的影响。可持续发展是多元性、多样化发展的结果，只能建立在生物多样性、区域多样性、经济多样性、社会多样性的基础上。可持续发展的实质是自我调控的、对发展后果负责的发展，它要求赋予法律主体以多种权利、自由以及相应的义务、责任。但是，一些法律规定与传统的生产方式相联系的，体现的是传统公平观下的权利和义务，有的不太注意保证个人的权利和自由，有的不恰当地强调国家的、政府的、集体的权利和领导人的自由，在某些法律责任和义务方面有局限性（对责任主体和责任客体而言）、不对等性（对权利而言）、后果不合理性（对不履行义务和责任而言），在对他人的责任和义务、对集体的责任和义务、对种族的责任和义务、对国家的责任和义务、对人类的责任和义务、对自然的责任和义务等方面具有片面性。在市场经济和可持续发展的推动下，包括公众参与、公民环境权、污染者负担等内容的环境民主和环境责任原则应得到充分发展。

第四，对环境预防原则的影响。可持续发展是一种能预防环境污染和环境破坏的生产方式，它要求一切发展活动都应事先考虑其后果，在当代就考虑子孙后代的利益。但是，迄今为止的环境保护措施主要是一种被动的、末端控制的、先污染后治理的措施，在可持续发展的推动下，包括清洁生产、环境无害技术、源削减制度、环境影响评价制度等内容的环境预防原则将会得到进一步的发展和推广。

3. 可持续发展对环境法治实践的影响。可持续发展对环境法治实践的影响相当广泛、全面和实在，它要求制定完备的环境法规范、建立强有力的环境执法机构、提供优质的环境法律服务，要求将环境法治建设贯穿于可持续发展的全过程。

可持续发展对环境资源立法和决策的影响：可持续发展对环境法治实践的影响首先表现在对环境资源立法和决策制度、机制的影响上。从实际出发，是环境资源立法和决策的基本原则。可持续发展是目前最重要的实际之一，它使越来越多的经济关系和社会关系、经济活动和社会活动准则需要用法律的形式固定下来。只有从可持续发展的实际需要出发，从有利于改变传统的不可持续的生产方式、有利于发展生产力出发，才能更进一步改进和健全我国的立法和决策机制。目前，环境资源立法和决策机制难以满足可持续发展的要求。从法学研究的角度看，可持续发展对立法和决策制度的影响有许多深层次的问题需要探讨，其中包括但不限于：如何建立健全立法审议制度、公众参与立法和决策制度、立法和决策影响评价和效果评估制度、立法和决策公开制度、立法和决策责任制度、立法和决策监督制度等。为了应对可持续发展的挑战，我们应积极进行如下工作：开展对现行政策和法规的全面评价；建立有利于可持续发展的综合决策机制，健全立法和决策的支持体系，调整现有政府部门的职能，加强部门间的广泛协商与合作；逐步建立可持续发展的政策体系、法律体系，注意各种法规之间的协调，注意国内法与国际法的协调。

可持续发展对环境法实施和监督的影响：可持续发展对环境法治实践的影响同样表现在环境法实施和监督方面。目前，各地不同程度地存在着有法不依、执法不严、违法不究、执法手段不强、法律实施和监督制度不健全等问题；相对于立法和决策机制，在执法、司法机制方面的问题可能更多、更迫切。对执法和司法而言，可持续发展是一种最丰富的实践活动。为了满足实施、适用、监督可持续发展法律的需要，法院需要加强和改进环境资源纠纷案件的审判工作，检察院需要加强和改进案件的检察工作，司法部门需要加强和改进有关服务工作，有关法律监督部门需要加强和改进对有关法律实施的监督工作。实施可持续发展战略，必然对环境法实施和监督提出如下要求：发展有效实施环境法的办法与途径；加强和完善可持续发展领域的执法保障支持机制，建立可持续发展的协调管理机制和反馈机制；提高全社会的可持续发展意识和环境法治观念，将环境法和可持续发展法律宣传纳入普法计划；将环境法和可持续发展法律列入学校基础教育课程之一，使可持续发展理论落实到基础教育之中；将司法和行政程序与环境法的实施紧密结合起来；将环境法和可持续发展法律的实施纳入行政程序，保障行政行为符合可持续发展原则；将可持续发展法律的实施纳入司法程序，采取有效措施保障可持续发展原则的真正落实；扩大公众和社会团体在可持续发展法律实施中的作用；扩大律师在可持续发展领域的作用，通过律师的法律服务促进与可持续发展有关的法律的施行；扩大可持续发展法律实施中的国际交流与合作。

在环境法监督方面受可持续发展的影响可能更大，需要建立健全可持续发展法律实施的监督体制，其中包括但不限于：加强立法机构的监督职能，建立执法部门定期向立法机构汇报情况的制度；建立对行政机关和司法机关执法情况考核制度；建立健全律师对环境法实施的监督制度；扩大新闻监督作用，建立健全公众参与执法监督的制度；鼓励各执法机关、社会团体和研究机构对环境法和可持续发展法律的实施情况进行调查研究，建立有效的环境法和可持续发展法律实施监督的信息网络。

可持续发展对环境法律制度的影响：目前，可持续发展已成为环境资源保护的指导思想，今后必将对各种具体的环境法律制度产生不同程度的影响。我们认为，可持续发展战略对于环境法律制度将发生不同程度的改进和变化，主要表现为：环境责任制度，特别是环境资源行政首长责任制度和企业经理厂长责任制度；环境影响评价制度，尤其是宏观活动的环境影响评价制度应得以建立；清洁生产制度和源削减制度；环境污染物总量控制制度；污染集中治理和环境综合整治制度；防止污染转嫁制度和贸易环境管理制度；环境标准控制特别是环境管理标准控制制度；环境社会团体和公众参与制度；流域或区域环境综合整治制度；环境资源税制度；环境资源纠纷处理制度等。

（三）变革的重点

理论变革是环境法治系统变革的基础和先导，可持续发展理论对环境法提出了强烈的变革要求，它所要求的是"脱胎换骨"。针对我国目前环境法学理论研究中存在的问题，我以为，环境法理论变革的重点应该包括如下方面：

1. 环境法研究认识论的变革。对环境法理论与实践的研究都应实现"人类中心主义向生态中心主义"的转变，树立可持续发展的利益观与价值观，在重新认识人类—环境关系的基础上，深入研究环境法的伦理基础和文化基础；研究环境法的目的与手段；研究环境法的工具性价值与目的性价值；研究环境法的基本理念。

2. 环境法研究方法论的变革。对环境法的理论与实践研究应该在反思过去单一、幼稚的方法并在对其进行批判的基础上建立新的方法论，深入研究各种法学方法在环境法中的运用，建立环境法的方法论体系，开展研究与环境法相关的各部门法的理论与实践，建立环境法与各部门法沟通与协调的机制，并且积极鼓励各传统部门法的学者进行环境法研究，从不同专业领域的角度拓展环境法理论基础；研究外国和国际环境法的先进思想和制度，结合中国环境法本土资源，建立中国环境法对外国法的移植和与国际法的接轨机制，使中国环境法制度更具有合理性；运用生态学、哲学、经济学、社会学研究方法和系统论、控制论、信息论等现代科学技术的研究方法，对环境法现象进行理性研究，拓展环境法研究视野。

3. 环境法研究内容的变革。对环境法的现存理论体系进行检查，走出"法律条文+有关文件=环境法理论"的误区，将环境法的研究内容从"就法论法"转变为对环境法理论与实践的基础、条件和事实环节等全过程的研究，在基础理论研究方面注重对环境法存在的合理性解说，以及环境法作为边缘性学科对法学以及相关学科的作用与影响，在区分不同学科的基本概念和范畴的含义的基础上，运用法学的思维方式将这些学科的理论成果进行"翻译"，建立环境法的"话语系统"和与相关学科沟通与联系的通道。在具体制度研究方面，注重规范研究与实证研究的结合，无论是对国外的制度还是国内的制度，都应本着实事求是的态度，全面完整地研究每一制度产生的社会经济背景、制度实施的内部与外部条件、各项制度之间的联系与协调、制度创新与制度继受之间的关系、制度实施后的反馈与调整等问题，以保证中国环境法的制度模式选择具有系统性、科学性和可操作性，真正成为连接环境法理论与实践的桥梁。

第二节 环境法的目的性与工具性

一、目的合理性

（一）目的研究的意义

在我国过去的环境法理论研究中，对环境法目的的研究并不多见。[1] 这种现象表现出理论研究对这一问题的不敏感或不重视。

其实，法律目的研究是现代法学研究中的一种适应法制变革要求的重要内容，在西方国家，被认为是改变传统法学方法论上自然法与法实证主义二元对立局面赋予国家制度以自我修正的精神的一种法律变革模式。其意义在于使法律不拘泥于形式主义和仪式性，通过理论和实践的结合进一步探究法律、政策中所蕴含的社会公认准则（价值）。"如果法律强调原则和目的，那么就有了一种丰富的资源可用于批判具体规则的权威。……虽然一项规则可能带有官方权威的烙印——即通过了法律效力的'血统检验'——但它却被认为是可以按照它对那些利害攸关的价值的影响重新评估的。"[2] 学者们主张，现代法制应该是具有开放性和弹性、缓解法律的完整

---

[1] 现在所见到的关于环境法的目的专门研究，仅有汪劲的博士论文《论环境法的目的》（1997年5月）。他在该论文中将环境法的目的概括为两项："衡平世代人利益，实现社会的可持续发展"和"保护人类的'环境权'和'生态世界的自然的权利'"。另在一些环境法论著中有一些关于环境法目的的零星论述，一般有所谓环境法目的一元论（即环境法的目的就是为了保护人体健康，维持生态平衡）和目的二元论（即环境法的目的包括两个，首先是保护和改善环境、保障人体健康，其次是促进社会经济发展）。

[2] ［美］诺内特、塞尔兹尼克著，张志铭译：《转变中的法律与社会：迈向回应型法》，中国政法大学出版社1994年版，第91页。

性与开放性矛盾的"回应型法"模式。[1] 在这种模式下,"制度有必要由目的来引导。目的能够设立批判既存的规章制度的基准,并据此开拓出变革之路。同时,如果真心实意地贯彻目的,那么目的也自然可以制约行政裁量,从而也可以缓和制度屈服(于社会压力)的危险"。[2]

法律的目的是法律内在价值的体现,法律目的研究的意义是多方面的:其一,提高法律推理的合理性,通过法律目的的研究,使人们可以将看似杂乱无章、毫无逻辑关系的各类法律规则条分缕析,使法律规则形成系统性网络;其二,减少对法律规则执行的恣意或法律执行者的越权行事,以保证法律的正常实施,在社会变革的情况下,法律的理解经常要求离开规则而求助于目的,要求对变革中的行为模式根据目的在"实质合理性"与"形式合法性"之间进行选择;其三,法律目的研究更便于对整个法律系统的把握和基本理论的建立,法律目的研究是以结果为指导的,它将法律的价值目标普遍化,并将其与法律判断的逻辑与道德判断和实际判断的逻辑变得紧密和谐起来,要求法律特别注重法律规则与原则的相互作用、注重法律的变革中公众参与的意义,这样,就为建立一个开放性的法律体系提供了理论框架。

---

[1] 美国的伯克利学派从法制改造的目的出发,对传统法律和现代法律进行了研究,他们将社会上存在的法律现象分为三种类型:"压制型法"、"自治型法"和"回应型法"。其中,"回应型法"是法制进化的最高阶段,是符合社会变革需要的规范性模式,这一模式的基本构思是使实质正义与形式正义统合在一定制度之内,通过缩减中间环节和扩大参与机会的方式,在维护普遍性规范和公共秩序的同时,按照法的固有逻辑去实现人的可变的价值期望([美]诺内特、塞尔兹尼克著,张志铭译:《转变中的法律与社会:迈向回应型法》,中国政法大学出版社 1994 年版)。我以为,这一研究方式与基本思路对于作为现代法的环境法研究都是十分有意义的,是属于应该借鉴也可以借鉴的新的研究方法。

[2] [美]诺内特、塞尔兹尼克著,张志铭译:《转变中的法律与社会:迈向回应型法》,中国政法大学出版社 1994 年版,第 7 页。

环境法作为法律系统的组成部分，展开目的性研究也同样具有重要意义。过去理论研究重视环境法的工具性目的，将其看做是实现环境保护目标的工具，而对环境法的内在价值或主观目的研究不足，这种现象与可持续发展意义上的环境法是不能适应的。工具性价值的实现在很大程度上要依靠环境法的内在价值或目的，否则环境法的实施无所遵循；环境法理论体系是对同质性规范的归纳和总结，也必须以一定的目的为指导，将具有相同目的和功能的规范进行分类；环境法的制定和实施更需要有明确的目的作为指导，具体法律、法规的适用也需要明确的法律目的，在法律、法规规定不明确或由于情况的变化导致法律不敷使用的时候，法律目的更要发挥决定性作用，而由于环境法的特殊性，这种情况是会经常发生的。

环境法的目的研究意义昭然，简单将环境法的意义形式化为"保护环境"或"保护人体健康"也是不够的。环境法作为法律的一个部门，对人们有关环境的行为是否合法就要有明白无误的判断标准，而且，在法治社会中，人们越来越要求从国家的非人格权力获得保护和保障。环境法作为建立环境法律秩序的运行机制，其合理与否以及合理性程度的高低，决定了环境法治的有无及实现的程度。环境法目的的合理性则是整个法律具有合理性的前提和基础。这样，就必然要求环境法目的的合理性研究成果对环境法实践产生影响，并且将合理的环境法目的法律渊源化，赋予环境法以现实性与生命力。这种对于环境法目的的研究必须是使环境法目的普遍化和深入化的研究，不能仅仅停留在对某一立法条文的形式解释之上。

环境法的价值合理性是指其蕴涵并实现价值的合理性。任何立法都有其价值取向，立法者在制定法律规范时，均以其内心衡定的价值观念决定法律规范的取舍。人的理性要求和人类文明的发展，促使立法者不断推出合乎理性的法律制度。在追求环境法的合理性的实践中，人类逐渐从人类中心主义与单纯经济利益走向生态中主义与多元环境利益，通过否定非环境保护的传统立法、非生态的单一环境立法，形成了关于环境法价值合理性的主要学说：目的论与工具论。前者认为通过法律形式对传统的个人意志自由和绝对权利进行限制，建立环境法的正义标准是正当的；后者则认为环境法是对环境法律秩序的维护，因而维护人体健康、保障社会公共利益是合理的。环境法应蕴涵并实现的法律价值是目的与工具的统一：环境法价值以主体的需要为基准，而主体的需要又只有通过法律客观存在的功能才能得到满足，这正是人们在实践中经常交互使用环境法的目的价值与工具价值（作用）的原因之所在。"法律的价值是其主观作用，法律的作用则是其客观价值。"[1] 公平与利益平衡是环境法的主观价值，安全与可持续发展是环境法的客观价值。环境法目的正是环境法价值的体现。因此，对于环境法目的的解释也必须从分析环境法的价值入手，研究其目的的合理性。

(二) 理性的环境法目的

环境法的目的，是指环境法调整一定范围的社会关系所要实现的目标。环境法的目的是环境法内涵的核心，是环境法性质的集中体现，也是环境法主体必须遵守的共同准则。

人类—环境系统运行的特征，决定了环境法律规范的广泛性、多样性与复杂性，但是纷繁的环境法规范所体现的基本精神必须是统一的，这同样也是人类—环境系统运行的特性所决定的。环境法律规范较之其他法律规范更富于变动性，但多变的环境法律规范所要实现的目标必须是稳定的。环境法的目的起着维系、保证环境法制的统一、协调与稳定的作用。在人类—环境系统运行过程中，环境法律关系主体的行为千差万别。然而，这些行为都不能违背某些基本精神，并必须遵循某些共同的准则。只有把握了环境法的目的，才能认识环境法的实质，准确理解并执行环境法律规范，调整

---

〔1〕 张文显：《法学基本范畴研究》，中国政法大学出版社 1993 年版，第 255 页。

环境法律主体的各种行为。违背了环境法的目的，应产生某种法律后果，有关环境法主体必须承担相应的法律责任。与环境法目的相抵触的环境法条文必须修改或者被撤销；与环境法目的相违背的环境法主体的行为，必须予以纠正或者受到制裁。

正义与利益是法律的两大主要价值，环境法当然也要以其作为价值目标。正义"能使法官在决定最困难的问题时的理由令人印象更深刻、更'职业化'和绝对必要，而较少主观性、'政治性'和捉摸不定（经常如此），也不会根据法官个人的价值和他们的道德政策偏好"。[1] 环境法的目的作为环境法内在价值的体现，环境法的首要价值应该是正义。"正是正义概念，把我们的注意力集中到作为规范大厦组成部分的规则、原则和标准的公正性和合理性上。"[2] 环境法的价值合理性首先在于蕴涵并实现公平、安全等诸价值组成的正义目的。

传统法学理论中将法律与利益联系起来并把利益作为法律追求的重要价值，这就是是功利主义，新旧功利主义都将"功利"看做人的天性，它既是人的行为动机，也是区分善恶是非的标准、道德和立法的原则，同时也是法律的目的。其后的社会学法学与经济分析法学都在功利主义的基础上发展起来，他们认为法律的任务在于调整、保障各种利益，并以最佳方式对利益实现合理分配，强调个人利益与社会利益的结合。环境法作为环境法秩序实现的保障机制，当然也要以法律的利益作为衡量其合理性的标准，保证权利与权力、义务与职责的合理分配。环境法的实施必然对一国的环境安全和可持续发展的水平和程度产生影响，环境法就应通过保障环境

---

〔1〕 ［美］波斯纳著，苏力译：《法理学问题》，中国政法大学出版社 1994 年版，第393 页。

〔2〕 ［美］波斯纳著，苏力译：《法理学问题》，中国政法大学出版社 1994 年版，第393 页。

安全，以满足环境法主体的利益需求；通过促进可持续发展，维护社会整体公平。

正义与利益是环境法的主体价值需求，其满足要有与之相适应的环境法功能——安全与可持续发展。安全是对环境法主体的人身及符合人类生存和发展的环境条件的保障，规定安全的标准和实现安全的方式，既是对人的权利的尊重，也是正义要求；可持续发展是对人类社会发展模式的选择，是环境法利益价值的必然要求，可持续发展的诸属性要求满足环境法主体的多种利益、当代人和后代人利益，维护社会利益和正义。

环境法目的作为环境法内在价值的表现形式，是建立在环境法价值合理性基础上并为环境法价值所蕴涵的合理性目标。其基本的价值选择也是公平与利益。但是，正义是法律的一般价值，但正义的标准却有不同的观念基础和道德标准，蕴涵于环境法正义中的环境法目的也有其不同于法律一般价值的特性。

1. 环境公平。公平或正义是最基本的法律价值之一，也是环境法的最具普遍意义的目的。环境法作为法律，必须具有法律的最基本特性，它应当保障公平、正义。但是人类的公平观因标准不同而存在着巨大的差异，建立于不同公平观上的法律及其所保障的公平或追求公平的道路也是大相径庭的。

法学家认为"同样情况同样对待"和"不同情况不同对待"是公平观念的核心要素。[1] 据此，公平的标准就有不变的和可变的两种。而在经济学中，公平常与效率连在一起，并被认为是一对矛盾。而且经济学家们对于公平的论述，也形成了两种对立的观点：一种观点认为，在人格平等的基础上，要实现经济公平就必须给每个经济活动参与者以同等待遇，实现"机会均等"。即同样情

----

[1] 参见［英］哈特著，张文显等译：《法律的概念》，中国大百科全书出版社1996年版，第157页。

况同样对待，也有经济学家将其称为"水平公平"；另一种观点则认为，在现实经济活动中各人的能力及财产等是存在差别的，在不平等的前提下要实现公平，只能是一种"结果公平"，这种公平观念则要求对不同的情况不同的对待，经济学家将其称为"垂直公平"。

传统私法和环境法正是建立在两种不同公平观上的法律系统，民商法以抽象的人格平等为基础建立公平体系，给每个主体以平等权利，主张机会均等就算公平，结果如何可以在所不问，因此，财产和收入有差距是公平的体现，是理所当然的；个人对环境资源的污染和破坏只要是建立在追求个人利益最大化基础上，也是应该的，即以平等求公平。环境法则以现实的不平等为基础来建立公平体系，在承认市场主体资源禀赋差异的前提下，给每个主体以"相对特权"，追求结果大体公平，即以不平等求公平，在这种公平观下，财产和收入差距太大是不公平的，因而应该适当遏制；牺牲当代人和后代人的环境利益的单纯经济发展是不公平的，必须加以控制。

两种完全不同观念使传统私法与环境法的公平含义具有根本的不同，这种不同直接导致了环境法的目的以及实现目的的方式及手段的根本不同。因此，环境法上的公平目的独具内容。它具体表现为以下方面：

代内公平。[1] 代内公平即"在任何时候的地球居民之间的公平"，[2] 它是指处于同一代的人们和其他生命形式对来自资源开发以及享受清洁和健康的环境这两方面的利益都有同样的权利，它可以体现在国家层次和国际社会层次：在一个国家内，代内公平是指

---

〔1〕 参见蔡守秋：《环境政策法律问题研究》，武汉大学出版社 1999 年版，第 85 页。

〔2〕 Ronnie harding et al., *Interpretation of the Principles for the Fenner Conferece on the Envi-ronment*: *Sustainability——Principles to pracice* 1, Sydney: University of New South Wals, 1994.

同一代的人公平地获得当地大气中的清洁的空气、国家的水流和领海中的清洁的水和其他共有的环境资源；同时，也要为环境公平的目的对私有财产进行限制，不允许以破坏环境资源的形式使用自己的财产；在国际社会，代内公平是指公平地分配国际空气、水、海洋资源和其他共有的环境资源。代内公平意味着所有人都有权得到生存条件的基本满足，包括健康的环境、充足的食物和住宅、文化和精神等环境的舒适性满足。这一目的实现的基本方式是建立公民环境权及相应的法律制度。

代际公平。[1] 全人类在过去、现在以及将来共同拥有这个星球的环境，当代人和后代人对其赖以生存和发展的环境资源有相同的选择机会和相同的获取利益的机会；不要求当代人为后代人作出巨大的牺牲，也不允许当代人的消费给后代人造成高昂的代价；当代人有权使用环境并从中受益，也有责任为后代保护环境；在人与自然的关系中，每一代人都有相同的地位，没有理由偏袒当代人而忽视后代人；人类所有的成员都具有平等的权利，每一代人都希望能继承至少与他们之前的任何一代人一样良好的地球，并能同上代人一样获得地球资源；由于无法准确地预测后代人的喜好与能力，

---

〔1〕 代际公平的概念最早由美国国际环境法学家伊迪丝·布朗·魏伊丝女士于 1989 年在《公平地对待未来人类：国际法、共同遗产与世代间衡平》一书中提出的，其主要观点是"在任何时候，每一代既是受后代委托而保管地球的保管人或受托人，也是这种行为结果的受益人。这就赋予我们保护地球的责任，以及某种利用地球的权利。拟议中的代际公平理论假定，所有国家对后代都有代际责任"。在实践中，1969 年美国《国家环境政策法》就有"为当代人和今后世世代代人"保护环境的条文，许多国家的环境法和宪法也均有这种类似表述，法国还专门成立了后代人委员会，以保证将后代人的利益与政府决策相联系。在国际法文件中也有多方面的支持，许多文件都明确表示人类对保护全球环境的共同利益、共同关心以及充分考虑代际利益、后代人利益的观念。有关专家还向联合国教科文组织提交了一个《后代人权利法案》。但中国环境法目前并无这方面的内容，这与可持续发展环境法的要求相差甚远。

当代人应提供健康的环境以供后代人满足他们自己的喜好和能力；代际公平应该与各国的文化传统相一致。代际公平的目的主要是体现当代人为后代人代为保管、保存地球资源的观念。

权利公平。迄今为止，法律都是建立在"人类中心主义"基础上的，实定法从来不承认自然体或其他生命体享有法律上的权利，认为人与非人生命体或自然有着绝对的、明显的、不可逾越的界限。但在环境保护运动和环境保护道德下，人类与自然生命体的权利公平问题不仅被提出，而且在一些国家的法律中得到了承认。[1]环境法上的权利公平是指人与自然界的权利公平，它要求改变人类的基本法律观念，确认包括人和非人在内的生命主体及其权利。生命主体是那些可以感觉到幸福的个体，是能感觉出好或坏的种类。所有生命主体都有不受危害的权利，人类对生命主体负有直接义务。[2]

2. 环境安全。安全是法律的基本价值——正义所蕴涵的一个标准，也是环境法的一个基本目的。但是，过去环境法理论研究尚未涉足这一个目的。

安全是人类基本需要中最根本的一种，即人类个体或人类组织的生存免受威胁的状态。环境安全又被称为"绿色安全"或"生态安全"。它是指与人类生存息息相关的生态环境及自然资源基础

---

[1] 如在美国所有的州都有保护动物的立法，意大利政府曾制定一项关于家养动物的法律，并明确规定了"权利和义务"，承认它们的"生活权利"，并规定了一系列制度"以确保人和动物和睦相处以及保护公共卫生与环境"。（见《中国法制报》1991年12月21日）在理论上，则有美国学者克里斯托弗·斯通在1974年发表的论文——《树林应有诉讼资格：自然体的法律权利》，彼得·温兹的著作《环境公平》等。在实践中也有有关的审判（见1990年2月24日《中国法制报》）。中国环境法完全没有涉及此类问题，理论研究有些成果，从环境法的发展看，人与非人的主体地位和权利公平是值得深入研究的问题。

[2] 参见蔡守秋：《环境政策法律问题研究》，武汉大学出版社1999年版，第95页。

（特别是可更新资源）处于良好的状况或不遭受不可恢复的破坏。[1]

美国著名的环境专家莱斯特·R.布朗发环境安全之先声。他早在 1977 年就指出："对国家安全的非军事威胁远远没有像军事威胁那样明显。因为最终导致生态系统崩溃的过程是逐步的和累积的，在它们进入困境或发生灾难之前，很少为人们所考虑到。"布朗忧心忡忡地警告："在 20 世纪末，国家安全的关键是持续性发展。如果全球经济系统的生物基础不能得到保护，如果全球经济系统的生物基础枯竭而新能源系统还未及时建立的话，经济的瓦解和崩溃势难避免。"

进入 90 年代后，随着全球安全态势的变化以及全球环境问题日趋紧迫，对"环境安全"的探讨也越来越多。我认为，应在环境法上反映这一涉及环境法价值的根本观念，并将其确立为环境法的一个目的。[2]

首先，一系列全球性环境问题构成了对环境安全的主要威胁。目前，从全球角度看，主要的环境威胁包括人口爆炸和一系列全球性环境问题，例如，温室效应、臭氧耗竭、酸雨沉降、滥伐森林、土地退化、生物多样性的丧失、水资源的滥用、浪费和污染、渔业资源的耗竭等。

其次，环境安全是整个国家安全问题中的基本问题。之所以说环境安全是最基本的安全是因为环境污染与破坏损害的是人类生存与活动所依赖的自然支持系统，直接危及人类的生命与健康。尤其是全球性环境问题对所有国家的安全都构成现实威胁。因此，确保地球环境安全无疑是最根本的安全问题。环境安全与军事安全、政治安全及经济安全等相互作用，构成完整的安全概念。不可否认，

---

[1] 参见张海滨："压力与冲突同在"，载《中国环境报》1999 年 1 月 16 日。
[2] 参见邝杨："冲突的解决——外交与法律"，载《中国环境报》1999 年 1 月 16 日。

军事安全仍是国家安全的基石，经济安全是当今各国关注的中心目标，环境安全正引起各国的广泛关注。

再次，环境与安全的关系密切。一方面，环境压力对冲突产生直接或间接的影响。确保自然资源的有效和充分供给一直是每个国家追求的基本目标，未来因争夺可再生性资源而引发的冲突将会增加，跨国环境问题也常常引起国际纠纷。环境变化还可间接引发冲突，如土地退化、浪费水资源等会造成粮食减产、经济滑坡、贫困加剧，从而导致社会动荡、国内政局不稳，甚至引起国内与国际冲突。另一方面，战争对环境产生很大影响。核大战一旦爆发，将使地球进入核冬天。战争中化学与生物武器的运用可能对环境造成重大影响。此外，现代战争的一些遗留物，如大量未爆的地雷、水雷及各种武器弹药威胁着居民、牲畜和野生生物的安全。战争对环境的间接影响体现在战备活动也会造成污染。同时，战备还使大量资金和宝贵的资源及人力物力偏离发展轨道，削弱保护环境和资源的物质基础。

最后，确保环境安全需要建立全面控制机制。当今世界环境的不安全有着深刻的国际政治、经济及社会背景，确保环境安全是人类面临的重大挑战。而环境问题的全球性告诉我们能否确保环境安全在很大程度上取决于国内政府的努力与国际社会的合作程度。因此，探索建立一套有效的国内环境问题综合控制、全过程控制机制和国际环境合作机制及国际环境危机处理机制是环境安全领域的当务之急。而无论是国内机制还是国际机制的建立，都离不开法律的作用。将环境安全确立为环境法的目的可以从环境法价值层面为这种机制的建立提供理性指导。

环境安全目的在环境法上具体体现为两个方面：[1]

生产技术性环境安全（environmental safety）。这种安全主要是对人体健康（或卫生）和生产技术活动而言，指对人的健康没有危

---

[1] 参见蔡守秋："从观念走向实践"，载《中国环境报》1999 年 1 月 16 日。

险、危害、干扰等有害影响。这时的环境安全问题主要是指因环境污染和破坏所引起的对人的健康有害影响。

社会政治性环境安全（environmental security）。这种安全传统上主要是对人为暴力活动、军事活动、外交活动等社会性、政治性活动以及社会治安与国际和平而言，指对国际和平、国家主权、国家治安和社会管理秩序没有危险、危害等有害影响。这时的环境安全问题主要是指因环境污染和破坏所引起的对国际和平、国家安全的有害影响。

事实上，技术性的安全和政治性的安全都是基于环境的安全，都以环境资源作为介质或都直接指向地球环境和大自然，生产技术性的环境安全是基础，社会政治性的环境安全是前者的进一步发展和综合，后者是前者严重化到一定程度时所产生的必然结果，包含前者。

环境安全目的的提出，反映了人类对由环境问题引起的安全问题以及安全问题所涉及的环境问题的深切关注，极大地拓展了环境观和安全观的内涵。它对社会稳定与国际稳定具有重要意义，对整个人类及其后代的生存与发展具有深远意义。

公平与安全构成环境法的两大目的，公平是环境法对整个人类社会所追求的目标，安全则是环境法自身所应当确立的基本任务和予以实现的目标。公平与安全既是可持续发展的基本观念在环境法中的体现，又是保障可持续发展实现的法律前提和基础。在此意义上，环境法的目的具有了现实性与普遍性，也具有了将适应传统的不可持续发展的模式转变为可持续发展模式的内在动力与生命力。

二、工具合理性[1]

环境法的工具合理性是指其在选择具体调整方式上的合理性。

----

[1] 关于环境法的工具研究在我国是比较丰富的，本节不想作更多的阐述。但是，关于环境法价值或目的研究的缺乏，对环境法的工具性价值研究也是有很大影响的。我在此几乎原文采用了过去的东西，并将目的性论述与工具性论述放在一起，是想说明这种差别的存在，并无深入的意思。

价值（目的）的合理性指出了环境法的最终目的和方向，工具性是实现目的的手段，而理性的环境法则是工具合理性的唯一选择，可持续发展模式要求环境法体现人类的理性，符合公平与安全的价值目标，发挥利益平衡与促进发展的可持续性。

在环境法中，实现环境法价值目标的合理性的基本原则或目的是体现公平与安全的协调发展、预防为主、合理开发、受益者负担和公众参与。[1]

（一）协调发展

协调发展原则是指经济建设、社会发展和环境保护要统筹兼顾、有机结合、共同进行，以实现人类与自然的和谐共存，使经济和社会发展持续、健康地进行。在我国，具体是指经济建设、城乡建设和环境建设同步规划、同步实施、同步发展，做到经济效益、社会效益与环境效益的统一。

经济、社会与环境协调发展是人们在不断的环境资源保护实践中得出的经验与教训的总结。当前的环境问题主要是人类社会经济和生存繁衍活动对环境资源产生不良冲击的结果，而实质是人的思维、决策和行为的失误。长期以来，在思维上，"人是自然的主宰"的观念占据主导地位；在决策上，环境资源保护被排除于经济、社会发展之外；在行为上，开发利用与增殖保护严重脱节。所有这一切导致了人类普遍的滥采乱伐和肆意排放的现象，造成了今天严重的环境污染和生态破坏。可以说，环境问题是人的问题，其根源在于人本身。

而人是社会关系与自然关系的统一体，自然关系是社会关系的基础，社会关系是自然关系的延伸、升华和发展，并由此促进自然关系的发展。对人而言，理想的状态应当是自然关系与社会关系，即人的社会性与生物性实现和谐、统一、协调的发展。然而，现实

---

[1] 参见吕忠梅主编：《环境资源法》，中国政法大学出版社1999年版，第四章。

并非如此，实际上它们时常处于一种不平衡状态，处于一种对社会关系过分强调夸大，对自然关系忽视甚至否定并使两者相互对立起来的状态。更由于人类的不和谐，社会关系中存在众多矛盾，加剧了这种忽视、否定和对立的状态。环境问题的产生，正是这种人的社会性过度超越、压制生物性的结果，近几十年来人们在付出了惨痛的代价后对这一现象进行了深刻的反思。终于认识到必须进行人的革命，找出人、社会及环境相互调整的途径，走协调发展的道路。环境资源法作为调整人们环境资源社会关系的行为规范体系，当然要将协调发展作为自己贯彻始终的指导思想和基本准则。国家实施环境资源法制管理，也必须贯彻这一指导思想，正如 1989 年《环境保护法》第 4 条所规定的："国家制定的环境保护规划必须纳入国民经济和社会发展计划，国家采取有利于环境保护的经济、技术政策和措施，使环境保护工作同经济建设和社会发展相协调"。

协调发展原则是经济、社会与环境发展的一项总原则，是解决环境问题，建立人类——环境和谐关系的唯一途径。无论是以牺牲环境为代价而换取经济的畸形发展还是以"零增长"来避免人口和经济增长所带来的环境危机，都不能使经济和社会持续、稳定地发展。因此，只有将经济建设与环境资源保护相协调，实现经济效益、社会效益与环境效益的统一，才能走上可持续发展之路。

协调发展原则的内容十分广泛，它首先要求人们树立正确的环境资源观，要求人们在所有的立法活动、宏观决策和计划、具体的管理活动和管理制度中体现协调发展的指导思想。其次，要求人们采取各种措施，实现经济效益、社会效益和环境效益的统一。在这三种效益关系中，环境效益是基础，经济效益是手段，社会效益是目的。没有环境效益，就不能产生或长期产生经济效益，没有经济效益也就没有社会效益，而没有经济效益也使环境效益的实现失去了物质手段。所以，经济效益、社会效益、环境效益三者是统一的。而实现三者的统一，则是协调发展的必然结果。

　　值得特别说明的是：协调发展并非指环境保护与过去的粗放型的经济增长方式的协调，而是在可持续的经济发展观和可持续的环境观基础上的协调。正是在此种意义上，协调发展原则才可能是对可持续发展战略的实施，也是实现环境法目的的重要手段。

　　（二）预防为主

　　预防为主原则是预防为主、防治结合、综合治理原则的简称，是指在环境资源保护工作中采取各种预防措施，防止环境问题的产生；同时对已经造成的环境污染和生态破坏要积极地进行治理，将环境污染和生态破坏控制在维持生态平衡、保护社会物质财富和人体健康允许的范围内。这一原则不仅表明了防和治的关系，同时也指明了防治环境污染和生态破坏，保护环境资源的主要对策。

　　环境问题的产生都是与经济和社会发展相伴随的，西方发达国家在走过了一段"先污染后治理"的弯路以后才逐步认识到环境问题是在经济发展过程中忽视自然规律的结果。如果在发展过程中注意统筹兼顾、预防为主，许多环境问题是可以防止的，即使出现一些环境问题，也可以控制在一定限度以内。而对于过去已经产生的环境问题则必须积极采取综合措施，运用各种手段进行治理和管理。只有防治结合，才能不断地改善环境质量；仅有治理，难以根治环境问题，更重要的是要防止产生新的环境污染和破坏。如果只治不防，其结果是治不胜治。因此，必须采取预防为主，防治结合的综合措施，才能以较小的经济代价取得较高的环境效益。环境资源法在调整人们的行为时，必须将预防为主、防治结合、综合整治的指导思想贯彻始终，才能保护人们开发和利用环境资源的行为不至于对环境产生危害，因此，它是环境资源法必不可少的一个基本原则。

　　值得指出的是，预防为主、防治结合、综合整治原则并不意味着削弱或忽视"治"，而是要求在切实做到"防"的前提下，控制新的污染和破坏的发生，以便集中力量治理旧的污染。因此，环境问题的产生和发展，具有污染容易治理难、破坏容易恢复难的特点。从环境资源法的功能来看，它也必须是立足于"防"，在"防"的基础上，根据环境问题的特点和自然规律，综合整治，改变过去那种单纯治理、单项治理的办法，强化环境资源管理手段和措施，真正地解决环境问题，实现协调发展。

有一种观点认为，我国当前的首要任务是发展经济，只有经济发展了，才会有财力对环境进行治理，所以，对环境问题大可不必紧张，倒是应该为经济建设开绿灯，预防的手段则只要对经济的增长造成障碍，就不必采用，我们可以边污染边治理。这种观点显然是不了解环境问题本身的性质，对未来的发展抱有过分乐观的态度。人类的理性告诉我们，在短期利益与长远利益之间，我们应尽可能选择长远利益，在各种利益衡量之下，应该选择较大的利益，结合环境问题的特点，我们只能得出预防为主的结论来，这是因为：

1. 环境污染影响的范围广，污染的对象也比较普遍，甚至从国内扩展到国际。

2. 环境污染影响的时间长，环境在受到污染之后，接触者不间断地暴露在受污染的环境之中，受到污染的危害。同时要消除因污染受到的影响，一般也需要较长的时间，有些污染和破坏甚至是难以逆转的。

3. 环境污染的影响程度强，可以产生多种危害。同时，其产生和发展又有一定的缓发性和潜在性，再加之科技发展的局限性，人类对污染和破坏环境资源的活动所可能造成的长远影响和后果常常难以及时发现，一旦后果出现，为时已晚。

4. 环境资源很容易受到污染和破坏，而且被污染和破坏后再进行治理，治理的费用要大大高于预防的费用，从经济学的角度来讲是不经济的。

5. 造成环境污染和破坏的因素是多种多样的，必须采取综合治理的方法，包括采用经济、行政、法律、技术、教育等手段，控制对环境的污染和破坏，而不能只采取单一的治理措施。

可持续发展战略的一个内涵就是要引入时间概念，不仅要顾及眼前，更要关注未来；不仅要等待问题出现以后设法补救，而且要在政策的选择、法律的规范上，用动态的、发展的预期观念进行设计和引导。唯有如此，环境问题才有希望得到遏制，环境与经济的可持续发展才能够成为可能。

可持续发展基础上的预防为主原则，需要改变人们过去习惯的"末端控制"的环境保护思想，将环境保护的重点放在经济决策、社会发展决策与环境保护决策相协调的基础上，立足于"源头控制"和"全过程控制"，将环境立法的重点由过去的污染物排放控制、污染物处理控制转变为污染源削减、污染物总量控制，以尽可能减轻对环境的污染和破坏。

（三）合理开发

合理开发原则是指人们在开发利用自然资源的过程中，必须注意对资源的综合利用和多目标开发。开发活动要全面规划，合理布局，要开源节流，达到经济效益、生态效益和社会效益的有效统一，为人类社会和经济的可持续发展创造条件。它包括有计划地节约自然资源，保护和改善可以再生的自然资源以及维持现有的环境资源品质。

《中国 21 世纪议程》指出：我国资源的有限性与需要的无限性，是可持续发展面临的基本矛盾。长期以来，我国因自然资源开发利用的不合理所造成的资源浪费和破坏，更强化了这个矛盾。为解决这个矛盾，实现资源的可持续开发利用与保护，要求我们对自然的开发利用，在追求经济效益的同时，不能忽视生态和社会效益。在经济发展中不能过分依赖资源与能源的投入，而要减少和避免资源的浪费和环境污染。要注意资源过度利用与生态环境退化之间的关系，必须坚持对自然资源的多目标开发和综合利用。对自然资源的开发利用应当进行全面规划，节约利用不能再生的自然资源，对可以再生的自然资源应当加以保护和改善，把对这类自然资源的利用限制在一定范围之内，以保障自然资源的再生功能不致受到损害，使之可以世世代代地为人类所利用。对于存在的环境品质要善加保护，禁止任何增加自然环境负担的行为，使现存的环境资源品质不再变坏。在开发和利用自然资源时，要充分考虑自然环境的负载能力，使之不至于恶化。

　　人类社会的发展，片刻也离不开其赖以生存的自然环境。人是自然环境的改造者，同时更是自然环境的产物。在人类社会的初期，由于科学技术水平的低下，人类对自然资源的开发利用不足以破坏自然环境，环境资源被认为是取之不尽，用之不竭的，任何人毋需支付任何代价，随时可以任意使用。然而，随着科学技术水平的日益提高，人口的剧增，工商业的迅速发展，人类不顾一切地向自然资源进行索取，正在超过我们赖以生存的资源基础所能承载的极限。自然资源迅速耗减，越来越多的物种濒临灭绝，能源生产下降，淡水资源不足，森林资源持续赤字，水土流失加剧，气候变化异常，各类灾害加剧。人类所面临的已是一个满目疮痍、不堪重负的星球。罗马俱乐部关于"地球上可资利用的天然资源有限，或者受到生态系统净化能力的制约，在不久的将来，人口与世界经济增长是否会停滞不前"的观点在全世界范围内产生了深远的影响。它第一次从人口、经济发展与资源消耗的角度，论证了三者的关系，提出了资源可能枯竭的问题，向全人类发出了预警。尽管对罗马俱乐部的观点仍存在不同的看法和评价，但它对人类的重大影响是不可磨灭的。目前，自然资源的有限性、稀缺性和不可再生性日益显著，并已经对人类造成空前的浩劫。因此，珍惜有限的自然资源，按照客观规律来合理开发利用自然资源，避免自然资源的枯竭，成为维持人类在自然界生存和发展的至关重要的事情。实际上，在环境资源保护的实践中，全面、切实贯彻落实合理开发原则，对维持人类的生存繁衍，实现经济与社会的可持续发展具有非常重要的意义。

（四）受益者负担

受益者负担原则是指在生产和其他活动中造成环境资源污染和破坏的单位和个人，应承担治理污染、恢复生态环境的责任。

现代环境问题主要是由各种不适当的人为活动造成的，环境资源污染和破坏问题的严重存在，必然会对人类的生命健康和经济建设造成不利的影响。单位和个人在其生产经营活动中利用环境资源取得了一定的经济利益，这些经济利益的一部分是以污染和破坏环境资源为代价的。这些单位和个人是污染和破坏环境资源的受益者。因此，必须明确受益者即污染和破坏环境资源者的环境责任，要求他们承担治理污染、恢复生态环境的义务。

对于造成环境资源污染和破坏的受益者是否应当承担责任以及承担什么责任，国内外都存在一个认识的过程。从国际范围来看，在相当长的一段时期内，造成环境资源污染和破坏的人只要没有对具体的人和财产造成直接损害，就不承担任何责任。这种认识导致了环境资源污染和破坏的进一步加剧。为解决这个问题，20世纪70年代初联合国经济合作与发展组织提出了"污染者负担"原则，要求明确环境责任，这一原则迅速为各国所接受并加以引伸和发展。我国在过去相当长的一段时期内，人们只享有污染和破坏环境资源的权利，而无治理和恢复的义务，将污染和破坏环境资源的治理和恢复责任推给政府，导致环境资源污染和破坏越来越严重，政府的包袱越来越重，治不胜治。总结环境资源保护的经验和教训，在环境资源保护法中确立"受益者负担"原则，可以通过法律的强制性和规范性，明确污染和破坏环境资源的受益者的责任，使其在生产经营活动中将追求经济利益和其他利益与保护环境资源结合起来。

受益者负担原则的核心内容是"谁污染谁治理，谁开发谁保护",具体体现为：结合技术改造防治工业污染，对工业污染实行限期治理；实行征收排污费制度和资源有偿使用制度；明确开发利用环境者的义务和责任等。

"实行谁污染谁治理，谁开发谁保护"，目的在于强化人们的环境保护责任感并解决环境保护的资金渠道问题，它并不排斥污染和破坏环境者及其上级主管部门或者有关部门在保护和改善环境、防治污染和其他公害方面的责任，也不与各级人民政府承担的对全面环境质量负责的职责相悖。治理、保护仅仅是法律所规定的污染和破坏环境者所应承担的一项义务，并不能因此免除其参加区域环境综合整治等义务以及应当承担的其他法律责任。其他有关部门也并不因为污染破坏环境者承担了治理保护责任就可以不履行自己在环境保护方面的职责，任何部门和机关都必须依法履行保护和改善环境的职责，搞好本地区、本部门的环境保护工作。

（五）公众参与

公众参与原则是指在环境资源保护中任何单位和个人都享有保护环境资源的权利，同时也负有保护环境资源的义务，都有平等地参与环境资源保护事业、参与环境决策的权利。如果说受益者负担原则着重于公民和社会组织的环境资源义务，那么公众参与原则主要是强调公民和社会组织的环境资源权利。

环境质量的好坏，直接关系到每个人生活的质量，关系到一个民族的生存和发展；保持清洁、舒适、优美的环境，既是人们的愿望，也符合人们的利益。人们既应享有在良好的环境中生活的权利、依法参与环境资源管理的权利、对污染和破坏环境的行为进行监督的权利，同时，也有保护和改善环境资源的义务。这种权利和义务，是公民基本权利和义务的一部分，人人都要为保护和改善环境资源做出应有的贡献。

公众参与原则基础在于环境权，环境资源乃是公众共同拥有的，因此公众对环境资源的管理也最有发言权。1972 年斯德哥尔摩人类环境会议通过的《人类环境宣言》指出："人类有权在一种能够过尊严的和福利的生活环境中，享有自由、平等和充足的生活条件的基本权利，并负有保护和改善当代和未来世世代代的环境的责任。"既然享有一个适于人类生存的环境是人类的基本权利，相应的对于任何污染环境、破坏环境资源的行为，人们都有权依法进行监督和给予干预，亦即人类有权参与与环境资源保护有关的决策。公众参与原则由此而来。该原则在我国的宪法和环境保护法的有关规定中都有明确的体现。

环境资源保护事业是千千万万人的事业，环境资源法制建设需要每一位社会成员的自觉努力。为此，必须动员全社会的力量，充分发挥人民群众的主动性、积极性和创造性，在环境资源法上将公众参与作为一项基本原则就是要在环境资源法制建设过程中充分注意环境资源保护的广泛性特征，在各项法律制度的制定、执行及实施过程中注重发挥人民群众的作用，赋予公民参与环境资源保护的各项权利，形成公众参与的机制，将环境资源保护事业建立在公众广泛参与、支持、监督的基础之上，将公众参与作为我国民主建设的一个重要组成部分。

在环境保护取得成功经验的国家，为改善环境质量，调节因环境问题而引起的各种社会矛盾，巧妙地利用公众在环境保护方面特有的积极性，在法律上不仅规定了公民在环境保护方面广泛的权利和义务，而且为公民参与环境保护提供了各种途径和方式。我们应从这些经验中吸取适合我国国情的手段和方式，在公众参与方面加大力度。没有公众参与的环境保护事业不可能是成功的事业。

我国的社会主义制度无论在政策上还是在实践上，为公众参与国家管理提供了很多的机会。因此，我们应该珍惜这项权利，积极地参与环境资源保护事业，为我们自己，也为后代保持一个美好的生存环境。

第六章　机制重塑

——中国环境法的调控机制

　　任何特定的统治机构的社会学特点都取决于主人与机构之间关系的类别，取决于其特定的组织，即分配命令权的特定方式。

　　……对统治而言，这种合法性的论证远甚于理论的或哲学的研究。在现实的统治结构中，这种合法性的基础是很不相同的。原因在于任何权力，甚至任何优越的生活方式，一般都需要论证其合理性。

[德] 马克斯·韦伯
《论经济与社会中的法律》[1]

第一节　现状与问题

一、中国环境管理发展历程

　　环境法是建立环境管理模式的基本依据，也是对环境管理模式

---

[1] [德] 马克斯·韦伯著，张乃根译：《论经济与社会中的法律》，中国大百科全书出版社 1998 年版，第 335~336 页。

的固定和运行规则的肯定。一般而言，环境管理模式包括环境管理的思想、机构和制度。

环境法既是在一定环境管理思想的指导下制定也是对一定管理思想的具体贯彻，它的一个重要任务就是以法律形式确立管理机构的权威、通过建立环境管理的制度保证环境管理机构活动的正常进行。环境法的调控机制研究在一定程度上主要是对环境管理模式的研究。我也是以现行环境管理模式为起点，剖析中国环境法的调控机制的。所以，首先是对中国环境管理的现状与问题研究。

中国的环境管理模式是在环境资源管理实践中不断发展并逐步形成的。这种发展大体上可以分为三个阶段：

（一）起步阶段（1971 年至 1977 年）

发生于 20 世纪 60 年代的世界性环境危机和第一次国际性环境保护运动高潮，将现代环境保护观念带到了中国。当时世界范围的关于环境保护的大讨论和联合国关于召开人类环境会议的决议，对中国的有识之士产生了积极影响。在周恩来总理的直接关怀下，1971 年，国家计委成立了"三废"利用领导小组；1972 年组团参加了斯德哥尔摩人类环境会议；1973 年召开了中国第一次环境保护工作会议；1974 年 12 月国务院环境保护领导小组成立。在这一时期，国务院发布了有关环境保护的规范性文件，确立了中国环境保护的"三十二字方针"，成立了环境保护领导机构，并开展了对"三废"污染的治理。这些都标志着中国以环境保护为直接目的的现代环境保护管理模式建设的起步。但总体来看，这个阶段的环境管理还缺乏法律依据；虽然接受了一些环境管理的思想但并不完整和深入；所提出中国环境管理制度的设想，如"三同时"、奖励综合利用等还没有真正建立成为法律制度；成立的机构也还不是法律意义上的行政主体，其管理职能和权限既不确定又无法定效力。不可否定的是，中国的环境管理模式包括管理的指导思想、管理机构设置和管理制度的建立都是以这一时期的设计为蓝本进行的。

（二）发展阶段（1978 年至 1992 年）

中国进入经济体制改革时期以后，环境管理有了很大的发展，在新旧体制转变时期，在探索和发展适合中国国情的环境管理思想、环境管理体制、环境管理制度等方面做了大量工作，也取得了一定的成绩和经验，对中国的环境保护起到了十分积极的作用。

1. 在环境管理思想方面，经历了从以治为主到"以防为主、防治结合、以管促治"的转变，从着重定性管理到注意定量管理的转变，从适应计划经济的环境管理到逐步适应社会主义市场经济体制的环境管理的转变，环境管理与环境管理学、环境法学的结合日益紧密。

2. 在环境管理依据方面，1978 年《中华人民共和国宪法》首次将环境保护确定为国家的一项基本职能，1979 年颁布《环境保护法》（试行）明确规定了各级环境保护行政机构及其职责和三项环境管理制度。基本形成了以强化环境管理为中心的环境政策体系、以环境保护基本法为中心的环境法体系、以"协调发展"为核心的法制原则，初步建立了环境规划体系、环境标准体系。

3. 在环境管理机关方面，经历了从国务院环境保护领导小组到城乡建设环境保护部下属的环境保护局（1982 年）、到国家环境保护局（1988 年）、再到国家环境保护总局（1998 年）的过程，国家环境管理机构已成为真正享有环境管理权的行政主体。

4. 在环境管理机关的职责方面，经过了逐步明确管什么（即环境管理范围和管理职责）、怎么管（即依靠政策、法律、制度、规划、标准进行管理）的发展过程。

5. 在环境管理手段方面，经历了从着重行政手段到全面采用经济手段、法律手段、科学技术手段和宣传教育手段的转变。

6. 在环境管理制度方面，经历了先建立旧三项环境管理制度（即环境影响评价、"三同时"、排污收费），后建立新五项环境资源管理制度（指 1989 年第三次全国环境保护会议确定的环境保护目标责任制、城市环境综合整治定量考核、污染集中控制、排污许可证、限期治理）以及将某些重要环境资源保护措施实现制度化的发展过程。

（三）变革阶段（1992 年至目前）

1992 年联合国环境与发展大会明确提出了可持续发展战略和对各国环境管理的目标要求。如何运用可持续发展的观念审视过去的环境管理模式，运用新的可持续的思想指导环境管理体制的建立和管理制度的变革是我们面临的重要任务。

迄今为止，我国的经济发展基本上沿用着以消耗大量资源和粗放经营为特征的传统发展模式，重经济效益，轻环境效益和社会效益；重发展的速度和数量，轻发展的效益和质量；重外延性的扩大再生产，轻内涵性的扩大再生产；对自然资源重开发、轻保护，重利用、轻补偿。这种发展模式对环境与生态造成了极为不良的影响。

在这种发展模式下，环境管理也难免存在同样的问题，虽然我们提出了要控制污染、保护环境，也建立了一系列环境管理政策并将这些政策制度化和法律化了，但是，经济发展的结果不是改善了环境，而是加重了环境污染。这就表明，某些发展政策和管理有重大失误，出现了严重的"政策失效"现象。这种失误突出表现在：发展战略执行的仍然是那种以大量消耗资源、粗放经营为特征的传统模式，追求的是经济增长的数量，忽视包括环境在内的增长的质量，没有真正实行与环境和资源保护相协调的可持续发展模式，这种模式注定了污染的加剧。与此同时，在经济社会发展的综合决策中，很少甚至没有兼顾环境保护的要求，环境保护在很大程度上还是纸上谈兵的官样文章，并未真正落到实处。诸如在产业结构调整中，如何限制或淘汰那些大量消费资源、能源，严重污染环境的工矿企业；在确定工业开发区中如何先评价、后建设，如何推行污染集中控制；在能源建设中，如何推行清洁能源生产与控制城市大气污染相结合；在城市基础建设中，如何优先安排与控制环境污染有关的工程；在技术开发中，如何大力开发控制环境污染的技术，特别是污水处理技术、清洁能源技术、清洁生产技术；在投资政策中，如何增加投入，以有效控制污染、保护环境；经济管理如何与环境管理的有关政策相协调，如何运用市场经济手段解决环境问题等。[1]

以上诸多政策失效，严格说来，都是管理范畴问题，实际上反映出环境管理并未真正纳入经济决策的现实状况，环境保护与经济发展两张皮的现象严重，环境保护与经济建设的矛盾突出。[2] 我以为这是中国目前环境管理的真实状况，如果在决策过程中吸收环境管理部门参加、吸收公众参与，听取它们在环境保护方面的意见和评价，许多失误是可以避免的，因此，中国的环境管理问题，绝不是简单的管理机构设置问题，而是思想观念转变和管理方式转变的问题。管理机构设置、管理职能划定和管理制度建立固然重要，但是，如果没有可持续发展的观念、没有生态系统的观念、没有管理决策的系统与民主观念，设置再多的机构、制定再多的法律，也不过是增加了更多"决策失效"的可能性。认真研究中国环境管理的运行机制、运用生态观协调经济与社会发展的各个决策系统的关系，才是中国环境管理所要解决的根本问题。

1992 年，中国政府提出了实施可持续发展的基本对策，这应

---

〔1〕 参见曲格平：《我们需要一场变革》，吉林人民出版社 1997 年版，第 235 页。

〔2〕 这一点从各级人民政府每年的《政府工作报告》中可以充分体现，无论是哪一级的政府工作报告，都是将环境保护与计划生育、教科文卫体等作为社会发展或精神文明建设的内容，在报告的主体部分即经济发展部分对环境保护的内容则很少体现。包括《国民经济和社会发展计划》也是如此设置。这些都清楚地表明，环境保护并没有真正被看做是经济发展模式的组成部分，而是将环境保护看做是一般性的精神文明建设问题。这种对环境保护外在于经济发展的认识是十分错误的，也是与可持续发展观念不相容的。

该可以成为我们研究政府决策机制和环境管理机制的基本出发点。这些对策是:[1]

1. 在制定和实施发展战略时，认真编制环境保护规划，切实将环境保护目标和措施纳入国民经济和社会发展中长期规划和年度计划，并根据需要与可能将有关保护自然生态与防治污染的费用纳入各级政府预算，确保落实，实现人口增长、经济发展与资源、生态环境之间的长期平衡的发展，逐步增强发展后劲。

2. 在产业结构调整中，要从本地区环境与资源的实际情况出发，严格执行国家的产业政策，淘汰那些能源消耗高，资源浪费大，污染严重的工艺、装备和产品，引导企业和有关部门节约利用资源，降低单位产品的物耗与能耗，有计划、有重点地发展那些技术起点高、低耗高产的行业和产品等物质生产体系。

3. 在开发区和项目建设中，必须严格执行环境保护法律规定，坚持先评价、后建设。按照自然规律和经济规律办事，越是改革开放，搞活经济，越要强化环境管理，坚决克服以权代法，以言代法的错误做法，以确保开发区和项目建设的顺利进行，做到开发区建设与环境保护协调发展。

4. 在防治污染时，大力推进科技进步，积极开展环保产业。技术落后是造成我国环境污染严重和单位产品产量物耗能耗高的主要原因，因此解决环境问题的出路在于科技进步。要积极研制、引进无废、不废、节能、节水的新技术、新工艺，推广适用的环境技术和产品，加快科技成果转化为现实的防治污染的能力，发展环保产业，为防治污染提供所需要的装备和产品。

5. 在经济体制改革不断深入、市场机制逐步建立的新形势下，运用经济的手段加强宏观调控能力，通过政策指导调整发展与环境

---

[1] 参见《中国环境保护行政二十年》编委会编:《中国环境保护行政二十年》，中国环境科学出版社 1994 年版，第 115 页。

保护的关系，如按照资源有偿使用的原则开征资源利用补偿费和环境税；把环境资源效益与损失纳入国民经济核算体系，使市场价格准确反映经济活动造成的环境代价；对防治污染和自然保护的社会公益性项目，给予税收、信贷、价格等方面的优惠等。

6. 努力开展环境文化建设，提高民族环境意识。环保部门要动员并支持社会各界参与环境文化建设，将环境保护的科学知识渗透到社会各类精神产品之中，使广大群众在进行艺术欣赏的时候，受到环境保护潜移默化的熏陶。同时要将环境保护教育纳入各类、各级学校以及党校、干校、团校之中，使广大青少年和各级决策人员了解环境保护，关心环境保护，自觉参与环境保护，为现代化建设培养出具有较高环境意识的各类专业人才。

7. 把环境保护作为衡量各地经济社会发展的必要标准，同时也作为考核党政干部的重要尺度。在考核各地经济工作和干部政绩时，不但要考核发展速度和经济效益，而且要考核其社会效益和环境效益。考核工作要坚持领导考核和群众考核相结合，组织人事部门考核和人大监督相结合，对为保护环境做出贡献的地区和干部及时表扬奖励，对危害环境的部门和干部及时批评制止，对造成严重不良后果的要严肃查处。通过考核，引导和提高各级干部合理开发和利用自然资源、防治环境污染与生态破坏的自觉性和积极性。

二、基本特性认识

环境管理必须成为经济管理的有机组成部分，并非来自理论创新和环境法自我发展的需要，而是基于经济发展与环境保护的内在联系以及环境管理的基本特性，这种特性是客观存在的。

（一）环境资源在一国经济发展中的地位

环境管理之所以能够成为现代国家的一项基本管理活动，是由环境资源在一国经济和社会发展中的地位和作用所决定的。

一国所拥有的环境资源在数量上和品种上的有限性及分布上的

地域性形成了该国的环境资源约束条件。环境资源是经济和社会发展的基础，其具体表现为如下四个方面：

1. 环境资源是影响劳动生产率高低的重要因素。一般说来，在其他条件相同而自然环境资源优劣不同的情况下，人们所花费的等量劳动产生的劳动生产率是不同的。因此，环境资源状况对经济和社会发展影响很大。

2. 环境资源是形成产品实体的物质源泉。物质产品是社会物质财富的基本形式，而物质产品是人们劳动作用于环境资源的结果。自然资源作为构成产品实体的物质要素，不仅是形成物质产品所不可缺少的，而且对产品的性质、种类和数量影响很大。

3. 环境资源是制约产业结构的重要因素。一个国家不同的环境资源结构将形成与之相适应的不同产业部门。此外，环境资源的种类和数量状况对产业结构的类型特征也有一定的影响。如果一国环境资源的种类比较齐全，数量比较多，那么，该国就有可能建立一个产业部门比较完整、各产业部门协调发展的产业结构体系；反之，就无法形成产业部门比较完整的产业结构体系。

4. 环境资源影响和制约着生产力布局。环境资源具有地理位置的区域性，人们必须根据环境资源的地理分布决定生产力的布局。如果不顾环境资源的地理分布，主观决定生产力布局，不仅不符合经济效益原则，而且必然给经济发展带来困难。

由此可见，环境资源是经济和社会发展必不可少的重要物质，是国家的宝贵财富，其状况不论对经济发展的速度，还是对经济发展的规模和结构都有重大影响。因此，合理开发和利用环境资源对于促进经济和社会发展是极为重要的。值得注意的是，虽然一个国家的环境资源优势对于经济发展具有重要的意义，但是，该国对环境资源开发利用的能力和水平也是不可忽视的。丰富的环境资源客观上为一国经济发展提供了便利条件，但必须有一定的开发利用能力并达到一定水平，环境资源的优势才能充分发挥，因此，影响环境资源优势发挥的因素也是多方面的。环境管理必须通过运用法律手段对影响自然资源开发利用的各种社会因素进行调整，才能实现充分发挥环境资源优势、促进经济和社会协调发展的宗旨。

（二）环境法与环境管理

环境法是国家管理环境的基本法律依据，国家的环境管理权如何设置以及这种权力与社会组织、公民个人的关系的安排应该是环境法的理性认识的重要方面，因为它关系到环境管理系统的运行状态、效率和效能。但遗憾的是，人们重视的往往是国家环境管理权的设置，或进一步说是权力的大小，而对权力的运行尤其是对权力的协调、沟通以及它与整个社会系统的联系关心不够。实际上，无效率的或者是低效率的权力设置有些时候比没有设置这一权力更糟糕。而要保证权力运行的高效率，就必须为其运行建立必要的通道，制定相应的规则。如果说制度是权力运行的基础或依据，而机制则是制度间相互联系和沟通的渠道和网络，它是实施制度的必要保证。

根据中国环境法制建设现状和可持续发展的目标要求，应该建立统一管理、公众参与、全过程控制和环境纠纷处理四大机制。统一管理体制是环境管理权有效运行的组织保证，它通过合理的权力配置实现权力的沟通与协调；公众参与机制是环境管理权力与社会组织和公民的联系渠道及网络机制，它既是环境管理权实施的民主程序，也是环境管理中单纯的僵硬的权力统治与多元化的灵活的自律自为相结合的管理方式；全过程控制是环境管理权的实施范围或环境管理权的具体化延伸，它通过规定环境管理权行使的重点、环节保证环境管理机关与管理对象所发生的法律关系符合环境法的目的，同时使各项管理制度形成有机的联系，填补制度间的空白和漏洞，保证制度系统的整体效应的充分发挥。

第二节 统一管理

一、管理体制设置现状

（一）法律规定

在我国，国家保护自然资源，保护生活环境与生态环境，防治污染和其他公害是写进宪法的一项基本国策。以宪法为基础，国家也已制定了一系列法律、法规，基本上实现了环境保护活动的有法可依。依据这些法律法规，中国已建立了统一管理与部门管理相结合、中央管理与地方管理相结合的管理体制，《环境保护法》对"环境监督管理"作了专章规定，其具体设置的管理机构与职权为：

1. 国务院和地方各级人民政府。国务院是最高国家行政机关，统一领导国务院各个环境监督管理部门和全国地方各级人民政府的工作，根据宪法和法律制定环境资源行政法规，编制和执行包括环境资源保护内容的国民经济和社会发展计划及国家预算。县级以上地方各级人民政府，依照法律规定的职责和权限管理本行政区域内的环境资源保护工作，领导所属各有关行政部门和下级人民政府的环境资源保护工作。

2. 国务院和县级以上地方人民政府的环境保护行政主管部门。国务院环境资源保护行政主管部门，对全国环境资源保护工作实施统一监督管理。县级以上地方人民政府环境资源保护行政主管部门，对本辖区的环境资源保护工作实施统一监督管理。

3. 国务院和县级以上地方人民政府与环境资源监督管理有关的其他行政主管部门。国家海洋行政主管部门、港务监督、渔政渔港监督、军队环境保护部门和各级公安、交通、铁道、民航管理部门，依照有关法律的规定对环境污染防治实施监督管理。

县级以上人民政府的土地、矿产、林业、农业、水利行政主管部门，依照有关法律的规定对资源的保护实施监督管理。

国务院和县级以上地方人民政府的计委、经委、科委负责做好国民经济、社会发展计划和生产建设、科学技术中的环境资源保护综合平衡工作。

（二）主要问题

这样的管理体制实际上是一个地区分割、部门分割的管理体制，加之部门立法、地方立法的权限与关系不清，造成了统一管理目标的实现困难。尤其是在一些生态区域性环境资源保护方面，存在的问题更为突出。从表面上看，有关法律对我国的环境保护问题已作出了全面的规定，但实际上在立法理论与实践中，这些法律本身及其相互之间都存在着问题。其主要问题表现为：

1. 法律之间的关系不清。目前，有关环境保护的法律均为全国人大常委会制定，具有同等法律效力；但从理论与实践上看，环境的综合管理与单项环境要素管理，污染防治与资源开发利用和保护显然都不是同一层次的问题，在立法上也应有不同的法律效力等级，才有利于对不同的行为形成规范体系，目前这种立法模式显然不能满足环境保护的统一管理的需要。

2. 法律之间的关系不协调。有关法律都对管理体制作出了规定，确立了环境保护的主管部门和协管部门，但所有法律实际上是由各主管部门分别起草然后报全国人大常委会通过的，立法时缺乏综合平衡，立法时间有先有后，也缺乏通盘考虑，污染防治立法早于资源立法，一些资源立法又早于综合性环境保护法，使得法律间不可能很好地协调。各个法律规定过于原则，可操作性不够，缺乏相应的配套法规，特别是缺乏程序性规定，致使一些法律制度的适用范围不明、具体实施时困难重重。

3. 管理部门之间的职权范围不明。由于我国目前行政机关的设立都没有专门的组织法，各部门的职权都是由各部门自己先制定方案，后报经国务院批准，各部门难免从自身利益出发来考虑问题，从而忽视整体利益，造成权力设置的重复或空白，只有分工没有协作，既不能充分发挥各部门的作用，又不能形成整体效益；反而因为各部门的权力竞争造成对整体利益、长远利益的损害。这种现象在流域水资源保护中十分典型：污染管理者、资源开发者、排污者相脱节，管理者只收费不治理、资源开发者既要开发又要治理、排污者只交费什么都不管。其结果只能是流域水资源得不到有效保护。

在地方性管理机构设置中，环境保护的综合管理部门与行业性管理部门均按照各级地方人民政府与上级主管部门双重领导的模式建立，在实践中，环境管理的综合部门既无法脱离地方保护的干扰真正实施国家统一管理的方针政策，又陷入由于中央机关间的关系紧张而导致的与其他职能部门的权力争夺，经常是处于两难境地而无可奈何。各相关管理部门也莫不如此。

4. 一些管理机构的法律地位不明，职权不定，难以实现法律规定的管理目标。在有关法律中，对区域环境保护、流域环境保护有所规定，如《水污染防治法》与《中华人民共和国水法》（以下简称《水法》）都有流域水资源管理的规定，《大气污染防治法》有关于大气功能分区的规定，《噪声污染防治法》有关于噪声功能分区的规定，还有风景名胜区、水源保护区、自然环境保护区等一些关于区域管理的规定，但各种分区缺乏统一的标准，而且各种管理机构规定相互矛盾，甚至是莫名其妙的。如《水污染防治法》（1996）第4条规定："……重要江河的水源保护机构，结合各自的职责，协同环境保护部门对水污染防治实施监督管理。"而根据我国目前的机构设置，水行政主管部门下设水资源保护机构，根本没有什么水源保护机构；然而从《水污染防治法》关于流域水污染防治的其他规定来看，显然流域水污染防治就是流域水资源保护机构的职责。流域水资源保护机构的法律地位不明、权力不清、职责不定，当然无法发挥对环境资源统一管理的作用，致使流域水资源保护举步维艰。

正是由于以上几个方面问题的严重存在，才造成了整个环境保护管理体制的混乱，以至于在淮河流域出现严重的水污染时，现行制度无法发挥作用的现象。为理顺淮河流域的水资源保护管理体制，不得已在《淮河流域水污染防治条例》中设立淮河流域水资源保护领导小组，授予该小组行政权，行使淮河流域水资源保护的行政管理职能。抛开已有的机构，另设临时机构并委以重任，无论如何都不能说是正常现象；更何况，淮河流域是在污染已万分严重的情况下进行的事后立法。如果每一流域都要等到像淮河流域一样了再来设置临时机构，那么，《环境保护法》也好，《水法》也好，《水污染防治法》也好，都不过是一纸空文；预防为主也好，可持续发展也罢，只不过是空中楼阁，毫无意义。因此，必须认真汲取淮河流域水污染的教训，通过立法和修订现行法律，理顺各有关法律之间的关系，以保证各项制度能在环境保护中发挥作用，保证环境保护统一管理的目标得以顺利实现。

二、原因剖析

环境保护问题上的市场无功能性、对可持续发展的基础资源性以及其开发利用形势的严峻性均在客观上要求设置公共权力，对经济个体盲目地开发利用环境资源的行为加以干预，通过采取"集体行动"，解决资源保护的"付费"问题，切实保证环境资源的永续利用。过去，我国对环境的保护也采取了行动，建立了管理机构，但效果却不明显，各种问题不仅没有得到很好的解决，反而出现了恶化的趋势。究其原因，是我们目前设置的公共权力不符合环境资源保护的特性或要求所造成的后果。[1]

环境资源保护管理体制是依照一定的决策原理和环境观念形成

---

[1] 参见李启家："部分国家水环境管理体制考察"，载《环境资源法学会国际研讨会论文集》（下册），武汉大学环境法研究所 2001 年版，第 447 页。

的。对此，必须要有正确而清醒的认识。

（一）环境资源的公共资源属性要求统一管理

环境资源首先是一种公共资源，它具有公共资源的一般属性，如供应的联合性、有限性和使用的分散性、高度相互依存性与不可分性。作为共同财富和公共产品，资源的使用必须集体行动。个体对公共资源的自由选择与利用和社会的公共资源的分散管理，将产生破坏性竞争。根据决策理论，在公共管理中，管理主体越多越分散，管理责任就会越趋于松弛，对资源的保护就越无力，资源的状况则越坏。反之，权力越统一，责任就越大；权力越是集中并趋向单一中心，责任就越明确，越统一，责任就越大，而权力主体之间的破坏性竞争和摩擦就越小。因此，在构建整个环境保护体制时，必须实行统一指挥，加强调控，推行主要管理功能部门化，确立单一权力结构和单一行政领导系统。但是，在同一背景和理由下，环境保护管理既需要集权，也需要分权与平衡。因此，在水资源管理体制中，一般都存在着权力分散的特点，形成了权限重叠、权力分散的多元化体制。

事实上，在环境保护管理体制的构建中，一直存在着集权与分权的难题：一方面，统一领导须在部门协调的原则下实现，集权不是大一统的权力垄断；另一方面，功能上的权力分散又将形成权力行使和管理责任的混淆，导致管理的无责任性与混乱性。如何合理解决这一矛盾，的确需要进行探索。这一问题也是世界性难题，许多国家经过多年实践，大都选择了趋向集中和倾向单一的决策、指导、控制与执行中心的方向；环境管理的权力越来越向一个政府部门聚集，越来越向中央政府聚集。我国环境管理实际上也必须走上这条道路，只是由于在集权与分权的问题上还未形成有效的协调与处理机制，才造成了一些问题。

（二）环境资源的生态属性要求实行生态系统性管理

环境资源除了公共资源的一般属性外，还有着自身的特点：它既是一种环境资源又是一种经济资源，具有生态系统的完整性、跨行政区域性和使用的多元性特征，而无论是对环境资源的何种使用都涉及对资源的保护与管理问题。现实的状态是：一方面，环境资源被行政区划分割为不同的管辖范围，由不同的主体分别行使管理权；另一方面，环境生态系统并不因为行政区划而改变其发展规律。我国目前环境资源所有权主体严重缺位，加之环境资源的多重使用价值，使得对地方利益、部门利益、个体利益的考虑远远大于对环境资源保护的考虑，使用环境资源的外部不经济性和事实上的无偿性虽然在各种立法中似乎通过规范公民个人和企事业单位的行为、建立各种监督管理制度得到了解决，但由于种种原因却疏忽了对地方利益、部门利益的限制，其结果只能是整个环境资源的失范，最终导致环境资源的污染和破坏。淮河流域严重污染的原因正是如此，我国环境保护立法只注重规范市场主体而忽视对政府机关权力的限制与协调，管理体制的设置只重视行政区域机构而忽视生态区域机构的弊端暴露无遗。因此，在环境保护管理体制的构建中，同样也存在着集权与分权的问题，存在着管理权力是否向一个部门、一个方向聚集的问题；但是，其集权与分权的对象却不是同一级政府的不同部门或中央政府与地方政府，而是必须从生态区域管理的特征出发，建立专门的符合区域生态环境保护要求的机构，从全区域资源保护的高度，摒弃地方观念和部门利益，统一管理环境保护工作。只有设置这样的专门机构并由中央特别授权，并在此基础上形成分权与平衡机制，确立协调原则和程序，才能真正解决环境资源保护与可持续发展问题。

因此，环境管理体制设计必须破除"条块分割"、各自为政的分散局面，按照统一管理的目标和要求，实行中央的垂直管理，按照自然环境的生态属性，确立区域（流域）管理机关，按照一定的原则，确定集权与分权的协调与处理机制，保证管理体制的顺利运行。

三、设置原则

在环境资源既是公共资源、具有公共资源的一般属性，又是生态系统资源、也具有生态系统的特殊属性的认识基础上，构建环境资源保护管理体制必须遵循如下原则：[1]

（一）效率原则

效率原则在许多国家都是评价政府活动及体制的合理性的重要标准之一，管理的有效性和管理机构的效率始终应作为设置体制的基本目标。而管理系统的专门化和管理体制单一的权力机构，有助于减少决策和办事过程中的消耗，可以提高效率，克服无责任性和混乱性。如果将环境管理权分散于多个政府部门或地方性部门，不只是简单地确定了权力分工，它实质上是使机构之间具有了竞争性，这种竞争既有正面效应，如调动各部门的积极性，形成保护环境资源的共同努力；也有负面效应，为鼓励各部门利用一切可行的机会去追求短期利益提供了便利。因为，如果一个部门不这样做，则其他部门便会这样做。其结果是导致环境资源这样的公共资源的开发走到可悲的地步。当相关的方面包括了大量的权力重叠和交叉的小公共权力，而各个小的公共权力又只能够规范几个较小的与作用方面有关的权力的行为时，"公地的悲剧"同样会在几个较小权力的竞争中发生。几个较小的权力机构沉溺于权力的病态竞争，便无法去注意和实现该权力的真正目标，从而导致效率低下或不计效率，使公共权力变成否定性的负值游戏。因此，应充分认识"系统专门化才能提高效率"的意义，汲取过去环境管理体制中普遍存在的因权力分散而导致的低效率的惨痛教训，避免"公地的悲剧"和"非集权化的恶性循环"的发生。在此意义上，环境管理体制的构建必须以效率作为基本目标，选择通过加强大权力者或通过增加专

---

[1] 参见李启家："部分国家水环境管理体制考察"，载《环境资源法学会国际研讨会论文集》（下册），武汉大学环境法研究所 2001 年版，第 447 页。

门机构的决策能力、增加对专门化系统的组建、合并与强化的体制。具体而言，就是要真正赋予环境管理机构决策权、监督权、协调权和执行权，使其能够担负起统一管理的责任，保证管理的效率。

（二）协调原则

环境资源的公共性和对其使用方式的多元性决定了其资源保护管理的任务绝对不可能是单一机构就能完成的，必须有各相关部门的配合，而这种配合又必须是协调的。协调是为避免采取互不相容的政策而控制各机构的活动与决定，使大家步调一致地追求已确定的共同目标和目的。协调既要避免矛盾、又要解决矛盾，既有预防性、又有战略性，既有程序性、又有实质性。在对环境资源的管理过程中，必然会产生权力的交叉与分割，存在实际上的权力相对分散的多元化体制，也必然会出现分权与平衡的问题。这种情况下，就必须正确处理统一管理与分权的关系，在保证管理效率的前提下，确立合理解决矛盾的原则，建立广泛的处理机构间权力冲突的机制。这种机制表现在法律上就是要明确各管理部门的具体职责与权限，明确各部门行使职权的法律程序和行为范围，以协调各部门在环境管理中的关系。在协调原则下，统一管理是基本目标，各部门在这一目标下分权与平衡：必要的权力交叉既有侧重点又有沟通程序，适当的权力分割也不是互相推诿和扯皮的借口。统一管理机构与分管机构之间的关系也是相互配合和依存的关系，它们各自均有明确的地位、功能和作用，既不能相互替代，也不能相互竞争，而是为了实现共同的管理目标各负其责。具体而言，综合性环境管理机构在环境管理体制中处于核心地位，各区域（流域）性环境保护部门、行业性管理部门等均是协管部门，各部门应在法律赋予的职权范围内进行管理；同时，还必须接受统一管理部门的宏观调控，及时调整工作方向，避免因权力的竞争损害权力目标的实现。过去，正是由于没有统一的环境资源保护立法，才出现了管理上的种种混乱；现在要制定和修改各有关法规，当然首先要解决好管理体制的协调问题，通过统一立法，消除部门立法的不良影响，确立各部门间的正常关系，以保证管理目标的实现。

（三）民主决策原则

环境管理从一定意义上看就是对环境资源这种公共资源的分配与控制。在对环境资源供给的分配中，不仅需要有效，也需要公正、合理，使这种分配有益于实现环境保护的总体目标，有益于实现社会的共同利益，即公众的长远利益。而集体决策、民主决策，便是应用正义与公平的必要条件。这就需要合作与参与，需要有对决策过程的了解和提出批评的权利，更需要有参与和对决策进行修改的程序。因此，在功能性权力集中的同时，还必须建设决策性权力的协调合作机制，以使决策科学、公正、合理。保证合理、公正的环境资源管理体制存在于民主决策与功能权力集中的复合结构之中。多元的决策与集中的控制执行相结合才能构成"完善"的环境管理体制。为保障民主决策原则的实现，在环境管理体制的构建中，就必须充分注意各管理机构、各管理相对人的民主权利，在法律上赋予他们相应的地位与权力，设置必要的程序，保证这些权力的实现。

第三节　公众参与[1]

一、现状与问题

公众的意愿是每一个具体人群或个人意愿的集合，公众的利益同样也是每一个具体人群或个人利益的集合。个体的意愿或利益，

---

[1]　关于公众参与，在"公民环境权"及"公众参与"原则中均对有关内容作出了不同程度的论述，在此着重于中国环境保护中公众参与机制的具体设计。

只有符合公众意愿或利益时，才有其合理性。公众参与的最好办法是通过种种途径，以公众代表的方式，集中公众的意见并使之制度化、规范化、法制化。

公众参与制度，是公众及其代表根据国家环境法律赋予的权利和义务参与环境保护的制度。它是政府或环保行政主管部门依靠公众的智慧和力量，制定环境政策、法律、法规，确定开发建设项目的环境可行性，监督环境法的实施，调处污染事故，保护生态环境的制度。公众参与制度，是各级政府及有关部门的环境决策行为、经济环境行为以及环境管理部门的监管工作，听取公众意见，取得公众认可及提倡公众自我保护环境的制度。

公众参与是符合环境管理特点的富有成效的制度，在国际社会和各国的环境法理论与实践中具有十分重要的地位和作用。许多的国际法文件如《世界人权宣言》《公民及政治权利国际公约》《发展权宣言》《环境与发展宣言》《21世纪议程》等都为公众参与提供了国际法依据，公众参与作为实现可持续发展的重要条件之一已成为世界各国的共识；许多国家的环境法也对公众参与作了具体而明确的规定。[1]

中国在以往的环境立法中，对公众参与也作出了一些规定，如《环境保护法》（1989）第6条规定："一切单位和个人都有保护环境的义务，并有权对污染和破坏环境的单位和个人进行检举和控告"。其他相关法律也作了相应的规定。但是，在中国公众参与制度并未真正建立，现行立法存在的问题也是明显的。[2]

1. 现行立法关于公众参与的规定，基本上是对环境污染和生态破坏发生之后的参与，即末端参与。如上述《环境保护法》

---

[1] 参见蔡守秋：《环境政策法律问题研究》，武汉大学出版社1999年版，第316~323页。

[2] 参见刘文仲："公众参与环保有新途径"，载《中国环境报》1998年11月19日。

（1989）的规定就是典型的末端参与的立法，这与公众参与的性质有很大的距离，与实现环境法目的所要求的公众参与相差甚远。

2. 现行立法中已有的一些关于公众参与的规定，也过于原则和抽象，缺乏可实施性。如修改后的《水污染防治法》（1996）第13条规定："环境影响报告书中，应当有该建设项目所在地单位和居民的意见。"但却没有有关的途径、形式和程序规定，建设单位、主管部门以及公众都因没有明确的权利义务而无法参与。由于没有明确的公众参与程序，参与活动往往受到局限，缺乏超前性、系统性和广泛性。

3. 公众参与的形式单一，缺乏鼓励公众全过程参与的激励性规定。环境保护的公众参与需要有良好的条件，而这些条件并非环境立法本身能够解决的，但我国目前整个法律制度中关于公众参与的规定都十分缺乏，公众参与民主决策、参与国家管理的机制尚未建立。公民及其团体在法律上的地位不明确，甚至没有法律地位，更没有积极鼓励公众广泛参与的激励机制，使得环境保护的公众参与困难重重。

其实，真正的公众参与，除末端参与外，还应包括预案参与（指公众在环境政策、规划制定中和开发建设项目实施之前的参与）、过程参与（指公众对环境法律、法规、政策、规划、计划及开发建设项目实施过程中的参与）和行为参与（指公众"从我做起"自觉保护环境的参与）。只有这四个参与有机结合、同时运作，才是完整的公众参与，才能通过公众参与实现强化环境监督管理力度和改善环境质量的目标。

二、公众参与的机制

机制是保证制度实施的规定性，公众参与机制的激励就是以法律的形式明确制度执行的过程和方式。公众参与环境保护制度的机制，则是对预案参与、过程参与、末端参与和行为参与的联系（相互关系）及各自的过程和方式作出明确的规定。

1. 预案参与是公众参与环保的前提，是深、高层次的参与。综合决策部门或环境保护主管部门在制定环境政策、法规、规划或进行开发建设项目可行性论证时，要征询公众意见。环境影响报告书（表）要设置公布的方式、时间及征求公众意见的方式和时间，对公众的意见或建议吸取及对不宜采纳的意见或建议的说明程序。听取意见的方式可采取问卷调查、专家咨询、公众听证会、公众代表座谈等形式。决策出台前的论证会要请公众代表参加，决策出台时要以适当方式公布于众，公众不认可的环境决策不能出台。[1]

2. 过程参与是公众参与环保的关键，是监督性参与。在各项环境政策、法律、法规、规划及建设项目、区域开发等决策的实施过程中，要随时听取公众意见，接受舆论监督。可采用环境信箱、热线电话、新闻曝光等方式，充分发挥人民代表、新闻记者和街道、乡镇环保员的作用。同时，要定期召开公开的信息发布会，一方面保证公众的知情权，另一方面使广大公众明白、理解和支持环保工作的目的，并进一步征求意见，以保障环境、经济行为的全过程符合环境法的目的。

3. 末端参与是公众参与环保的保障，是把关性参与。一是对"三同时"和限期治理项目验收，要请公众代表参加；二是对有关环境污染和生态破坏的信访的办理，要尊重信访者的权利，保护信访者的利益，对信访者要有明确的答复；三是对环境纠纷的处理，要充分听取群众的意见和要求，处理意见和结果要以听证会的方式与群众见面，公众不认可的处理不能作出。

4. 行为参与是公众参与环保的根本，是自为性参与。一是面向公众、面向社会进行环境宣传教育，提高公民的环境意识、法制

---

〔1〕 对此，美国的环境影响评价制度所设置的公众参与程序具有较好的借鉴意义。

观念，提高公众自我保护环境的自觉性；二是街道、居委会、乡村要制定环保乡规民约，明确公众自身的环保责任和义务，形成全民保护环境热爱环境的社会新风尚，实现监督参与和自我约束的有机结合。

三、实施公众参与的途径

1. 建立公众参与会议制度。定期或不定期召开环保监督员或公众代表"参政议政"会议，介绍国家环境政策和本地环保工作、环境问题，倾听环保监督员或公众代表的意见和建议。

2. 完善人大代表、政协委员监督检查制度。在环境法上明确人大代表、政协委员对本地区主要环境问题或重大建设项目进行监督检查，进行重大环境问题专题调研，向当地政府提出解决问题的建议方案的制度。

3. 建立环境保护问卷调查制度。每年向社会各界发放调查问卷，了解群众对环境决策、环境管理和环境问题的要求、情绪和意见，及时反馈给决策部门和有关单位。规定有关部门或单位对公众的意见答复程序。

4. 完善代表提案和群众信访的办理制度。设置环境信箱，开通热线电话，规定领导接待日，建立"受理—查处—答复—征求意见—再处理"的工作程序。

5. 完善环境宣传教育制度。利用新闻媒体宣传环境法律、法规和政策；中小学校开设环境保护课程；党校、干校将环境法律法规及有关知识作为干部必修课程。提高公众的环境意识和法律观念，提高公众参与环保的能力与自觉性。

6. 明确公众参与环境决策的具体程序和法律效力。无论是开发建设项目，还是环境政策、办法和制度，在没听取公众意见或对公众意见没有作出合理答复、没有取得公众认可的情况下，决策部门决策无效。

7. 完善环境状况公布制度、保障公民的环境知情权。公众了解环境状况，是公众参与不可忽视的内容。要实事求是地搞好环境质量周报、日报工作，每年召开环境状况发布会，以吸引公众对环境保护的更大关注。

8. 建立环境陪审员和环境案例听证会制度。吸收公众代表作为人民法院的环境陪审员依法参加法院对环境案件的审理；或吸收公众参加环境管理部门环境纠纷处理的案例的分析会，让公众更好地把握参与环保的关键和重点。

9. 实施政务公开制度。环境行政主管部门向公众公开执法依据、环境政策、办事程序、环境标准、收费项目和标准等公务内容，增加工作透明度，实现群众对环保行政执法部门的民主监督。此外，环境管理部门还要注重回访工作，多方听取群众的意见和建议。

第四节　全过程控制

一、末端控制

世界上开始环境保护和环境管理以来，基于环境污染的严重局面，建立了一种以废弃物管理和污染控制为核心的管理战略。在这种思想的指导下，环境法主要是以末端处理为依据，采取"命令—控制"模式，强调污染物达标排放或废弃物无害化处理，这种偏重于污染结果产生后的控制模式被称为"末端控制"。[1] 在末端控制思想占据主导地位的时代，一些被认为是贯彻预防为主原则的环境法制度也充分体现了这一特点，如环境影响评价制度所考虑的仍然是对污染物的处理、处置方案和措施，建设项目的环境管理主要考

---

[1]　参见蔡守秋：《环境政策法律问题研究》，武汉大学出版社 1999 年版，第 383~385 页。

虑的也是污染治理设施。甚至在法律、管理制度和行政管理机构的设计上也是末端治理和单项环境介质管理，如在环保局内设置大气办公室、水污染办公室等单种介质机构，强调对废物的达标治理等。末端控制机制虽然对减轻或减少现有污染、保护和改善环境有重要作用，但在环境保护的深入发展过程中暴露出一系列局限性，逐步为现代环境保护的概念所替代。

　　中国经过近30年的环境法制建设，已经基本形成了初具规模的环境法体系，建立了以新旧八项环境管理制度为基本内容的环境法制度体系。这一体系对于中国环境保护事业的发展所起到的积极作用是值得肯定的。但是，从整个制度体系控制的主导倾向上看，其侧重于生产和生活活动与环境的交互界面，将保护环境的人力、物力、财力大多放在生产过程的末端污染排放的处理和处置上。以污染物排放标准为依据的排污收费制度是整个环境控制的主体。虽然在法律上确立了预防为主原则，规定了环境影响评价、"三同时"、许可证、现场检查等一些预防性制度，但对这些制度本身的规定都不十分完善，缺乏必要的支持实施系统，并且也有十分浓厚的末端控制的色彩，是对末端控制的间接反映。而直接体现末端控制的一些制度如排污申报、排污收费、限期治理、污染事故的应急处理等制度却有着良好的执法依据与执法手段，环境监测、环境标准、环境统计等都为这些制度的实施奠定了基础，其结果是形成预防性制度的软约束与结果性制度的硬约束的明显差异。这种立法现状充分表明了立法者的末端控制的思维模式。加之对环境管理机关而言，征收排污费还是一件有利可图的事情，它可以既不像执行预防性制度那样"出力不讨好"，还可以通过法律赋予的行政权力

"设租"，也可以得到实际利益；[1] 这也在一定程度上加剧了末端控制的局面。事实上，排污收费制度有力执行的背后是对预防性制度的漠视：企业在向环境管理部门缴纳了排污费后，便心安理得地认为是"花钱买污染"而不进行预防性控制；环境管理部门在收了排污费后（或为了收到排污费）而"拿了别人的手软"，对企业的一些行为睁一只眼、闭一只眼，弱化了对其他制度的执行。这种局面对于环境保护的整体发展和可持续发展都是极为不利的，它至少存在如下突出问题：[2]

1. 环境管理的成本高、效益低下。相对于预防性制度的实施而言，末端治理的投资和运行费用高，而效益很小。对已经造成的污染进行控制给企业带来沉重的负担，企业缺乏积极性，不符合我国通过环境管理的强化降低环境污染的治理费用、提高管理效率的指导思想。尤其是在我国目前经济发展水平低、整个国家的建设资金严重短缺、不可能拿出很多钱来治理污染的情况下，末端控制的不足更为明显。

2. 资源与能源得不到有效利用，一些本来可以综合利用的原材料变成了"三废"，被处理掉或者排放进入环境，造成资源的浪费与环境的污染，长此以往则会加剧对资源的掠夺性开发而且污染会更加严重。这实际上是放牧式经济发展模式的又一表现形式，也

---

〔1〕 这是排污收费制度的几大弊端：排污费的征收对象全部为企业，它授权环境管理部门按排放标准收费并可决定收费的减免、排污费的使用有一部分由环境管理部门留用、对不缴纳或不按时缴纳排污费的可以征收滞纳金并可处以罚款。而企业缴纳的排污费中有 80%可以返还用于污染治理。排污收费制度建立二十几年来从来没有停止过对它的性质的争论，其非税、非费、非处罚、非补偿的"四不像"留下了太多的权力"想象"空间，使之成为了中国环境保护的实践中执法机关最愿意实施的一项制度。所以，从权力制约和提高环境管理效率的角度应该将排污收费制度改为"污染税"制度。

〔2〕 参见王军：《可持续发展：一个一般理论及其对中国经济的应用分析》，中国发展出版社 1997 年版，第 271～276 页。

是长期以来环境管理中资源管理与污染控制相互脱节的结果。即使是单从污染治理的角度看，一味依靠处理设施，往往并不能从根本上治理污染，只不过是不同介质之间的转移，一些有毒有害的污染物质可能转化为新的污染物。这样继续下去的结果，必然出现西方发达国家曾经出现的治不胜治的恶性循环，旧的污染还没有治理完毕（实际上也不可能治理完毕），新污染又开始出现，并且一些旧的污染还在以新的形式出现。

3. 偏重于末端治理，忽视全过程控制，实际上是割裂了生产过程与污染控制的联系，造成生产管理中的污染控制与生产两张皮的状况。这也在一定程度上助长了污染企业将其治理的努力仅局限在达标排放上，以及"废物排放后才治理"、"达标排放"和"污染发生后才治理"等观念，加大了环境管理的难度。

二、"从摇篮到坟墓"——全过程控制[1]

随着工业化的进程，末端治理的缺陷暴露无遗，全过程控制正是基于改正这一缺陷的目的，从预防工业污染的高度设计的新机制。

全过程控制的集中体现是清洁生产及其相关制度。《21 世纪议程》所提出的全过程控制的思想包括三个方面的内容：采用清洁的能源，少废无废的清洁生产过程，和对环境无害的清洁产品。它是对生产过程和产品持续运用、整体预防的环境保护战略，以期减少对人类和环境的风险。全过程控制要求通过采用先进技术、改进工艺和完善管理，使生产过程中的废弃物排放量减到最小。它强调在工业生产的各个方面、各个环节实现能源、原材料配置最优化，废物量最小化，环境效益最大化。

1989 年 5 月，联合国环境规划署理事会决定，在世界范围内推行以清洁生产为核心的全过程控制。1990 年 9 月，在英格兰坎特伯

---

〔1〕　参见蔡守秋：《环境政策法律问题研究》，武汉大学出版社 1999 年版，第 385~386 页。

雷，环境规划署工业与环境规划中心举行第一次促进清洁生产研讨会，正式实施环境规划署提出的清洁生产计划。1992年6月，在巴西举行的联合国环发大会及通过的《21世纪议程》，确认了清洁生产是一种协调环境和经济发展的关键方法。1992年10月，在巴黎召开了清洁生产部长级会议和高级研讨会，确立"把清洁生产从一种战略推向日常工业实践"。

　　国际社会的这些活动已从法律、政策的高度对全过程控制、推行清洁生产进行了规制，极大地推动了各国有关国内立法的发展。1984年美国对其《固体废物处置法》进行了修改，将其重新命名为《资源保护回收法》，将过去固体废弃物管理的重点由对固体废弃物的处理、处置与回收利用相结合，到提出了减少固体废弃物产生总量的技术和方法，宣布从固体废弃物产生开始，实行"从摇篮到坟墓"的全过程管理和废物减量化原则，取得了环境管理思想的突破性进展；1990年，美国国会通过了《污染预防法》，该法将预防污染宣布为美国的一项国策，并指出"源削减与以往的废物管理和污染控制有根本的不同，且更符合环境保护的要求"。几乎与此同时，英国于1989年修改了《水法》、1990年修改了《污染防治法》，修改的重点在于将污染的控制从以治理为主转变为以预防为主；德国于1994年制定了《废物管理和产品再生利用法》，丹麦、瑞典、法国、荷兰、希腊、葡萄牙等国也修改或制定新的环境法律，体现预防的思想。加拿大制定了"绿色计划"，在工业企业中全面推行清洁生产；新西兰成立了专门的清洁生产基金会，负责收集和传播清洁生产的信息；丹麦也颁布了污染预防法案，通过实施污染预防战略，使"三废"在源头削减，力求最少量的排放，以提高经济效益，减少处置废物的费用，受到工业界的普遍欢迎。

　　三、别无选择——中国实施"全过程"控制的必要性

　　其实，在中国目前的环境状况和资源状况下，实行全过程控制

是一条别无选择的道路:[1]

(一) 中国的环境污染现状与未来的发展目标要求进行全过程控制

中国迄今为止还是采取高能耗、高物耗的不可持续的经济增长模式,但是,从环境污染变化的趋势看,以高投入、高消耗支持经济高增长必将使环境状况进一步恶化,社会对环境污染造成的损失将达到难以承受的地步。

从现在开始到 2010 年,是中国环境质量承受巨大压力和冲击的关键时期。一方面,我国的经济将进入高速增长期,工业化和城市化步伐加快,1980 年至 1993 年,中国的国民生产总值年平均生产增长速度已达到 9.5%,到 2000 年之前,增长速度仍将保持在 9% 左右,到 2010 年我国还要实现国民生产总值比 2000 年翻一番的增长目标,大大高于世界各国的平均增长速度。工业的加速发展必然带来污染物排放量增加,如不采取有效的预防措施,新增工业污染和由此而产生的城市污染,将会进一步加剧。但是,过去的环境问题并未得到根本解决,许多"老"问题依然存在,有的还在以新的形式出现。

1. 城镇布局不合理。中国的工业企业 80% 集中在城市,特别是大中城市。据统计,全国 40 个左右的大城市的工业总产值占全国的 65% 以上,其中 13 个大城市和特大城市的工业总产值几乎占全国的一半。"城市动物园"本来就是一个典型的生态失衡系统,其中只有消费者没有生产者。[2] 但是,中国的城市布局在 20 世纪 50 年代到 70 年代中的一段时间里,严重忽视城市整体规划和工业的合理布局,城市的整体发展目标定位不准,城市的功能区域划分

---

〔1〕 参见王军:《可持续发展:一个一般理论及其对中国经济的应用分析》,中国发展出版社 1997 年版,第 272~273 页。

〔2〕 此处特指生态系统中的生产者和消费者,即植物和动物。

也不明确，前者如将北京定位为政治中心、文化中心、金融中心、经济中心、工业中心。其他中心暂且不论，为了使北京成为工业中心，在北京市建立了如首钢、燕山石化等用水量巨大且污染严重的大型重工业企业，处于半干旱地带的北京的水源本来就十分紧张，这些工业企业的运行更加剧了这一矛盾；后者如素有"天堂"之称的苏杭，工业企业建在居民区、文教区、水源地、名胜游览区，犬牙交错，使污染的危害更加严重。还有一个值得关注的现象就是盲目地扩大城市规模和开展城市化运动，一时间，"小市闹大市""无市闹市"风起，大城市也一再扩大规模，将人口过多少万、产值过多少亿、楼层有多高作为"现代化""国际大都市"的标准。[1] 盲目扩大城市规模和城市化的结果，不仅使城市污染更加难以控制，而且使能源、交通、水源、住房等供应日趋紧张，加剧了城市的环境压力。许多有污染的工厂建在城市的上风向、居民稠密区或者风景名胜区，使污染危害更加突出；不顾城市的性质和特点安排工业产品结构，增加了防止污染的困难；沿江河分布有污染的工厂，将许多水源地作为污水沟使用，扩大了污染范围。

　　进入 80 年代以后，乡镇及乡镇企业开始发展，并且势头凶猛，但一时间乡镇企业遍地开花，小城镇发展也未重视合理规划和布局，同样存在布局混乱、功能不清的问题。更为严重的是，乡镇企业发展初期，一是大量接受城市的污染设备、污染工艺、污染产品

---

〔1〕 我以为，除了以人口、产值为标准以外，还以高楼大厦林立、灯火彻夜通明和有多少立交桥等作为现代化标准实在是对国外一个或几个大城市观光后留下深刻印象的结果。且不说国际上关于"国际性城市"的标准所包含的真正内容，仅就这些标准本身除了几项"硬件指标"毫无环境、服务、市民素质等"软件指标"就很令人怀疑。我不敢想象一个空气污染、污水横流、垃圾遍地、植被皆无、规划混乱、市民素质低下的人口过千万、产值过百亿、高楼林立的城市能够成为"国际性"城市。其实，就最直观的感受而言，日内瓦是一个没有高楼、没有多少工业产值、更没有立交桥的城市，但谁也不会否认它的"国际性"，还有瑞士的洛桑、美国的华盛顿特区等，可见，徒有其"大"是不能担当"国际性"盛名的。

的转移，其本身又没有防止和治理污染的能力；二是乡镇企业"船小好调头"，其生产的产品、工艺技术以及发展方向均不确定，难以对其环境污染问题进行控制。这些都直接导致了城市环境污染向农村蔓延的严重趋势。

2. 现有工业的总体技术水平比较落后和工业结构不合理。由于原材料加工深度不够、设备陈旧、工艺落后以及企业管理不善等，资源能源的利用率不高，单位产品的能耗原耗都大大高于发达国家水平。据统计，中国社会最终产品仅占原料总投资量的20%至30%，其余的原料变为"三废"排放掉了。若以万元产值计算污染物排放量计，我国相当于日本的2.6倍、德国的3倍，每年多耗5 000万吨标准煤，相应多产生140万吨SO_2、1 500万吨烟尘；钢铁生产每年多耗煤6 000多万吨，相应多产生90多万吨SO_2、60多万吨烟尘；工业用水情况也类似，如生产一吨钢耗水是国际先进水平的10～40倍，开采一吨原油耗水是国际先进水平的6～26倍，生产一吨纸耗水是国际先进水平的3～10倍。[1] 中国以万元产值计算的能耗是美国的4倍、日本的11倍。长期以来，中国的工业结构遵循"以重为本"的指导思想，并且以劳动力密集型、资源密集型工业为主，这些企业绝大多数是重污染型行业。尽管近年来情况有所变化，强调发展智力密集型、高技术附加值的企业，但这种局面并未得到根本改变，工业的"结构性污染"仍然是一个突出的问题；另外，一些小型企业，如小化肥厂、小造纸厂，其工艺、技术落后、设备简陋、管理水平低下，也是不可忽视的污染源。在整个污染中，工业污染所占比重相当大，其中的70%以上来自于工业。

3. 现有的环境控制能力差，历史欠账多。在80年代以前的30年中，对控制环境污染可以说基本上没有投入，与环境相关的城市基础设施的投资也十分有限，各种公用设施严重不足。这种在工业

---

[1] 参见曲格平：《我们需要一场变革》，吉林人民出版社1997年版，第231页。

和城市建设中缺乏远见和预见性的做法，给以后的工业和城市建设环境综合整治带来巨大的困难，增大了改造和治理的费用。从80年代起，我国开始将环境保护纳入国民经济计划，投入逐年增加。但是，在"六五"期间投入仍然很少，"七五""八五"的投入明显有了增加，但也一直没有达到规划要求的目标，欠账年年增加。一是工业污染治理历史欠账很大，从总体上看，工业治理的程度低，达不到环境排放标准的要求，如果进一步提高排放标准，差距就更大。据统计，工业欠账约在1 500亿元至2 000亿元。二是城市与控制污染相关的基础设施欠账也很大，这种欠账，包括污水处理厂、集中供热、煤气供应、垃圾处置、绿化工程等，其供给至少要有3 000亿元。[1]

（二）中国的资源特点决定必须实行全过程控制

中国的资源相对稀缺，需要通过全过程控制大力节约和综合利用资源。

中国是一个人口密度高、人均资源贫乏的国家，按目前水平，人均水资源占有量占有世界人均水平的1/4；人均土地占有量只有世界人均占有量的1/3；其中人均耕地为世界人均耕地的2/5；人均矿产资源不足世界平均水平的1/2。[2]

目前，一是水资源不足在北方地区已成为社会经济发展的重要制约因素之一，全国缺水城市达300多个，日缺水量1 000万吨以上，使工业生产和居民生活受到很大影响。二是矿产资源对社会经济发展的保证程度下降，浪费严重。中国是世界上矿产资源总量比较丰富、矿种配套程度比较高的少数国家之一。但是，由于中国矿产丰欠不均（优势矿产多半用量不大，大宗矿产又多半储量不足），区域分布不平衡，贫矿、难选矿、综合矿和中小型矿多等原因，在

---

[1] 参见曲格平：《我们需要一场变革》，吉林人民出版社1997年版，第233~234页。
[2] 参见曲格平：《我们需要一场变革》，吉林人民出版社1997年版，第204页。

现有的技术和经济条件下，可供开发利用的资源不足，保证程度呈下降趋势。据有关部门对 40 种主要矿产保证程度分析，目前已有 10 种供应不足，某些生产矿山的可采量日趋枯竭，后备储量严重不足，严重制约着矿山开发规模与生产能力的发挥。三是能源生产、消费结构以煤为主。1990 年原煤生产和消费占一次能源生产与消费总量的 74.2% 和 76.2%。[1]

上述情况表明：就资源的整体承载力而言，中国经济继续以高投入、高消耗支持高增长，将面临供给不足和成本不断上升两种难以逾越的障碍。随着人口增长和国民经济的发展，各种资源供给和社会需求的矛盾将会进一步加剧，如果不极大地提高各种资源的节约利用程度，我国工业发展将会受到资源不足的严重制约，随之而来的将是产品成本不断上升，在国际市场竞争中处于不利地位，且不谈为后代人留下资源，就是当代人的发展也难以保证。

四、中国全过程控制机制设计

在中国的环境法中，对于末端控制的问题已有所认识，并制定了一些反映全过程控制思想的规则，典型的如"结合技术改造防治污染"。

1992 年，在联合国环境规划署工业与环境规划中心的支持下，厦门和绍兴分别举办了两次清洁生产研讨会，厦门会议以后，国家环保局提出过一份《清洁生产行动计划》草案。1993 年 10 月在上海召开的第二次全国工业污染防治工作会议，明确提出了三个转变，即在污染防治基本战略上从侧重于污染的末端治理逐步转为工业生产的全过程控制污染；在污染物排放控制上，由重浓度控制转变为浓度与总量双轨控制；在工业污染治理上，由重分散的点源治理转变为集中控制与分散治理相结合。1994 年颁布的《中国 21 世

---

[1] 参见王军：《可持续发展：一个一般理论及其对中国经济的应用分析》，中国发展出版社 1997 年版，第 273 页。

纪议程》，把推广清洁技术和清洁生产作为实施可持续发展战略的重大行动之一。全国"九五"计划和环境保护的"九五"计划也都将结合技术进步，积极推行清洁生产作为工业污染防治的主要任务之一。

在法律和政策方面，国务院在 1983 年发布的《关于结合技术改造防治工业污染的几项规定》中强调"通过采取先进的技术和设备，提高资源、能源的利用率，把污染物消除在生产过程之中"，并对技术改造方案提出了具体要求。《环境保护法》（1989）第 25 条规定："新建工业企业的技术改造和现有工业企业的技术改造，应当采用资源利用率高、污染物排放量少的设备和工艺，采用经济合理的废弃物综合利用技术和污染物处理技术。"修正后的《大气污染防治法》和《水污染防治法》也均作了同样的规定。但是，这些制度也存在明显的问题：一是结合技术改造防治工业污染以及新建工业企业采取"清洁生产工艺"的规定尚不能视为一个法律制度意义上的表达，法律规范不"规范"，其内容也不科学，如"把污染物消除在生产过程中"实际上是不可能的；二是对于全过程控制而言，无论是新建工业企业、还是老企业的技术改造，采用"清洁生产工艺"都仅仅是全过程控制的一部分内容，它说明在我国还没有形成完整意义上全过程控制的法律制度基础；三是立法者对全过程控制的认识还不足，重视程度还不够，并未充分认识到从末端控制到全过程控制对可持续发展的意义，没有认识到它是一项先进的真正具有经济、社会、环境综合效益的制度。针对这种现实，有必要认真设计中国的全过程控制机制。

（一）控制机制

我以为，中国的全过程控制机制至少应包括如下几个方面：

1. 源头控制。源头控制是一种从根本上扭转中国环境保护被动局面的控制方式，它主要是强调将资源的可持续利用与环境污染的控制纳入产业结构转换和技术改造的轨道。从我国产业结构和技术变革的情况来看，基础工业不足，第三产业严重滞后，工业生产技术落后和能耗、物耗高等因素制约了社会经济发展，并加剧了环境污染的程度。因此，在产业结构调整中，应大力鼓励与支持低消耗、低污染和高效益产业的发展；严格控制能耗物耗高、污染严重产业的发展；坚决淘汰那种技术落后、严重污染环境产业的发展。

2. 生产控制。生产控制是全过程控制的核心环节，它主要是通过建立起全新的工业生产系统，有效控制环境污染，促进工业与环境的协调发展。一是开展清洁生产运动，科学规划和组织协调不同生产部门的生产布局和工艺流程，优化生产诸环节，将单纯的末端控制转变为生产过程的污染控制，交叉利用可再生资源和能源，减少单位经济产出的废物排放量，达到提高资源和能源使用效率、防止环境污染的目的；二是通过资源的综合利用、短缺资源的替代、二次能源的利用及节能、降耗节水，合理利用环境资源，减少资源的消耗；三是减少废料和污染物的生成和排放，促进工业产品的生产、消费过程与环境相容；四是开发环境无害产品，替代或削减对有害环境的产品的生产和消费。

3. 末端控制。末端控制是全过程控制的最后防线，它主要是通过对环境污染物的治理和处置，降低其对环境的危害。由于向环境排放一定的副产品是正常的生产活动所不可避免的，在特殊情况下也可能会出现事故性排放或意外事件，因此，末端控制在全过程控制中也是必不可少的一个主要环节。一是对于排放的污染物进行净化处理，将一时无法回收利用的废水、废气、废渣等排放物进行处理，以达到国家规定的排放标准；二是将一时难以利用和处理的工业排放物，特别是一些有毒有害和有放射性的废弃物先行贮存，并采取一些必要的防渗、防漏措施，不使之成为二次污染源。

（二）实施措施

1. 建立产业结构转换和技术进步的环境保护目标制度。在过去已有的规划制度的基础上，确定产业结构调整和工业布局合理化的标准，公布国家对于低消耗、低污染和高效益产业的鼓励与优惠措施以及对技术落后、能耗物耗高、严重污染环境的产业的禁限措施。

2. 完善工业企业环境保护目标考核制度。明确规定企业交叉利用可再生资源和能源的义务，确定单位经济产出的废物排放量、资源能源消耗量。明确对于企业节能、降耗和合理利用资源的鼓励措施以及对达不到相应目标的企业的禁限措施。

3. 建立清洁生产工业技术的开发利用制度，制定符合中国国情的清洁生产标准，以及标准实施原则；明确对于积极开发利用清洁生产工艺的企业的鼓励和引导措施，对于清洁产品的生产、使用和无害环境技术的使用的支持和鼓励措施，以及对清洁生产的监督管理手段和措施。

4. 完善环境影响评价制度。扩大环境影响评价的范围，将环境影响评价的指导思想由设计污染物治理和处理方案转变为设计减少污染物排放、提高资源能源利用率的方案，建立公众参与程序，健全环境影响评价监督管理手段。

5. 建立源削减制度。确定源削减的目标、目标实施及监督管理、源削减项目的确定标准、对实施源削减的鼓励性措施和抑制性措施、源削减的公众参与等。

6. 完善综合利用制度。明确规定综合利用的目标、项目，对综合利用的鼓励性措施和抑制性措施，对综合利用的监督管理等内容。

7. 完善排污申报登记制度、污染集中治理制度、环境税制度、资源有偿使用制度、资源补偿制度、许可证制度等。

8. 建立环境使用权交易制度。确定环境容量使用的初始定价准则和交易的基本方式和程序，以及保障交易安全的各项措施。

9. 建立环境审计制度。完善环境标准、环境监测制度。

第五节 环境纠纷处理

一、纠纷处理程序

环境纠纷处理程序，是一个关系到环境法的实施和环境法目的实现的重要问题，我国环境法规定了环境纠纷的行政处理、诉讼处理方式，也有一些程序性规定。但总体来看，对于环境纠纷处理的法律规定过少，方式单一，有关研究也不深入，远远谈不上建立有关环境纠纷处理的机制。

（一）程序设置的目的

环境纠纷是当事人之间基于环境保护关系而产生的利益纷争，从法律的角度看，任何利益纷争都将使正常的环境法律秩序受到破坏，法律的作用就在于按照一定的程序对违法者的违法行为进行惩戒或否定、同时对受害者进行补偿或肯定，使遭受破坏的社会秩序恢复到原来的稳定状态。因此，环境纠纷的处理既是对法律的适用，也是法律功能的外在表现。

但是，环境纠纷的处理必须按照一定的规则进行，也就是说必须要有一定的程序保障，这就是环境纠纷处理程序。事实上，程序法与实体法是同样重要与复杂的。如果我们拥有一项合法的实体请求权或抗辩权，但是由于程序的费用过高而使打官司得不偿失，或者由于程序或证据规则妨碍人们获得或提出证明其意见所必要的证据，都会造成纠纷不能迅速解决的问题，不能使被破坏的秩序迅速恢复到稳定状态。或者是，在这种情况下，即使借助法律程序实现了权利，法律程序的其他内容也不可能提供程序利益。

环境纠纷处理程序是关于环境纠纷处理的法定程序，我将其简单归纳为环境程序法。从表面上看，环境程序法的目的是保证环境法的实施，因而，环境程序法的目的与环境实体法目的应该是一致的，即解决争执和查明"真相"。

无论是通过何种方式解决纠纷，都意味着其目的之一是解决纠纷。如果其用意不在于解决纠纷，而仅仅是对某一方表示声援，那么"打官司"也就没有必要了。所以，解决纠纷是环境程序法的基本目的之一。

查明"真相"的目的是暗含于环境程序法中的。纠纷处理者应当适用规则和原则，对纠纷作出处理。但在未获知"真相"或客观事实的情况下，纠纷也不能依据规则和原则得到妥善解决。查明"真相"，并非程序自身需要，而是为了将规则和原则正确地适用于纠纷。而查明"真相"的目的，也需要一定的途径才能实现。这些途径就是通常所称的"程序规则"。

当然，解决纠纷并不是将程序规则简单地适用于事实。首先，查清事实并非一个直接描述事实的过程。为了适用规则，事实必须分类，但事实并不能被整齐有序地贴上标签。其次，许多所谓的事实问题都是价值问题，确定某人的主观心理状态，是理智健全、疏忽大意，还是精神失常，需要作出判断和评价。最后，即使事实清楚时，规则和原则的意义也不一定清楚。

解决争执和查明真相这两个目的，并未给评价法律程序提供可用的标准，因为它们过于笼统。解决争执是全部法律（包括程序法和实体法）的目的之一。与其他科学不同的是，"法律的目的并不在于发现真相，并不在于发现全部真相，并不纯粹在于发现真相。"[1] 如果以发现真相为法律的最终目的，不仅代价过高，而且往往与解决争执的目的无关。其实，完全置真相于不顾，照样也能解决争执。如武断的命令或抛硬币也都不是行之有效的解决争执的方法。因此，对环境程序法的评价，需要有较多具体的目的。而这些目的，也可以从不同的角度加以分析。

---

[1] ［美］迈克尔·D. 贝勒斯著，张文显等译：《法律的原则——一个规范的分析》，中国大百科全书出版社 1996 年版，第 23 页。

（二）经济成本与道德成本[1]

1. 经济成本。关于程序法或程序的经济分析，是过去环境法中不被重视的问题。然而，环境纠纷的解决是需要耗费成本的，这一事实使得我们必须考虑效率和效益问题，因而，对环境程序法进行经济成本分析是十分必要的。[2]

在经济分析中，我们纯粹地考虑环境程序法的一元价值或工具价值，即将法律程序视为一种实现单一价值或目的最大化的工具。经济分析方法力图实现财富或经济效益最大化。同任何其他工具一样，法律程序也被看做一种实现某一目的的过程中产生的一种费用，因而程序法的目的是实现费用最小化。

环境程序法的成本包括错误判决的成本——错误成本和作出表决的直接成本——直接成本。所以，环境程序法的目的就是实现错误成本和直接成本最小化，并且是实现两者的总额最小化。如果只想使直接成本最小化，则错误成本可能很高。同样，在成本变化的某一点上，追求判决准确所增加的直接成本也可能超过其减少的错误成本。

当作出错误判决时，即产生了法律上的错误成本。事实上，被告要么"有罪"要么"无罪"（在民事案件中，则是要么"有责

---

[1]　参见［美］迈克尔·D. 贝勒斯著，张文显等译：《法律的原则——一个规范的分析》，中国大百科全书出版社1996年版，第23~32页。

[2]　虽然在目前的环境纠纷中，尚未出现为了"讨个说法"而不计诉讼成本而索赔一元或几元钱的极端现象，但是同样存在着诉讼成本过高的问题。实际上，诉讼成本是法律制定者和纠纷当事人都必须面对的：如果程序设计者不计成本，将造成社会资源的极大浪费，当事人打不起"官司"，使得程序法无法实现解决纠纷的目的；如果当事人不计成本，则会造成许多无端诉讼，同样造成社会资源的极大浪费和社会秩序的不稳定。诸多的以一元或几元的赔偿为诉讼请求的诉讼，现行程序法所展现的就是典型的资源浪费的程序，法院、当事人乃至全社会都为其付出高昂的代价，对于这样的程序，是有深刻反思的必要。我以为，并非不要保护这些当事人的权利，而是可以设计出更为合理的有效率的程序，为此，就必须研究程序和程序法的成本问题。

任"要么"无责任")。这样，可能存在四种结果：对有罪者治罪；对无罪者治罪；对有罪者不治罪；对无罪者不治罪。在这些判决中，有两类是正确的，有两类是错误的。如果环境实体法的目的之一是经济效益，那么，每一个错误的判决都导致资源的无效率利用，因而是一种不适当的费用。如果一个公司因为污染而造成一起事故，却被错判为无责任，则预防作用无法实现，该公司将不会在环境保护方面投入足够的资源，污染将增多。进而，由于法院有可能作出这类错误的判决，所以，某些潜在的被告将不再在环境保护上投资，而某些潜在的原告即使有理也不愿打官司。

直接成本即法律系统运作的成本，它包括公共成本和私人成本。前者如法官的薪金、法院的直接开支、法院的房舍等费用；后者如当事人聘请律师、取得司法鉴定等费用。一般而言，随着私人成本的增加，诉诸法院的案件随之减少。当然还有许多其他因素影响人们是否打官司，如争讼标的额和预计胜诉的机会。从成本分析的角度看，诉讼外和解或非诉讼程序比审判的直接成本大为减少，因此，这是出现诉讼外程序的一个重要原因。

当然，追求哪一种成本的最小化都是有问题的，我们的目的是实现两种成本总额的最小化。在美国，最高法院采取的就是一种综合的经济成本分析方法以确定行政判决的正当程序要求。尽管法院关心成本最小化，但并未将成本限于经济成本这一单一价值。法院明确指出，在评价程序时，我们应当权衡私人利益、错误发生率与政府利益。如果错误经常有利于政府，则私人成本将高于政府收益；如果错误经常有利于私人，则政府的成本将高于私人的收益。因此，必须权衡各种因素，在两种行政程序中作出抉择，就必须先计算出两者各自的成本，而后采取总成本最低的一种。同样，在诉讼程序与非诉讼程序的选择中，也面临相同的问题。

经济分析的方法虽然受到了许多批评，但它起码指出了评价法律程序时应予考虑的一个重要因素。没有充分的理由，谁也不能增加经济成本。在所有其他条件均相同的情况下，不论经济成本是直接成本还是错误成本，任何关心效益的人都有充分的理由选择较低的经济成本而不选择较高的经济成本。所以，环境程序法设置的一个基本原则应该是使环境法程序的经济成本最小化。

2. 道德成本。法律的经济分析所受到的最强烈的批评就是其"单一价值工具主义"，它难免挂一漏万，遗漏了法律的许多重要价值。而关于环境程序法的另一种分析方法——道德成本分析法就是体现"多元价值工具主义"的方法，它是一种通过努力，实现结果所包含的几种价值最大化来评价环境程序法的方法。

道德成本分析者认为，包括经济分析方法在内的功利主义方法忽视了权利问题。与经济分析方法相同的是，它也承认有错误成本，但道德分析法所强调的错误成本至少包括两类。如前所述的两种可能出现的错误判决：对无罪者治罪；未对有罪者治罪。撇开这两类错误判决的纯粹损害或经济损害不谈，前者比后者更为有害，因为它侵犯了无罪不治罪的权利（无罪原则）。这种侵权行为即是道德损害或道德成本。民事案件亦是如此，如果一方当事人拥有某一可能被错误判决侵犯的权利，而另一方当事人却没有这种权利，那么程序应偏重于禁止侵犯这种权利及造成道德损害。在民事案件中，针对原告与针对被告的错误的道德损害往往相等；有时也会出现一方所遭受的道德损害大于另一方的道德损害的情况。

道德成本分析的方法为错误成本的经济分析增加了另一个分析因素，错误成本除了包括经济损害成本或纯粹损害成本外，还包括道德成本。因而，法律程序的目的可表述为实现经济和道德错误成本及直接成本最小化。

事实上，道德成本是一种同类案件所普遍共有的、客观的和恒定的因素。申言之，只要侵犯的权利相同，道德损害就相同，因此，每一案件中道德成本是一恒定因素。

在有关环境程序法的合理性论证中，道德成本因素至关重要，因为道德成本只与某些错误有关。在环境污染纠纷的解决中，是否要求污染者承担责任或是否给污染者以不承担责任的权利是一个关系到环境法根本目的的问题，如果要减少这一道德成本，其有效的方法是转移证明责任，即把证明责任由原告转移给被告，使认定责任更加容易。环境污染民事诉讼中之所以普遍采取举证责任转移或倒置的方法，正是减少道德成本的最一般措施，也是实现环境法目的的基本手段。所以，环境程序法中道德成本原则是应当使法律程序的道德成本最小化。

3. 两者的比较。经济成本分析和道德成本分析表面看来存在明显差别，实质上则不然。第一，在经济分析中，学者们仅仅假设以环境法的一元价值为前提，从来也没有否认除了经济效益外的其他目的。倘若环境法的目的所未实现的后果可以从经济方面加以衡量，那么成本最小化的方法同样可以运用于其他目的。第二，由于道德成本分析方法要求将道德成本与经济错误成本、直接成本加以平衡，所以谁也不能狡辩说，道德成本不受经济价值的影响。尽管道德成本无法直接计价，但间接计价的现象仍然存在。为避免产生道德成本，我们只需要考虑愿意付出多大经济成本。把证明责任赋予原告而产生的环境污染增多、责任加重的成本即是不追究污染者责任的道德损害的价格。第三，道德成本分析仍是一种工具主义的方法。环境法程序只是一种获得正确结果的手段。

经济和道德分析方法的工具主义性质对环境法程序具有重大意义。只有在程序既有正确的结果，又有错误的结果时，我们才能将程序判定为导出正确结果的程序和导出错误结果的程序，即考虑错误成本。如果经济效益是实体法的目的，那么，某一结果或是有经济效益的，或是没有效益的。同样，如果实体法还有其他目的，那么环境纠纷总有一个正确的解决方案。但是，如果结果不正确，就没有正确的解决方案，也就不存在错误成本。倘若不存在错误成本，则经济和道德成本分析方法要求直接成本最小化。此时，可以不必采取诉讼程序，而只要采取其他程序就可以成本低廉地作出一个解决纠纷的方案。

经济和道德成本分析方法都是与避免错误发生的成本相关的工具主义方法，所以，它们主要是针对查明真相。如果并不存在查明真相的需要，那么，法律程序也就失去了存在的理由。它们与解决纠纷有关，只是因为其能够为争执提供正确的解决方案。

（三）程序利益

如果说经济成本与道德成本分析是关于环境程序法的工具价值分析方法，那么，有关程序利益的分析则是一种内在价值分析方法。程序利益分析是思考程序的价值和利益问题，这些价值和利益与它们对审判结果的准确性的影响是不同的。即使公正、尊严、参与等价值并未增进判决的准确性，环境法程序也必须维护这些价值，因为它们是环境法的内在价值。

环境法程序所维护的程序价值可视为与直接成本相对应的收益。只有环境法程序有助于减少错误成本时，经济和道德分析方法才把程序看做必要的费用。然而，即使两种成本具有相同的直接成本，在提供保护需要的结果上同样行之有效，并且还有相同的错误成本，人们仍然可能认为其中一种程序优于另一种程序。此时，对于程序的价值判断显然与成本无关。

从程序利益分析的角度看来，环境法程序的利益或价值独立于结果之外，而且这些利益应当区别于直接成本。因此，如果在评价环境法程序时增加程序利益的考虑，就可以避免工具主义所可能产生的一个问题：如果不存在正确的结果，就应采用费用最少的程序。程序利益可抵消大量直接成本，故一个相当复杂且费用很高的程序仍然可能是合理的。

程序价值存在的基础在于解决争执的内在目的，为了实现这一目的，也必须确立相应的程序利益和原则。这至少应包括如下方面：

1. 和平。即程序应该是和平的，缺少解决争执的法律程序，则争执就有可能酿成暴力事件和血亲复仇。人们理性地期望法律能预防暴力，同样也希望有和平的程序。为此，环境程序法关于自助行为的限制格外重要。

2. 自愿。即人们应能自愿地将他们的争执交由有关部门解决。如果人们愿意的话，他们应能将争执交由有关部门解决，但是，它不意味着如果一方不想由有关部门解决争执，便可以任意否决那一程序。尽管一些非诉讼程序允许当事人选择纠纷解决方式，但一经选定，便不得随意更改，如我国法律规定的仲裁与诉讼的选择。这一原则能使受害方得到及时有效的救济，因而有助于解决纠纷，也有助于和平。

3. 参与。即当事人应能富有影响地参与解决纠纷的活动。人们通过一种程序解决纠纷，在很大程度上有出口气的观念影响。如果某人不能参与解决纠纷的过程，那他就被剥夺了到有关部门出口气的机会。这一原则有助于解决纠纷，因为能参与的当事人更易于接受结论；尽管他们有可能不赞成某一结论，却更有可能服从结论。

4. 公平。即程序上应当公平地或平等地对待当事人。在此，公平的实质是程序上平等对待。因为每个人都有可能成为原告和被告，因而谁也不希望程序偏向某一方，能为双方接受的理由所能合理证成的偏向除外。倘若当事人觉得用来解决纠纷的程序是不公正的，那么无论从心理上还是在行动上都不太可能接受其结果。公平原则只是指当事人参与诉讼的机会均等；参与原则则为当事人卓有成效地参与诉讼提供了理由。

5. 及时。即程序应提供及时的处理结果。及时并不等于草率，但是久拖不决则有可能使社会关系长期处于不稳定状态，与法律的功能不符。所以必须确定相对合理的期限，既不至于没有充足的时间收集证据并思考其意义而草率地作出结论，也不至于拖延解决纠纷的时间。

6. 止争。即有关纠纷解决机关应作出解决纠纷的最终决定。无论采取哪一种程序，都必须使纠纷得到最终解决，否则，求助于法律程序就毫无意义。

从总体上看，无论环境程序法如何考虑经济成本和道德成本，它们都是一种负值交易行为。也就是说，程序法具有的是负价值，即错误成本与直接成本大于程序利益。尽管个别人可能获得损害赔偿和其他救济，从而从程序中受益，但全面地看，解决纠纷纯粹是一种损失。因此，从社会的立场或从潜在的原告或被告的立场上看，应避免打官司。

二、环境纠纷的行政处理程序

（一）环境行政司法

环境纠纷的行政处理又称环境行政司法，是指享有环境行政司法权的环境行政主体，依法对环境行政争议和环境民事纠纷进行复议、调解的程序。环境纠纷的行政处理具有以下特点：

1. 环境行政司法的主体只能是享有行政司法权的环境行政主体。这就将环境行政司法活动与人民法院的审判活动区别开来，并非所有的环境行政管理部门都享有环境行政司法权。

2. 环境行政司法在内容上包括环境行政复议和环境行政调解。环境行政调解是行政权扩大到民事领域的体现。

3. 环境行政司法是带有司法性质的环境行政行为。环境行政司法能够在一定范围内迅速、简便地解决环境行政争议和环境民事纠纷，是环境行政权向司法领域的渗透。

由于环境行政主体承担着环境行政管理的职能，具有丰富的环境专业知识和技能，因此用环境行政司法手段解决环境争议，不仅有利于维护当事人的合法权益，维护环境行政主体有法律效力的执法行为，而且可以减轻人民法院和当事人的负担，降低纠纷处理的成本，使纠纷得以迅速解决。

（二）环境行政司法的原则

1. 简便原则。简便、高效地处理环境行政争议和环境民事纠纷，是环境行政司法的主要作用。环境行政管理的连续性是环境行政司法简便、高效的基础和保证。

2. 公正原则。公正、平等地处理环境纠纷，在环境行政司法中尤为重要。特别是在环境行政复议中，环境行政主体是争议的一方当事人，这就格外要求环境行政复议机关不能有偏袒本机关或下级机关的行为，必须严格依法办事，维护正确的环境执法行为，纠正违法或不当行政，保护双方当事人的合法权益。

3. 相关人员回避原则。与环境司法案件有利害关系或者可能影响案件正确处理的人员应当回避。环境行政复议案件的司法人员应区别于环境行政执法人员。

（三）环境行政复议

环境行政复议是指环境行政主体，在环境行政执法过程中与相对人发生争议时，依相对人的申请，由该行政主体或其上级机关对引起争议的行政行为进行复查的制度。

《环境保护法》（1989）明确规定了当事人申请行政复议的期限和受理复议的环境行政机关。该法第 40 条规定："当事人对行政处罚决定不服的，可以在接到处罚通知之日起 15 日内，向作出处罚决定的机关的上一级机关申请复议；对复议决定不服的，可以在接到复议决定之日起 15 日内，向人民法院起诉。当事人也可以在接到处罚通知之日起 15 日内，直接向人民法院起诉。"由此可以看出，只有对环境行政主体具体的行政处罚行为不服的当事人才能提出复议申请。只有在当事人提出复议申请后，才能开始环境行政复议程序，也就是说，环境行政复议是依申请的行政行为。环境行政复议并不能替代环境行政诉讼，也不是环境行政诉讼的必经程序。

（四）环境行政调解

环境行政调解是指由环境行政主体主持的，促使环境民事纠纷双方当事人依据环境法律规定，在自愿原则下达成协议、解决纠纷的行政司法活动。环境行政调解具有以下特征：

1. 环境行政调解是环境行政主体以居间身份进行的调解。行政调解是环境行政主体的职权，但环境行政主体并非纠纷的一方当事人，这就有利于调解的公正性，便于纠纷的解决。

2. 环境行政调解必须在纠纷双方当事人自愿的基础上进行。与环境行政处罚不同，调解不能强制进行。

3. 环境行政调解必须依法进行。调解不能无原则地"和稀泥"。任何形式或内容不合法的调解行为均无法律效力。调解成立时，应制作调解协议书，由主持调解的环境行政机关与双方当事人签名盖章，协议书送达后，即产生法律效力。

4. 环境行政调解的主要对象是环境民事纠纷。原则上对环境行政案件不作调解，但涉及环境行政赔偿或补偿案件在赔偿或补偿金额上的纠纷，以法律明确规定为准。

5. 环境行政调解是诉讼外调解。这种调解不是诉讼的必经程序，任何人不得以纠纷正在调解为理由剥夺当事人的诉权。当事人对因环境污染损害引起的赔偿责任和赔偿金额的纠纷，请求环境行政管理部门调解，又对调解结果不服的，只能以原纠纷当事人为被告提起民事诉讼。

三、环境纠纷的诉讼

环境诉讼是个人、国家机关、社会团体、企事业单位要求人民法院保护其正当环境权利和合法利益的审判程序制度。其基础是国家宪法和法律对环境权益的保护。环境诉讼的条件是个人、国家机关、社会团体、企事业单位的环境权益受到侵犯或发生争执，要求人民法院进行审判。环境诉讼的内容是解决环境纠纷，调整诉讼活动中产生的社会关系。环境诉讼的形式和方法，是采取"诉讼"，即国家司法机关的审判活动是在当事人和有关诉讼参与人的参加下，按特定程序进行的。环境诉讼的实质，是国家行使其强制职能，即通过对环境不法行为的追究和惩罚，实现环境法的目的。

我国现行的专门环境法大多属实体法规范，内容也比较完备，但程序法的内容却鲜见，即使有一点也是简略、零散地夹杂在实体法规范中，这种现象与加强环境法制建设的要求极不相适应。

（一）环境行政诉讼

在环境法中，行政诉讼得到了迅速发展。众所周知，依法通过行政程序进行环境管理是环境法执行的基本途径，由国家授权专门的环境管理机关运用行政权力组织、指挥、监督、协调环境保护工作，是环境管理中最大量最经常使用的手段；与之相适应，环境法中的行政法律规范也是大量而具体的。环境管理部门拥有法律赋予的广泛职权，如环境行政处理权、环境行政处罚权以及环境行政司法权。环境管理机关在行使环境管理权、处理环境民事纠纷的过程中，必然会与相对人发生异议，产生纠纷。为防止违法行政，保障行政相对人或其他人的合法权益，保证法律的正确实施，我国环境法对行政诉讼制度作了规定，《环境保护法》（1989）第40条也明确规定："当事人对行政处罚决定不服的，可以……向人民法院起诉"。但这些规定都是原则性的，关于环境行政诉讼的具体程序未作规定，这对我国环境行政纠纷的解决产生了一些不良影响。在环境保护实践中，环境问题和环境纠纷的处理主要适用行政程序，因为环境问题量大面广且专业性强，社会属性高，处理环境问题的根本目的在于保护环境、消除污染和其他公害，所以行政程序成为保护和改善环境的必要程序，这一程序无论是在过去、现在和将来都是必不可少的。我国环境法目前在行政程序的运用方面亦缺乏明确的规定，这也必然影响到环境行政诉讼的顺利进行。

（二）环境民事诉讼

由于环境法在实体法上有着许多不同于传统民法的特殊法律规范，如财产所有权的限制、环境污染损害赔偿的无过错责任原则等，必然要求有相应的不同于普通诉讼法的程序法规范加以保障，否则，实体法上对受害人和环境的保护难以实现。因此，环境民事诉讼也呈现出不同于一般民事诉讼的特点。

1. 举证责任的转移（或举证责任倒置）。在传统的民事损害赔偿诉讼中，一般都要求受害人提出加害人有过错、有损害事实、加害行为与损害事实之间有因果关系及受害人本人没有过错等证据。但在环境诉讼中，这样的"举证"对受害者是难以做到的。受害者对工厂的排污行为是否出于过错，无法知道；也很难搜集和提供有关的事实证据。而污染造成的损害往往有一个积累的过程，涉及复杂的科学技术问题，受害人根本无法确定。要求受害人提出因果关系的充分证据，实际上不可能，这样无异于剥夺受害人的胜诉权。因此，为保证及时有效地制止污染和破坏环境及其对人身或财产造成的损害，保护受害人的合法权益，许多国家在环境保护实体法上规定无过错责任的同时，在环境保护程序法上相应地采取了举证责任倒置（或转移）的原则，将原告举证责任改为被告举证责任，要求被告证明其行为不可能发生污染和破坏环境的损害后果，以有利于保护受害人的合法权益，保护环境。美国《密歇根州环境保护法》（1970 年）就规定：原告只需提出表面证据，证明污染者已经或很可能有污染行为，案件即可成立，若被告否认有该污染行为和危害后果，则必须提出反证。日本在处理公害纠纷中，也采用了这一制度。

在我国长期采用的是谁主张权利谁举证的原则，这种举证责任制度已给我国的环境民事诉讼带来了一些问题：因为受害者无法举证而不能立案，或立案后在审理过程中被告以要求原告"拿出证据"为借口，推卸责任，刁难原告方和审判人员，而原告和审判人员因为没有法律依据进行反驳而无可奈何，这样的举证责任制度使得无过错责任变得徒有虚名，使一些污染加害者逃避法律责任。1992 年，最高人民法院发布了《关于适用〈中华人民共和国民事诉讼法〉若干问题的意见》，该意见第 74 条规定：因环境污染引起的损害赔偿诉讼，"对原告提出的侵权事实，被告否认的，由被告负责举证"。这才使环境污染损害赔偿诉讼中的举证责任问题有所改善。

2. 因果关系的推定。违法行为与损害后果之间的因果关系是构成民事损害赔偿的必要条件之一，也是在诉讼中必须确定的一个问题。传统的民事诉讼采取因果关系确定的方法，即必须直接而确切地证明加害行为与损害事实间的因果关系，否则，致害人不承担民事责任。而在环境诉讼中，采取这种确定法由于环境问题的复杂性及科学技术水平的限制而变得十分困难，无法取得因果关系的直接证据。显然，环境致害行为与危害后果之间必然也存在着客观的因果关系，但因为环境违法行为的形式复杂，环境危害后果大多是致害行为与污染物的作用机制共同相继完成；环境污染物种类繁多，相互之间以及与环境之间作用形式复杂，使得在因果关系认定方面容易出现偏差；绝大多数环境危害后果的产生是污染物长期累积的结果，且危害也有一定的潜伏期，这样使得危害行为与后果之间存在时间差，表现为不连续性和不紧密性，而且由于时间过长，证据也容易灭失。此时，如果仍要求有直接的因果关系证明，无异于保护致害者，使受害者得不到保护，环境污染行为得不到及时制止。鉴于这种情况，许多国家在环境民事诉讼中采取了因果关系推定原则、"因果关系盖然性说""相当的因果关系"或根据"病理学""病因学""流行病学"以及"临床医学""实验医学"的旁证，来认定因果关系。这些方法从保护受害人的利益出发，以加害结果为依据，以及时赔偿为目的，以举证责任转换为特点，原告不必作出严格的证明，只须作出表面性举证，倘若被告不能作出推翻原告证据的反证，便认为因果关系存在。日本《关于危害人体健康公害犯罪处罚法》第5条规定："如果某人在工商企业的经营活动中，已排放有可能危害人体健康的物质，且其单独排放量已达到了足以危害公众健康的程度，而公众的健康在排污后已经受到或正在受到危害，则可推定，这种危害是由该排污者引起的。"日本在新泻水俣病，富山骨痛病，四日市哮喘和熊本水俣病四大公害案件的审判中，就是依据这种因果关系推定的。原则上采取病理学的旁证法，即将流行病学的调查结果作为认定因果关系的依据，要求说明四个方面：（1）该污染或破坏在发生公害病前务必是有作用的；（2）该污染或破坏的程度越显著，则该病患者的比率越高，即存在着量的效应关系；（3）该污染或破坏在一定程度上被消除，则该病患者的比率或程度下降；（4）该污染和破坏作为原因而起作用的以上结论，与生物学的说明不发生矛盾。采用这样的推论方法，并不要求污染或破坏行为与危害后果之间有直接的因果关系证明。

在我国的环境民事审判实践中，实际上也采用了因果关系推定的原则，以有利于受害人参加诉讼并保护其合法权益，避免过分强调直接的因果关系而导致不可知论，使因果关系成为制裁致害者和保护受害者的人为障碍。但是我国的诉讼法目前尚未对此作出明确规定。

3. 公民诉权的扩大。按照传统的理论，公民不得对与自己无关的财产主张权利。环境要素作为无主物，任何人无权对其提出权利要求，从而使得公民的诉权受到了限制。但环境保护的要求必须突破这样的限制，使公民对于环境享有相应的权利。根据环境要素的共有财产说和公共委托说以及环境权理论和立法，进一步拓展了公民的环境权益，在实体法上权利扩大的同时，程序法上的诉权也有了相应的扩大。

首先是公民可以为保护环境而向排污者提起诉讼，尤其是在英美等对"诉讼资格"具有严格限制的国家，这一突破意义重大。如美国法律规定：只要某人能说明，他有权使用或享受某些自然资源或他本人的生计依赖于这些资源，尽管资源的所有权不属于他，他也不是某一污染行为的直接受害人，但可以"保护公众利益"为由而向排污者起诉。英国的《污染控制法》也作了"对于公害，任何人均可起诉"的规定。

其次是"集团诉讼"的运用。集团诉讼作为一种典型的扩大诉权的诉讼形式，最初因保护消费者利益而产生，现在在环境诉讼中得到了广泛运用。过去，只有受害者的受害程度达到一定标准，受害人才享有起诉权，而美国最高法院公布的"集团诉讼"的资格为：凡一集团中的某成员受污染之害，该集团的其他人都具有了提起"集团诉讼"的资格，他们都可作为原告出庭。英国也有类似规定。通常各种环境保护团体通过吸收某些对环境要素有权益的人加入；在这些人的环境权益受到侵害时，该团体即可获得集团诉讼的起诉权。这种方法广泛地为各种环境保护团体或特殊利益集团用做保护环境、制止某些不合理开发活动的重要手段。集团诉讼的力量雄厚，态度强硬，比起个人干预政府不合理活动的效果要好得多，因而在国外环境民事诉讼中被广泛采用。我国的民事诉讼法虽然也对集团诉讼作了规定，但关于环境保护集团诉讼的具体内容无论是诉讼法还是环境法中都未加以明确规定，这样，就无法体现环境保护诉讼尤其是集团诉讼的特殊性，使得这一有效的保护环境的方式不能得到应用。这也直接关系到我国环境法中公民参与机制的建立与完善问题。

4. 诉讼时效的延长。在法理上，诉讼时效作为一种消灭时效，是指权利人在法定期间内不行使权利，就丧失了请求法院依诉讼程序保护其民事权益的权利。所谓法定期间是指权利人依诉讼程序向法院提出要求保护其权益的期间。在诉讼时效期间内，权利人的诉讼请求，法院依法予以保护；超过了诉讼时效期间，权利人则丧失了请求法院保护其权益的权利，即权利人丧失了胜诉权。因为诉讼时效期间直接关系到权利人的实体权利，因而这个期间的计算以及长短具有重要意义。

一般说来，国家立法在规定诉讼时效期间时，一方面要考虑到保护权利人的合法权利，另一方面也要考虑到社会关系的稳定，因而都规定了几类诉讼时效，通常时效期间不会太长。但在环境保护民事诉讼中，一般诉讼时效期间及其计算都存在着一些不利于保护受害人，不利于保护环境的情形，因而，各国都采取延长诉讼时效及特殊计算诉讼时效期间的方法。

我国《民法通则》第七章根据时间长短和适用范围不同而将诉讼时效划分为两大类：即一般诉讼时效和特殊诉讼时效。特殊诉讼时效是针对某些特殊的民事法律关系而规定的时效期间，它既可以由《中华人民共和国民法通则》（1987）［以下简称《民法通则》（1987）］加以规定，也可以由各种单行法规进行规定。根据特别法优于普通法的原则，有特别法规定了诉讼时效的，要适用特殊诉讼时效。《环境保护法》（1989）第42条规定："因环境污染损害赔偿提起诉讼的时效期间为3年，从当事人知道或者应当知道受到污染损害时起计算。"据此，环境民事诉讼应适用3年诉讼时效。一般突发性环境污染事件各种情况都很明确，问题不大。这里存在的问题是对积累性或二次污染的环境损害如何确定"知道或者应当知道"的时间，按照通常理解的权利人客观上"知道或者应当知道"来认定行不行？对此必须慎重考虑。如日本水俣病的致病机理是在水俣病发生后几十年才弄清楚的，若以排污之日作为"知道或应该知道"的时间显然就会将受害者的权利排除在外，使环境法成为保护致污者的法律，完全违背立法宗旨。因此，对于积累性环境污染损害诉讼时效期间的计算一般应以弄清环境致害机理或得出环境污染损害后果的明确结论起开始计算，而这种鉴定性结论则应由专门机构作出。因为，积累性环境污染有持续污染的过程，受害者虽然可以感知污染但却不清楚主要污染物及其致害机理；许多污染是污染物之间以及污染物与环境之间相互作用的结果，受害人不可能搞清确切的污染源及其造成的实际危害。往往可能是在污染达到严重程度甚至危及受害人的生命财产安全时，受害人才向有关部门提出要求。此时，专门机构或因受害人的委托而对污染现状及机制进行鉴定，或由法院指派而鉴定，鉴定结论作出后才对某一区域的环境污染基本情况进行说明、阐述污染机制及其后果，受害人才真正"知道"污染的实际情况。为此，美国环境法特别规定，环境污染民事诉讼时国家环保局是当然的诉讼参加人，代表国家对环境状况进行说明。

除相对诉讼时效外，我国《民法通则》（1987）第137条还规定了绝对诉讼时效："诉讼时效期间从当事人知道或者应该知道权利被侵害之日起计算。但是，从权利被侵害之日起超过20年的，人民法院不予保护。有特殊情况的，人民法院可以延长诉讼时效期间"。即是说，一般情况下，我国对民事权利保护的时间是20年，超过20年的法律不再保护。在环境法中，没有对绝对诉讼时效作出规定，所以也应适用这一规定。但20年诉讼时效对积累性环境污染的适用也存在不足：

1. 环境污染尤其是积累性环境污染是一种特殊的侵害行为，其污染行为与损害后果的出现之间存在明显的"时间差"，损害后果短时间内难以确定。如水俣病从排放污染物汞到大量出现水俣病患者，前后相差近50年，这种污染有一个累积超过环境容量的过程或污染物相互作用以及迁移转化的过程。

2. 积累性环境污染的损害后果也是渐进的，由影响生物或人类的健康到生态失调最终至生态破坏，并且受害人多，地区范围大，受害者也存在着个体差异性，后果也不会在同一时间内显露等。此时，如果从"权利被侵害时"开始计算，可能在某种环境污染损害后果尚未显露或尚未构成对生态系统的威胁时当事人便丧失了胜诉权，等到后果出现或生态破坏时权利人无法请求法律的保护。这样的诉讼时效对于保护环境显然也是不利的。因此，许多国家环境法上的绝对诉讼时效不是从"权利被侵害之日"起计算，而是从"损害后果发生之日"起计算。并根据污染物迁移转化规律或半衰期而将其延长至50年乃至更长。

我国目前尚无环境保护绝对诉讼时效的规定，在适用《民法通则》（1987）绝对诉讼时效时，应根据环境污染的特点，将其视做"特殊情况"，适当地延长时效，否则，许多环境污染纠纷无法得到正确的解决。

（三）环境刑事诉讼

环境刑事诉讼是指国家司法机关在当事人及其他诉讼参与人参加下，依照法定程序，揭露和证实环境犯罪，追究环境犯罪者刑事责任的活动。

环境刑事诉讼是国家司法机关行使国家刑罚权的活动。在整个诉讼活动中，分别由公安部门、检察院和人民法院行使侦查、检察和审判权，代表国家对危害环境、构成犯罪的行为给予应有的刑事制裁。环境刑事诉讼中依法应承担刑事责任，受到刑事制裁的主体，不仅指具有刑事责任能力构成环境犯罪的自然人，而且包括法人。

环境刑事诉讼是其他社会调整手段的最终保障。当对危害环境行为依靠其他社会调整手段，或其他法律调整无效时，往往最终要借助刑罚这种极端形式来强行调整。因此，作为惩罚环境犯罪的最有效方式，环境刑事诉讼在环境保护中具有重要的意义。

从世界范围的立法看，新的环境刑事立法对于传统刑法中的许多规定有所突破、甚至出现了专门规定危害环境罪的特别刑法。基于这些实体法的特别规定，环境刑事诉讼与一般刑事诉讼比较有以下特点：

1. 诉讼主体扩大。环境法中的刑事责任一般都有处罚法人的规定，如日本的《关于危害人体健康的公害犯罪处罚法》第4条规定："法人的代表人，法人或自然人的代理人，雇员及其他人员，因法人和自然人的业务而违法时，除处罚行为人外，对法人或自然人也科以各该条款规定的罚款"。因此，在环境刑事诉讼中，当事人的范围有所扩大，法人常常成为刑事诉讼中的被告。

2. 证据规则的运用有别于一般刑事诉讼。基于环境问题日益严重性和环境污染损害的不可逆转性或难以恢复性，在环境刑事法律中，对危险犯，未遂犯及准备犯有给予惩罚的规定。如日本《公害罪法》第 2 条第 1 款规定："由于工厂或企业的生产活动而排放有害于人体健康的物质（包括那些当其在人体中蓄积或其他作用会危害人体健康的物质），可能给公众的生命或健康造成危险时，即可进行处罚。"这些规定对于刑事诉讼必将产生影响，其取证方法、证据的运用、证据的认定等方面都有别于一般的刑事诉讼。

3. 参加诉讼。环境犯罪常常是一种破坏社会公共利益的犯罪，它所影响的是不特定的多数人乃至后代人的利益，因此，在环境刑事责任条款或环境实体法中往往有一些特殊利益团体或利益团体代表的规定。而在环境刑事诉讼中，一些国家的环境法也专门对这些团体参加诉讼的资格、法律地位等作了规定。

在我国，目前关于环境刑事诉讼的专门研究十分罕见，几乎处于空白状态，这种局面与环境保护法律法规大量出台的现实形成了巨大的反差。

四、环境纠纷的非诉讼处理

（一）非诉讼处理的兴起

近十年来，在许多国家兴起了以非诉讼方式解决环境纠纷的实践，这种实践被命名为"以替代方式解决纠纷"。所谓"替代方式"是相对于诉讼而言，泛指解决环境纠纷的各种非诉讼方式。

出现以非诉讼方式解决环境纠纷的实践的原因包括法律的和社会的两方面。诉讼过程周期长、费用高而且有损纠纷当事人之间的长期关系。相反以非诉讼方式解决纠纷，不仅省时省钱，并且形式灵活，有利于双方当事人通过妥协、互让从而达到既能解决纠纷，又能维护当事人之间的稳定关系的目的，不致因诉讼而伤了和气和面子。这种方式受到议会、政府、法院及纠纷当事人的支持，以非诉讼方式解决环境纠纷显示出十分广阔的前景。

在美国，可以运用非诉讼方式解决的环境纠纷除环境民事纠纷外，主要包括如下种类：（1）环境行政立法争议；（2）环境行政执法争议，具体包括正式和非正式的裁判和处理决定、执法行为、发放和吊销许可证或执照、行政合同管理争议等；（3）环保局提起或者其他针对环保局提起的诉讼；（4）与环保局的其他行政活动有关的争议。1990年，美国通过了《行政纠纷处理法》和《协商立法法》，对有关的非诉讼方式解决争议的程序进行了规定。

根据美国的法律规定及法律实践，常用的非诉讼方式包括：谈判、和解、促成、调解、事实调查、小型审判、仲裁、模拟审判、公断等。采取非诉讼方式处理环境纠纷的理由为：

1. 在环境民事争议方面，运用非诉讼方式比诉诸法院更省时省钱。

2. 在环境行政执法争议方面，环保局固然享有执法过程中的自由裁量权，但同时受到相对人起诉权和法院司法审查权的制约。环保局为了既能达到执法目的，又能避免诉讼，也就乐于选择谈判、调解等方式处理行政违法案件和执法争议。

3. 在行政立法争议方面，由于公众及各利益集团享有立法的知情权、参与权，环保局则既要保障立法的民主性，更要确信立法后的可实施性。因此，法律要求行政机关在公布立法建议和公众及各利益集团的反馈意见后，可以用谈判和调解等方式来协调矛盾和冲突，以提高立法通过之后的公众接受程度和可操作性，并减少可能产生的执法争议。

在各种非诉讼方式中，调解是运用得最为普遍的一种方式。在美国已发展并形成了一支上万人的专业调解人队伍，并成立了众多独立的专事调解业务的事务所，知名的调解人也有1 000余人，这些事务所绝大多数系非营利性组织，靠基金会资助，收取调解费维持业务，也有少数由地方政府支持。

调解在目前并无固定程序，十分灵活，几乎全由调解人主持，并高度地依靠调解人的经验、技巧和声望来促成调解协议。调解人的实际作用，在于化解矛盾，引导和解。因此，有人将美国的调解特点归纳为"程序重于实体，个人技巧重于法律规定"。

环保局在非诉讼处理的环境行政纠纷中，作为当事人参加调解，不仅应平等参与，还应雇用局外的专业调解人主持调解，并支付调解人的费用。

调解一旦达成协议，即变成"当事人之间的法律。"不允许违反，否则其他当事人可申请法院执行。

（二）中国环境的实践

在中国，具有以非诉讼方式处理纠纷的传统，随着经济建设的发展，环境纠纷的增多，各种处理纠纷的非诉讼方式在环境保护中也得到了广泛应用，中国采用的非诉讼方式主要有调解和仲裁。

1. 调解。调解是中国解决环境纠纷的一种主要形式，据一些地区不完全统计，目前我国有75%以上的环境纠纷是通过各种形式的调解解决的。在中国，建立环境纠纷调解制度不仅必要，而且可能。

就必要性而言，第一，环境问题的复杂性决定了环境纠纷的复杂性和解决方法的多样性。第二，中国的环境法制尚不完备，环境问题、环境纠纷与其调整手段——环境法制之间总是存在差距，除加强立法外，还必须寻求一些灵活适用的解决纠纷手段。第三，调解的功能是双重的，它一方面是解决现实的环境纠纷的制度，另一方面也可以为现在和将来的环境立法积累经验。第四，目前我国的环境监测技术落后，取得的数据不全面、不确切，而且环境污染和破坏的危害后果无法准确计算；加之环境污染和破坏作用机理复杂，影响因素众多，对环境纠纷不宜作硬性处理。因此，采用调解手段，协商解决，使纠纷处理更符合各方的意愿可以弥补因技术落后而可能导致的公平性欠缺。

就可能性而言，环境保护工作的群众性和调解的群众性特征共同决定了其可操作性，环境纠纷多发生在基层，污染与破坏的结果与广大群众的生活密切相关；但环境纠纷又大多是民事或行政纠纷，纠纷本身即具有可协商性。因此，大部分环境纠纷是可以通过调解解决的。

我国目前在实践中采取的调解方式包括诉讼调解和非诉讼调解，这里仅涉及非诉讼调解的形式，它们主要有：

人民调解，人民调解主要是解决基层乡镇企业、个体户作坊、摊点在生产经营过程中居民在日常生活中所产生的环境问题而导致的环境纠纷，它又包括民间自行调解和人民调解委员会调解两种形式。

行政调解，即由国家行政机关依法对环境纠纷进行的调解，这种调解按主持调解的机关不同，包括环境保护机关调解、上级主管机关调解、其他行政机关调解三种形式。对于环境行政调解，我国环境保护法作了原则规定。

2. 仲裁。仲裁是指争议双方在争议发生前或发生后达成协议，自愿将争议交给第三者作出裁决，双方有义务执行这一裁决的一种解决争议的方法。在我国的环境纠纷处理实践中，不少地方以仲裁作为处理环境纠纷的方式，取得了一定的成效，但过去的环境纠纷仲裁基本上是行政仲裁，即由环境管理机关充当仲裁人所进行的仲裁，这种仲裁无论是从形式上还是内容上都有待于规范。

1994 年 8 月，第八届全国人大第九次常委会通过了《中华人民共和国仲裁法》（以下简称《仲裁法》），对于仲裁的管辖、仲裁机构、仲裁程序等作了明确规定。《仲裁法》第 2 条规定的仲裁范围为："平等主体的公民、法人和其他组织之间发生的合同纠纷和其他财产权益纠纷"。据此，环境纠纷是否属于仲裁法的适用对象，是一个值得研究的问题。

我认为，从目前我国环境纠纷的数量剧增、专业技术性越来越强，但环境纠纷主要依靠行政手段处理存在一些不依法办事的现状来看，建立环境纠纷的仲裁制度是十分必要的。而环境纠纷的性质和特征都不同于一般的合同纠纷和财产权益纠纷，有其特殊的环境保护要求和许多单纯以经济价值无法估算的内容。因此，要建立环境纠纷仲裁制度，还必须在不违背仲裁法的基本原则和程序的前提下，进行专门立法，就环境纠纷仲裁的各种特殊问题作出具体而明确的规定，以利于环境纠纷的迅速、公正处理。

（三）方式的完善

在中国，运用调解、和解、仲裁等非诉讼方式处理环境民事争议，已有实践，但立法尚不完备，还需进一步规范。关于环境立法争议，现行立法程序中虽有征求意见的规定，但在法律草案的征求意见和审议阶段，如何广泛地吸纳公民和各社会团体的意见和建议，最大限度地协调各方面的利益和矛盾，以保证法律通过后的可行性，在程序上仍不够完善，还应作出进一步努力。而在环境行政执法纠纷处理方面，目前尚无运用非诉讼方式解决争端的立法及实践。

在中国进一步完善和推广处理环境纠纷的非诉讼方式还有许多工作需要完成：

1. 加强对环境纠纷的调解、仲裁程序的立法，根据环境纠纷的性质和特征，对环境纠纷的调解、仲裁作出具体明确的规定。

2. 加强对公民参与环境管理方面的立法，在法律上明确公民的知情权、了解权、参与权等，拓展公民参与环境保护，参与环境立法的渠道。

3. 借鉴国外运用非诉讼方式解决环境执法争议的经验。既有效地保障环境法的实施，同时也寻求灵活的实现法律的方式，还要鼓励相对人积极守法，避免冲突关系的出现，以实现环境保护的目标。

4. 加强对环境纠纷非诉讼处理方式的理论研究，探讨各种方式的特点以及在中国运用的可能性，为建立符合中国国情的环境纠纷非诉讼处理制度提供理论指导。

附一：关于长江 话题沉重

我刚刚考察长江上游水污染整治情况归来，从重庆开始，上溯至四川泸州下至湖北武汉，沿途经过重庆、三峡库区、宜昌、武汉等地，对长江上游及中游的部分江段进行了实地考察。关于长江，已有的认识加之这次的实地考察感受太多，许多汇报与成绩都被一种沉重的忧思所淹没，所有的自豪与骄傲都被一种深刻的感受所替代。近十天来，无论是在长江、嘉陵江上考察排污口的现状，还是沿江而下时看到的不尽的垃圾和油污，挥之不去的是一份沉甸甸的感触："沿岸垃圾割不断，重舟穿行浊浪间。"长江流域的污染和水土流失都达到了触目惊心的程度。

一、水质污染知多少

乘船到嘉陵江与长江的汇合处，给人留下深刻印象的固然有重庆市的沿江公路与长江护岸的结合体，朝天门码头的今非昔比；更为令人难忘的是沿江直排入江的一个又一个排污口：无论是雨水还是生活污水（包括一部分工业污水）都是经由自然冲刷的山间沟渠排向长江，雨水与污水不分流，生活污水与工业污水不分流，而工业污水与生活污水大多未经处理就向长江排放，排污口与饮用水取水口犬牙交错，在最近的地方，排污口与取水口距离不到 100 米。

在过去的许多年里，不断有外国元首在访问中国时，手里拿着长江污染的照片，对我们的最高领导人讲长江污染的状况。1992年，加拿大的一个高级代表团访问中国，所拿出的一张卫星图片是在离长江葛洲坝工程不远的地方，有一条长达 1.7 公里的污染带，告知我们长江已受到了严重的污染。其实，卫星图片所显示的这个地方就是宜昌造纸厂纸浆车间未经处理而向长江排放的制浆废水。我们此次，在考察宜昌造纸厂时，这里的化学制浆车间已经停产，整个工厂靠购买纸浆生产，但排污口依然在江边张着豁然大口。据说，该厂已投入近2 000万元人民币用于污染治理，但我们所看到的是未完工的污水处理设备，已经锈迹斑斑。

从重庆上船开始，至宜昌下船，满目所见的是不断的油污、生活垃圾、泡沫塑料，其间还夹杂有各种动物尸体；沿江还有难以计数的垃圾堆，既未处理、也无任何防止向长江倾泄的措施。据称，这些垃圾中有的可能已堆放了上千年，长江岸边生活的祖祖辈辈就是这样向长江直接倾倒垃圾的。到了葛洲坝水利枢纽工程发电机组的拦护隔栅前，一望无际的白色污染物迎面而来，问过旁边正用抓斗机清污的师傅，师傅说：现在还不是污染最严重的时候，到了汛期，汽车开上去也不会沉没，至于跳上去个把人，绝对没问题。

种种迹象表明长江流域存在着巨大的隐患，若放任自流，不加管理，长江并非没有变成另一条污水河的可能。

1. 长江流域水污染状况不容乐观，水质性缺水问题严重。近年来，长江上除了由于船舶运行经常发生的污染事故外，更为严重的是持续不断的污染排放。据长江水资源保护局统计，1997年，长江流域污水年排放量已达256.3亿吨，占全国废污水总量的43.8%，其中上海、湖南、湖北、江西、江苏、重庆、四川等7省、市废污水排放量占流域总量的80%，是长江的主要污染产生地。而长江干流城市的污水处理率48.3%，达标率56.9%，污水处理水平低于流域和全国平均水平；干流城市万元工业产值平均废水排放量271吨，高于流域和全国排放量。长江的主要污染物为：悬浮物、化学需氧量、石油、氨氮、挥发氰化物、硫化物、重金属等。

2. 长江沿岸堆积的大量垃圾危害久远。据调查，仅三峡库区固体废弃物年产量约为 462 万吨，堆存总量已达 2 170 万吨。这些未经处理的固体废弃物经洪水冲刷和雨水淋溶，其中的各种有毒有害物质极易进入水体，严重污染水质。

3. 长江上污染事故不断发生。各种运载化学品船只的翻沉，导致硫酸、甲苯、苯酚、煤油、原油等化学品倾覆入江，短时间局部对水资源破坏相当严重，甚至影响城市供水，造成危害。据统计，1997 年和 1998 年长江干流共发生的船舶事故分别为 63 起和 70 起。

人们都认为长江是一条大河，水量丰富，污染一点没关系，所以常常将长江当做天然的污水排放管道和垃圾场。殊不知，过去对长江污染的统计是以长江总径流量为基数来进行的，这样统计的结果，长江较之于其他流域污染当然会不怎么严重。但是，长江干流各江段污水排放均以岸边排放为主。而长江沿岸既是工农业生产的集中地，也是人口的聚居地，城市江段各类排放口分布密集，污染影响相应叠加；而且岸边水域相对水深小，水流较缓，水体稀释扩散能力有限，易形成沿岸污染带。另外，长江的一些支流污染也与干流呈相同特性，近年来，汉江的水华现象、太湖流域污染、滇池污染也都成为了全国人民所关注的热点。这些沿岸污染带的形成与发展一方面加剧了供水矛盾，严重影响沿岸用水安全，危害人体健康；另一方面，也制约经济的良好发展，提高了资源使用成本。随着沿江经济带的开发，水污染问题还可能呈加重趋势，水质性缺水问题会更加突出。

二、忧心忡忡的生态保护

此次我沿江而下，所见到的长江两岸的植被情况，较之 3 年前已经有了很大的变化，绿色爬上了座座山头，不禁有几分欣慰。欣喜之余，涌上心头的却是更多的忧虑。

三峡库区移民超过百万，但大量属于就地移民，在以坡地为主的移民区内，就地移民的结果只能是大量陡坡地的开发。虽然朱总理在今年考察三峡工程时已经指示按照法律规定停止 25 度以上陡坡地的开发，但已经移民到山上的居民怎么办？沿途所看到的一些移民点的的确确就建立陡坡上，山头一点可怜的坡地已种上了农作物，这些地方，将来又会是新的水土流失地。据统计，重庆市目前的水土流失面积已达 4.35 万平方公里，占幅员面积的 52.8%，如果再发生大面积的水土流失，重庆将如何发展？

三峡工程的建设是为了解决长江中下游的防洪问题和中南、西南、华东地区的供电问题，在工程的设计及施工过程中都对长江的生态环境保护给予了充分的重视。但是，三峡工程可能是举世无双的，却也真正是非实验性的，我们现在关于它的各种环境影响评价全部基于人类对三峡生态环境的现有认识，这些认识并不能代表未来它的真正发展和变化，如果出现了我们当前尚未预测或不可能预测的情况，一切都是不可逆转的，我们现在没有理由断言它们不会发生。中华鲟、白鳍豚、扬子鳄等珍稀鱼类和动物的保护，仅仅是提出了一个小小的难题，在我们目前对这样的难题尚未解决的情况下，何以肯定可以克服将来出现的任何问题？

长江流域的工农业生产总值占全国的 1/3 以上，但长期以来的经济发展都是以对资源的掠夺性使用为代价的。长江领域水土流失情况严重。近年来，由于长江上游森林砍伐严重，水源涵养林丧失，造成的水土流失面积占全国水土流失面积的 1/3。总面积达 56.2 万平方公里，占总面积的 31.2%，其中中轻度流失面积 21.0 万平方公里，占流失面积的 37.4%；中度流失面积 19 万平方公里，占 33.8%；强度流失面积 10.3 平方公里，占 18.3%；剧烈流失面积 1.87 万平方公里，占 3.3%。全流域土壤侵蚀总量 22.4 亿吨，其中宜昌以上水土流失面积 35.2 万平方公里，平均土壤侵蚀量 14.1 亿吨。如长江上游 45 万公顷森林本来是长江的水源涵养林，对于长江流域的水土保持具有重要意义；但是，新中国成立以来，在这一地区建立林场 72 个，砍伐商品木材超过 1 亿立方米，长期的过量采伐使长江上游的水源涵养林丧失殆尽。实际上，长江上游川西 45 万公顷森林植被的破坏、长江中下游围湖工程造成的湖泊面积锐减是形成长江年年水患的根本原因，水土流失造成的泥沙淤积、河床抬高，是行洪不畅、水位长期居高不下的恶性循环的起始点。长江流域的四大湖泊，都被围垦得所剩无几，30 年代洞庭湖的湖中心，现在已是人口稠密的华容镇；素有千湖之省美誉的湖北省，如今剩下不到 300 个湖泊；进入 90 年代以来，长江的连年大水更应该使我们清醒地认识到这是自然界对于我们的惩罚，"洪魔"与其说是天灾，还不如说是人祸。

三、中国不能没有长江

长江流域的经济发展将逐步深入，而随着经济的不断发展，工农业生产用水和人类生活用水、环境卫生用水和娱乐用水的需求将越来越大。可供水在减少，污染程度不断加深，再加之人口增长，若不对长江流域水资源加以保护，最终将严重阻碍经济的发展和人民生活质量的提高。其实，长江流域水资源的开发利用不仅仅是一个经济收效益问题，水资源是这一区域社会与经济发展的基础资源。其自然供给是没有弹性的，需求弹性也不大，过大的需求将会导致整个系统的崩溃。长江流域水资源的现状和未来趋势分析表明形势已十分严峻，加强对这一流域的水资源保护已刻不容缓。

长江流域地处我国中南部，它发源于唐古拉山脉主峰格拉丹东雪山西南侧，干流流经 11 个省（市、区）注入东海，全长 6 300 公里。支流伸展到 8 个省（区）。流域面积 180 余万平方公里，约占全国总面积的 1/5。

长江流域资源丰富，其中：拥有土地资源 1.8 亿公顷；水面733.33 万公顷，约占全国淡水面积的一半，可供养殖水面约266.67 万公顷，鱼类 300 余种，主要经济鱼类 50 余种，淡水鱼产量占全国的 60%；水能蕴藏量约 2.68 亿千瓦，约占全国的 40%；矿藏资源中已探明储量的钒、钛、汞、磷、铜、钨、锑、铋、锰等占全国总量的 50%以上，铁、铝、金、银、铍等占 30%以上。

长江流域人口众多，是我国最主要的人口聚居区。1994 年全流域人口总数已达 4.05 亿，占全国人口的 33.8%，其中农业人口 3.19 亿，干流沿岸城市人口 6 000 多万。流域内共有 50 多个民族，汉族占 90%以上。

长江流域经济发达，历来是中国重要的工农业生产基地。其耕地面积约占全国总面积的 1/4，农业总产值约占全国的 1/3。流域内的成都平原、江河、江汉平原、洞庭湖区、鄱阳湖区、太湖地区等都是我国重要商品粮基地。流域内工业已形成以冶金、纺织、机械、电力、石油化工等部门为主的一整套较为完整的工业体系。工业总产值占全国工业总产值的 1/3。

流域内河道通航里程 7 万多公里，占全国内河总通航里程的 65%，货运量占全国的 80%。素有"黄金水道"的嘉誉。

长江流域水资源特性突出：流域多年平均降水量 1 070 毫米，但时空分布不均匀；长江水量巨大，占全国径流总量的 35%，是黄河水量的 20 倍，且径流年际变化不大，但水资源地区分布不均匀，年内分布不均匀。

可以说，没有长江流域，就没有这一地区现实的经济和社会发展，中国的历史、社会、经济都会是另一种状况；反之，如果中国没有了长江流域水资源或长江流域水资源不再能为经济与社会发展提供基础条件，中国的可持续发展也将成为一句空话。如今，我们对长江的期待是巨大的，它的经济发展担负着缩小东、中、西部之间差距的重任，具有战略意义；同时，它还担负着"南水北调"以解决北方缺水的任务，在我国经济发展中占有不可替代的全局性地位。

四、长江走向何方

所有看到的、听到的还不够么，长江汛期依然，为什么在 1998 年并非历史最高水位和最大流量却造成了有史以来的持续时间最长、影响范围最大、干流支流同时泛滥的全流域水患，到底有多少是天灾，多少是人祸？专家们说：森林具有涵养水源的功能，1平方米森林等于300平方米水库，长江上游的生态破坏是造成这次长江水患的重要原因，新中国成立以来对川西森林的掠夺性砍伐导致严重的水土流失使得长江河床因泥沙淤积而不断抬高，大面积的围湖造田和湖泊填埋导致长江自身对洪水的调节能力大大减弱，诸多有关长江的人造工程建设时便没有生态保护的考虑。如果长江上游的树不被砍光、如果湖泊不被隔断和填满、如果污水不任意排放……可是，历史的词典中没有"如果"，生态法则不相信眼泪。自然对破坏者发出了愤怒的吼声，也使破坏者受到了严厉的惩罚，中华民族为此付出了巨大而惨痛的代价。

现在已是9月，我们被告知今年的抗洪斗争又取得了胜利。早上走过一个解放军的营地，正赶上声势浩大的慰问团载歌载舞欢迎抗洪将士凯旋班师，人们的情绪进入了另一种高潮，已完全沉浸在胜利的欢呼雀跃中。

我们可以遗忘我们不愿意记住的悲伤，但是，可以因为遗忘便改变一切吗？我们在重建家园的规划中提出了对长江上、中、下游综合治理的方案，但是，可以提出方案便解决问题吗？中国着手解决环境问题已有25年，环境保护作为一项基本国策早已载入宪法；环境保护的法律、法规已有50部之多，仅就水资源保护而言，就有《水法》《水污染防治法》《水土保持法》《防洪法》等4部专门法律，还有《森林法》《渔业法》等相关法，各种有关的行政法规、地方性法规和行政规章也数量庞大；长江流域规划在多少年以前便着手制定并根据国家经济与社会发展的需要被不断修订；可持续发展战略也早已是由《中国21世纪议程》向全世界宣告过。可是，为什么在我们的法律系统、管理系统都十分"完善"的情况下却出现了像长江流域这样的生态环境严重破坏的局面呢？问题出在哪里？

我们在越来越艰难的现代困境中苦苦地挣扎，希望能够逃脱灭顶之灾。可是，人类越来越严重的"近视眼"和"老花眼"使许多努力都适得其反，也有更多的活动是在明知故犯，越来越多的法律在现代困境面前显得无能为力。环境问题由现代的各个社会细胞、各种技术、各行业制造着，同时又受着它致命的危害。每个人都在制造环境问题，每个人都在忍受着环境问题的袭击，现代人生活在自己制造的痛苦之中。

难道人类发展科学技术，就是为了给自己制造越来越多的麻烦和折磨吗？难道人类一切活动的最终目的就是为了毁灭自己和地球上的一切生物吗？人类是生物圈中的癌症吗？如果不想充当这种角色，就必须退回原始状态吗？人类超过其他物种亿万倍的智慧还有什么意义？法律的作用和功能已无用武之地了吗？

人类的智慧面临着全面的挑战！建立在以往人类智慧基础上的社会制度、生产方式、生活方式正面临着全面的挑战！

人类需要对自己有史以来的全部发展过程进行深刻的全面反思，需要深刻地严肃地追究人类社会各种发展机制本质上的偏差、错误或缺陷；需要重新审视现行生产方式和生活方式所赖以建立的基础和发挥作用的条件，摘掉我们的"近视镜"和"老花镜"，设计出真正符合人类—环境规律的制度安排和调控机制，以维护人类生存环境的自然界和谐状态。

（此文发表于 1999 年 10 月 19 日《法制日报》，发表时略有删节）

附二：统一管理　保护长江

一、长江流域的现状迫切期待统一管理

长江在社会经济发展中的地位十分重要，中国的发展如果没有长江是不可以想象的。

长江流域地处我国中南部，它发源于唐古拉山脉主峰格拉丹东雪山西南侧，干流流经 11 个省（市、区）注入东海，全长 6 300 公里。支流伸展到 8 个省（区）。流域面积 180 余万平方公里，约占全国总面积的 1/5。

长江流域资源丰富，其中：拥有土地资源 1.8 亿公顷；水面 733.33 万公顷，约占全国淡水面积的一半，可供养殖水面约 266.67 万公顷，鱼类 300 余种，主要经济鱼类 50 余种，淡水鱼产量占全国的 60%；水能蕴藏量约 2.68 亿千瓦，约占全国的 40%；矿藏资源中已探明储量的钒、钛、汞、磷、铜、钨、锑、铋、锰等占全国总量的 50% 以上，铁、铝、金、银、铍等占 30% 以上。

长江流域人口众多，是我国最主要的人口聚居区。1994 年全流域人口总数已达 4.05 亿，占全国人口的 33.8%，其中农业人口 3.19 亿，干流沿岸城市人口 6 000 多万，流域内共有 50 多个民族，汉族占 90% 以上。

长江流域经济发达，历来是中国重要的工农业生产基地。其耕地面积约占全国总面积的 1/4，农业总产值约占全国的 1/3。流域内的成都平原、江河、江汉平原、洞庭湖区、鄱阳湖区、太湖地区等都是我国重要商品粮基地。流域内工业已形成以冶金、纺织、机

械、电力、石油化工等部门为主的一整套较为完整的工业体系。工业总产值占全国工业总产值的 1/3 强。

流域内河道通航里程 7 万多公里，占全国内河总通航里程的 65%，货运量占全国的 80%。素有"黄金水道"的嘉誉。

长江流域水资源特性突出：流域多年平均降水量 1 070 毫米，但时空分布不均匀；长江水量巨大，占全国径流总量的 35%，是黄河水量的 20 倍，且径流年际变化不大，但水资源地区分布不均匀，年内分布不均匀。

可以说，没有长江流域，就没有这一地区现实的经济和社会发展，中国的历史、社会、经济都会是另一种状况；反之，如果中国没有了长江流域水资源或长江流域水资源不再能为经济与社会发展提供基础条件，中国的可持续发展也将成为一句空话。如今，我们对长江的期待是巨大的，它的经济发展担负着缩小东、中、西部之间差距的重任，具有战略意义；同时，它还担负着"南水北调"以解决北方缺水的任务，在我国经济发展中占有不可替代的全局性地位。

长江流域经济发展和水资源开发利用的现状令人堪忧，种种迹象表明长江流域存在着巨大的隐患，若放任自流，不加管理，长江并非没有变成另一条污水河的可能。

长江流域水污染状况不容乐观，水质性缺水问题严重。近年来，美国总统和加拿大总理访华，在会见我们的国家主席和总理时，都拿着长江重庆段到宜昌段污染的卫星照片，告诉中国人长江的污染非常严重。其实，长江的污染主要来自污水直接入江、垃圾入江和污染事故。

据长江水资源保护局统计，1997 年，长江流域污水年排放量已达 256.3 亿吨，占全国废污水总量的 43.8%，其中上海、湖南、湖北、江西、江苏、重庆、四川等 7 省、市废污水排放量占流域总量的 80%，是长江的主要污染产生地。而长江干流城市的污水处理率 48.3%，达标率 56.9%，污水处理水平低于流域和全国平均水平；干流城市万元工业产值平均废水排放量 271 吨，高于流域和全国排放量。长江的主要污染物为：悬浮物、化学需氧量、石油、氮氨、挥发氰化物、硫化物、重金属等。

长江沿岸堆积的大量垃圾危害久远。据调查，仅三峡库区固体废弃物年产量约为 462 万吨，堆存总量已达 2 170 万吨。这些未经处理的固体废弃物经洪水冲刷和雨水淋溶，其中的各种有毒有害物质极易进入水体，严重污染水质。

长江上污染事故不断发生，各种运载化学品船只的翻沉，导致硫酸、甲苯、苯酚、煤油、原油等化学品倾覆入江，短时间局部对水资源破坏相当严重，甚至影响城市供水，造成危害。据统计，1997 年和 1998 年长江干流共发生的船舶事故分别为 63 起和 70 起。

人们都认为长江是一条大河，水量丰富，污染一点没关系，所以常常将长江当做天然的污水排放管道和垃圾场。殊不知，过去对长江污染的统计是以长江总径流量为基数来进行的，这样统计的结果，长江较之于其他流域污染当然会不怎么严重。但是，长江干流各江段污水排放均以岸边排放为主。而长江沿岸既是工农业生产的集中地，也是人口的聚居地，城市江段各类排放口分布密集，污染影响相应叠加；而岸边水域相对水深小，水流较缓，水体稀释扩散能力有限，易形成沿岸污染带。另外，长江的一些支流污染也与干流呈相同特性，近年来，汉江的水华现象、太湖流域污染、滇池污染也都成了全国人民所关注的热点。这些沿岸污染带的形成与发展一方面加剧了供水矛盾，严重影响沿岸用水安全，危害人体健康；另一方面，也制约经济的良好发展，提高了资源使用成本。随着沿江经济带的开发，水污染问题还可能呈加重趋势，水质性缺水问题会更加突出。

再次，长江流域的生态保护不容乐观，现在就断言一些问题为时过早，必须对三峡工程所可能造成的生态影响保持足够的清醒。

此次我沿江而下，所见到的长江两岸的植被情况，较之 3 年前已经有了很大的变化，绿色爬上了座座山头，不禁有几分欣慰。欣喜之余，涌上心头的却是更多的忧虑。

三峡库区移民超过百万，但大量属于就地移民，在以坡地为主的移民区内，就地移民的结果只能是大量陡坡地的开发。虽然朱总理在今年考察三峡工程时已经指示按照法律规定停止 25 度以上陡坡地的开发，但已经移民到山上的居民怎么办？沿途所看到的一些移民点的的确确就建立陡坡上，山头一点可怜的坡地已种上了农作物，这些地方，将来又会是新的水土流失地。据统计，重庆市目前的水土流失面积已达 4.35 万平方公里，占幅员面积的 52.8%，如果再发生大面积的水土流失，重庆将如何发展？

三峡工程的建设是为了解决长江中下游的防洪问题和中南、西南、华东地区的供电问题，在工程的设计及施工过程中都对长江的生态环境保护给予了充分的重视。但是，三峡工程可能是举世无双的，却也真正是非实验性的，我们现在关于它的各种环境影响评价全部基于人类对三峡生态环境的现有认识，这些认识并不能代表未来它的真正发展和变化，如果出现了我们当前尚未预测或不可能预测的情况，一切都是不可逆转的，我们现在没有理由断言它们不会发生。中华鲟、白鳍豚、扬子鳄等珍稀鱼类和动物的保护，仅仅是提出了一个小小的难题，在我们目前对这样的难题尚未解决的情况下，何以肯定可以克服将来出现的任何问题？

长江流域的工农业生产总值占全国的 1/3 以上，但长期以来的经济发展都是以对资源的掠夺性使用为代价的。长江领域水土流失情况严重。近年来，由于长江上游森林砍伐严重，水源涵养林丧失，造成的水土流失面积占全国水土流失面积的 1/3。总面积达 56.2 万平方公里，占总面积的 31.2%，其中中轻度流失面积 21.0 万平方公里，占流失面积的 37.4%，平均侵蚀模数 1 200 吨/平方公里；中度流失面积 19 万平方公里，年占 33.8%，侵蚀模数 3 400

吨/平方公里；强度流失面积 10.3 平方公里，年占 18.3%，侵蚀模数 1 万吨/平方公里；剧烈流失 1.87 万平方公里，占 3.3%，年侵蚀模数高达 1.4 万吨/平方公里。全流域土壤侵蚀总量 22.4 亿吨，其中宜昌以上水土流失面积 35.2 万平方公里，平均土壤侵蚀量 14.1 亿吨。如长江上游 45 万公顷森林本来是长江的水源涵养林，对于长江流域的水土保持具有重要意义；但是，新中国成立以来，在这一地区建立林场 72 个，砍伐商品木材超过 1 亿立方米，长期的过量采伐使长江上游的水源涵养林丧失殆尽。实际上，长江上游川西 45 万公顷森林植被的破坏、长江中下游围湖工程造成的湖泊面积锐减是形成长江年年水患的根本原因，水土流失造成的泥沙淤积、河床抬高，是行洪不畅、水位长期居高不下的恶性循环的起始点。长江流域的四大湖泊，都被围垦得所剩无几，30 年代洞庭湖的湖中心，现在已是人口稠密的华容镇；素有千湖之省美誉的湖北省，如今剩下不到 300 个湖泊；进入 90 年代以来，长江的连年大水更应该使我们清醒地认识到这是自然界对于我们的惩罚，"洪魔"与其说是天灾，还不如说是人祸。

长江流域的经济发展将逐步深入，而随着经济的不断发展，工农业生产用水和人类生活用水、环境卫生用水和娱乐用水的需求将越来越大。可供水在减少，污染程度不断加深，再加之人口增长，若不对长江流域水资源加以保护，最终将严重阻碍经济的发展和人民生活质量的提高。因此，必须要实行可持续发展战略，加强对长江流域水资源的保护。

我想特别强调的是：长江流域水资源的开发利用不仅仅是一个经济收效益问题，水资源是这一区域社会与经济发展的基础资源。其自然供给是没有弹性的，需求弹性也不大，过大的需求将会导致整个系统的崩溃。长江流域水资源的现状和未来趋势分析表明形势已十分严峻，加强对这一流域的水资源保护已刻不容缓。对流域水资源保护的一个重要途径就是强化对水资源的管理，长江流域资源本身就是一个整体，其水量供应与水质保护、生态环境与物种多样性、上游与下游、支流与干流、岸边与水上都是密不可分的整体，是一个完整的生态系统，对于这个生态系统必须进行统一管理，如果不顾自然规律，对其进行人为的分割，只会造成管理上的混乱，降低管理的效率与效能。

二、法律不健全不完善是造成管理混乱的主要原因

实现统一管理必须要有法律保障，一方面，只有法律才能建立基本的管理体制，通过确定各职能部门的法律地位、职责权限，协调各方面的关系；另一方面，只有法律才能确定具有强制执行力的管理制度和措施，保证管理的权威性。世界各国也都是运用法律手段来进行环境管理，协调各管理职能部门的关系的。在国外，过去的行政部门几乎没有环境管理的权力，即使因为自身的职能涉及到环境保护，也分散于不同的行政机关，分散而且极为有限的环境管理权力使这些机关缺乏充分的法律授权来对付严重的环境问题。后来通过专门的环境立法改变了这一状况，为加强国家对环境的管理和更好地实施环境法律、法规，各国都通过立法建立了统一的环境管理机关，弥补了国家环境管理体制上的空白和缺陷，强化了国家行政机关的环境管理职能，建立起一个比较完整的、职权分工比较合理和明确的环境管理体制，使政府的行政体制能够适应对付环境危机的需要。环境行政管理体制的强化大大增强了行政机关在环境管理中的地位和作用，改变了过去由于环境管理薄弱而不得不倚重于司法控制的末端控制模式，建立了预防为主和全过程控制的新型控制模式，使之成为环境管理的主要手段，同时也为全社会环境利益的保护提供了全面和充分的保护途径。

在我国，国家保护自然资源，保护环境是写进宪法的一项基本国策。以宪法为基础，国家也已制定了一系列法律、法规，基本上实现了水资源保护活动的有法可依。但这些法律、法规都还不够健全和完善，尤其是在对流域水资源保护方面，存在的问题更为严重

突出。我国现行的有关水资源保护的法律主要有四部，它们是《环境保护法》《水法》《水污染防治法》《水土保持法》，从表面上看，这四部法律对我国的水资源保护问题已作出了全面的规定，但实际上在立法理论与实践中，这四部法律本身及其相互之间都存在着问题。其主要表现为：

1. 四个法律的关系不清。上述四部法律均为全国人大常委会制定，具有同等法律效力；但从理论与实践上看，水资源管理与水土保持、环境保护与水污染防治显然都不是同一层次的问题，在立法上也应有不同的法律效力等级，才有利于对不同的行为形成规范体系，目前这种立法模式显然不能满足水资源管理与保护的需要。

2. 几部法律之间的关系不协调。四部法律都对管理体制作出了规定，确立了水资源管理与保护的主管部门和协管部门，但四部法律实际上是由两个主管部门分别起草然后报全国人大常委会通过的，立法时缺乏综合平衡，立法时间有先有后，也缺乏通盘考虑，污染防治法早于水法，水法又早于环境保护法，不可能使得几部法律很好地协调。各个法律规定过于原则，可操作性不够，缺乏相应的配套法规，特别是缺乏程序性规定，致使一些法律制度的适用范围不明、具体实施时困难重重。

3. 各管理部门之间的职权范围不明。由于我国目前行政机关的设立都没有专门的组织法，各部门的职权都是由各部门自己先制定方案，后报经国务院批准，各部门难免从自身利益出发来考虑问题，从而忽视整体利益，造成权力设置的重复或空白，只有分工没有协作，既不能充分发挥各部门的作用，又不能形成整体效益；反而因为各部门的权力竞争造成对整体利益、长远利益的损害。这种现象在流域水资源保护中十分典型：污染管理者、资源开发者、排污者相脱节，管理者只收费不治理、资源开发者既要开发又要治理、排污者只交费什么都不管。其结果只能是流域水资源得不到有效保护。

4. 流域管理机构的法律地位不明，职权不定，难以实现法律规定的管理目标。在四部法律中，关于流域水环境保护仅有《水污染防治法》有所规定，但其规定却是空的。该法第 18 条对流域水资源保护机构作了规定，但既无明确的法律地位，又无具体职责规定。由于流域水资源保护机构的法律地位不明、权力不清、职责不定，当然无法发挥对长江流域水资源统一管理的作用，致使流域水资源保护举步维艰。

正是由于以上几个方面问题的严重存在，才造成了流域水资源保护管理体制的混乱，以至于在淮河流域出现严重的水污染时，现行制度无法发挥作用。为理顺淮河流域的水资源保护管理体制，不得已在《淮河流域水污染防治条例》中设立淮河流域水资源保护领导小组，授予该小组以行政权，行使淮河流域水资源保护的行政管理职能。抛开已有的机构，另设临时机构并委以重任，无论如何都不能说是正常现象；更何况，淮河流域是在污染已万分严重的情况下进行的事后立法. 如果每一流域都要等到像淮河流域一样了再来设置临时机构，那么，《环境保护法》也好，《水法》也好，《水污染防治法》也好，都不过是一纸空文。预防为主也好，可持续发展也罢，只不过是空中楼阁，毫无意义。因此，必须认真汲取淮河流域水污染的教训，通过立法和修订现行法律，理顺各有关法律之间的关系，以保证各项制度能在流域水资源保护中发挥作用，保证流域水资源保护的目标得以顺利实现。

还需要特别指出的是，流域水资源保护的流域特性是不可忽视的，即使在对现行法律作出修订使之能适应流域水资源保护的要求后，根据流域特点制定专门性立法也是必须的。每一个流域地理位置不同、流域范围不同、资源开发利用的目标不同、径流量不同、所担负的社会功能等不同。在国际上，也素有一个流域一个立法的传统，我们所熟知的国际河流如莱茵河、多瑙河、五大湖，国内河流塞纳河、泰晤士河、田纳西河等，都是由专门立法所设立的流域管理机构来加以统一管理的。因为诸多的自然因素与社会因素的差异导致了各流域资源保护重点的区别，如淮河流域以防治已经出现的严重水污染为主，黄河流域以水土保持为重点，松辽流域预防与治理并重，长江要以预防为主；即使是每一流域都共同负有防治水污染的责任，由于每一流域的经济发展的战略部署、产业结构和社会结构、污染源与污染物的数量种类成分等不同，对每一流域所设置的保护制度也应该是有差别的。尤其是对长江流域水资源保护立法属于预防性立法，它要更关注或注重对未来可能发生的各种现象的法律调整，更大程度上保护长江流域水资源的可持续发展。虽然目前国务院发布的《淮河流域水污染防治暂行条例》的一些原则和制度可以在全国适用，但却不具有长江水资源保护的特征针对性；也有松辽流域、太湖流域水资源保护由流域各省（区）联合会签、发布管理规定的规定，但对长江流域这样一条涉及范围广、涉及地方省市多、资源保护任务和重点差异大的流域来说，不仅仅是达成协议的难度大，而且协议达成后的执行难度更大、也很脆弱。因此，从对长江流域水资源有效保护的角度出发，当然需要制定专门的法律，根据具体情况设置制度体系，建立切实可行的保护体制。

三、分段管理和分段立法存在的弊端

近年来，对于长江流域的污染和资源开发利用问题，随着人们环境保护意识的提高，各地方也给予了一定的重视，一些地区从保护长江流域水资源的角度出发，已经制定和正在制定一些规范性文件，如太湖沿岸四省联合发布的《太湖流域水污染防治条例》，还有重庆市正在起草过程中的关于三峡库区水污染防治的文件、湖北省准备制定的汉江水污染防治文件等。但是，我认为没有一个统一的立法目标和任务指导下的长江流域的分段立法和分段管理是极为有害的。尽管，我也不否认这些立法的初衷的确是为了保护长江流域水资源，但在客观上所造成的问题却不容忽视：

由于长江流域水资源是一种流域资源，它具有整体流动的自然属性，以流域为单元，水量水质、地上水地下水相互依存，组成一体，上下游、左右岸、干支流的开发利用、治理互为影响；它同时具有多种社会功能，可用于灌溉、发电、供水、养殖、航运和旅游等多方面，有着开发的多部门性和对城乡供水、卫生保健、工农业生产、城市发展、水力发电、内陆渔业、水上运输、休闲娱乐等人类活动的多方面利益。另外，还存在着洪水泛滥成灾的危害以至于开发利用的同时必须始终贯穿防洪和洪水控制的考虑。长江虽然从生态系统上看是一个完整的系统，但其干支流、上下游却被人为地划分成了多个行政区域，形成了实际上的分割管辖的现象。

长江流域水资源保护又有着自身的特点，它作为一种流域资源，既是一种环境资源又是一种经济资源，具有生态系统的完整性、跨行政区域性和使用的多元性特征，而无论是对流域水资源的何种使用都涉及到对资源的保护与管理问题。一方面，长江流域水资源被行政区划分割为不同的管辖范围，由不同的主体分别行使管理权；另一方面，长江流域生态系统并不因为行政区划而改变其发展规律。我国目前水资源所有权主体严重缺位，加之水资源的多重使用价值，使得对地方利益、部门利益、个体利益的考虑远远大于对长江流域水资源保护的考虑，使用水资源的外部不经济性和事实上的无偿性虽然在各种立法中通过规范公民个人和企事业单位的行为、建立各种监督管理制度似乎得到了解决，但由于种种原因却疏忽了对地方利益、部门利益的限制，其结果只能是对整个流域水资源保护不利，最终导致流域水资源的污染和破坏。淮河流域严重污染的原因正是如此。分段立法的问题正在于此。

过去，我国水资源保护立法只注重规范市场主体而忽视政府机关，管理体制的设置只重视区域机构而忽视流域机构，其弊端已因为淮河流域的污染问题暴露无遗。地方立法或区域立法中由于地方利益和部门利益的限制，再加之对整个流域环境保护现状与未来的信息的不可能完整把握，可能出现的因地方立法或分段立法破坏整个流域保护目标的问题就更为严重。因此，在长江流域水资源保护管理体制的构建中，存在着集权与分权的问题，存在着管理权力是否向一个部门、一个方向聚集的问题；但是，其集权与分权的对象却不是同一级政府的不同部门或中央政府与地方政府，而是必须从流域管理的特征出发，建立专门的符合流域水资源保护要求的机构，站在全流域水资源保护的高度，摒弃地方观念和部门利益，统一管理长江流域水资源保护工作。只有设置这样的专门机构并由中央特别授权，并在此基础上形成分权与平衡机制，确立协调原则和程序，才能真正解决长江流域水资源保护与可持续发展问题。

当然，我也并不否认地方立法或分段立法有着一定的积极意义，如果能够将地方立法或分段立法与流域的统一立法真正结合好，它的作用也将是巨大的。

四、长江流域水资源保护立法设想

根据长江流域水资源保护的现状与需要，我们认为应制定统一的《长江流域水资源保护条例》，这一条例在性质上我们将其定位为实施性立法，即根据国家有关的法律、法规所制定的专门性法规。其基本构想包括如下几个方面：

（一）基本体系

《长江流域水资源保护条例》将由六大部分构成：

1. 总则。规定长江流域水资源保护的立法依据、基本概念、基本对策或原则、适用范围等。

2. 监督管理。规定长江流域水资源保护的管理体制、管理机构及其权限、机构间沟通协调原则和程序以及适用于整个流域的水资源保护管理制度。

3. 流域水资源开发利用的保护。具体规定长江流域水资源开发利用的各种行为及其开发利用者在水资源保护方面的权利义务，规定各项保护制度。

4. 流域水污染防治。具体规定各种向长江流域排放水污染物的行为，规定排放水污染物的管理程序和具体制度。

5. 法律责任。具体规定各种违反《长江流域水资源保护条例》的行为及其应当承担的法律责任。

6. 附则。规定《长江流域水资源保护条例》的生效、解释、对相关法律、法规的适用等。

（二）监督管理体制：设置原则及权限

在长江流域水资源既是公共资源、其具有公共资源的一般属性，又是流域资源、也具有流域的特殊属性的认识基础上，构建长江流域水资源保护管理体制必须遵循效率原则、协调原则、民主决策原则。

要使长江流域水资源保护机构承担起统一管理长江流域水资源保护的责任，必须改变其仅作为流域协调机构的现状，使其成为真正的流域水资源保护的执法主体。其职权范围应包括：

1. 规划计划权。具体为负责制定长江流域水资源保护的规划和计划、总量控制计划、污染防治计划、供水计划等。

2. 监督检查权。具体为监督检查流域规划和各项计划的实施和流域内各行政区的水资源保护工作，检查重点工程对长江水资源的影响，检查各项制度的实施情况并提出相应的意见和建议。

3. 获取信息权。具体为流域内各行政区对所辖江段水资源保护工作的汇报，要求各地区进行排污申报，指定重点工程、重点区域、重点单位定期汇报，根据具体情况要求个别部门和单位进行临时汇报等。

4. 监测权。具体为负责长江的水文、水质监测及省（市、区）界水质变化情况监测。

5. 建议权。建议流域内各行政区决定限期治理、综合开发利用和综合整治等。

6. 许可权。包括取水许可、沿江设置排污口许可、污染物排放许可等。

7. 纠纷处理权。包括对跨行政区的水污染纠纷、用水纠纷等的处理权。

8. 行政强制权。对长江流域水资源造成危害的单位和个人采取直接的和间接的强制措施的权力。

9. 行政处罚权。对长江流域水资源造成损害的单位和个人予以行政处罚的权力。

（三）制度体系：流域全面控制

长江流域水资源保护的制度体系应是一个相对完备的系统，各项制度间也应具有逻辑的联系，根据对长江流域水资源保护立法的整体构想，其制度体系与结构紧密联系，主要制度包括：

1. 关于全流域水资源保护监督管理的制度。具体包括规划计划制度、目标责任制度、环境影响评价制度、"三同时"制度、水资源保护基金制度、总量控制制度、现场检查制度和奖励制度。

2. 关于全流域水资源开发利用保护的制度。具体包括开发利用许可证制度、供水分配制度、生态补偿费制度、水利工程的水资源保护制度、岸边工程的水资源保护制度、航道利用的水资源保护制度、渔业资源开发的保护制度、水土保持制度。

3. 关于全流域水污染防治的制度。具体包括污染防治许可证制度、排污申报制度、排污收费制度、限期治理制度、重大水污染事故申报与应急措施制度、船舶污染源控制制度、陆源污染的控制制度、开发利用项目污染的控制制度。

4. 关于法律责任的制度。具体包括行政法律责任制度、民事法律责任制度、刑事法律责任制度。

（此文发表于 1999 年 10 月 9 日《团结报》，发表时略有删节）

附三：观念的革命

——也论中国未来的能源与环境保护

9 月 27 日，世界各路豪杰，将聚首上海，登上"财富论坛"，纵论"中国：未来 50 年"。此次论坛将围绕中国未来发展至关重要的各方面问题而开展讨论，这些话题，当然不应该仅仅是总裁们的"专利"，实际上是每一个关心中国未来的公民都十分关切的问题。

能源与环境保护是当今国际会议不可缺少的话题之一。之所以逢会必谈，因其与经济社会发展的不可分性使然：经济发展必然受到能源的制约，能源的发展又受经济的制约，能源的开发利用是引起环境问题的最主要因素。因此，无论是经济发展还是社会进步，都离不开能源与环境保护问题的切实解决。

过去的许多年来，我们在还不知道大自然的规律的情况下，就开始了对地球的大规模开发，将埋藏于地壳中的大量物质人为地转移到地表，并且将其作为能源或生产资料加以利用。人人都认为，只有将地球上的"东西"拿回家才算是收获，也只有拿回家的"东西"才是"财富"，传统的法律正是通过一套完整而精细的制度，对于这种"财富"，加以保护，并由此鼓励人们更加肆无忌惮地去掠夺自然。在"人定胜天"的观念下，人类根本不会知道也不想知道自然界的许多"东西"是应该放在"原处"的，如果将它们随意移动，不仅不会增加财富，而且会使人类从最富裕的地位走向最彻底的贫穷——因失去人类生存的环境而毁灭。

在我们以"开源"作为能源战略以后，环境污染最早以"矿害"的形式出现，接踵而来的便是大气污染、水污染、固体废弃物污染等一系列污染问题。严重的环境污染迫使人类开始了环境保护，但在人类的经济增长癖未得到纠正的情况下，所进行的环境保护是十分狭隘和自欺欺人的：消耗 2 000 元的能源创造 1 000 元的利润，然后再从中抽出 100 元来治理污染，使环境恢复 0.5% 或暂时恢复 50%。

回顾中国的经济与社会的发展，能源"瓶颈"与污染"瓶颈"是 20 世纪末严重影响中国走向未来的桎梏。然而，许多人看到的仅仅是"瓶颈"本身，并未真正发现形成瓶颈的原因。其实，问题在于中国经济发展是不可持续发展的模式：中国到了 20 世纪 80 年代，才开始制定能源战略，也才真正开始环境保护。但是，这 20 年的能源战略基本上是以"开源"为主，直到 90 年代中期才有所改变；在环境保护方面至今仍然是以单项治理、末端控制为主，综合整治、源头控制和全过程控制的格局远未形成。

未来的中国，可持续发展已是别无选择，但至今中国还没有建立符合可持续发展生产方式和生活方式的机制，没有完整的保障可持续发展的能源战略、环境战略实施的法制系统，这种现状必须迅速改变。为此：

——必须重新评价过去的能源与环境战略、能源与环境政策、能源与环境法律、法规，按照可持续发展的原则建立协调三者关系的机制，作出统一的制度安排。

——必须重新评价过去的法律理论基础、法律制度和法律原则，建立可持续发展的法律观念，修正过去那种将本质上属于公有的自然界以种种理由和借口据为己有的法律观，为当代人和后代人留下生存的空间和基本条件。

——必须运用法律手段彻底转变高能耗、高污染、高产量、低效益的生产方式，调整产业结构，发展清洁生产，严格执行各项环境保护标准。

——必须充分重视对国家决策、政府决策的环境影响评价，建立完善的能源、环境、经济信息系统和分析评价系统，制定综合评价的指标体系。

——必须运用法律手段保证公民参与，完善公民参与的民主化机制，并采取各种措施保证公民参与的渠道畅通和富有实效，以各种形式促进全民族环境保护意识的提升。

（此文发表于 1999 年 9 月 21 日《法制日报》，发表时略有删节）